유아교육의 재개념화 시리즈 ❽

후기질적 연구와 혁신적 방법론

Post-Qualitative Research and Innovative Methodologies

Matthew Krehl Edward Thomas, Robin Bellingham 편저

이진희 · 최양미 옮김

창지사

Post-Qualitative Research and Innovative Methodologies

역자 서문

오랫동안 사회과학연구의 왕좌를 차지했던 실증주의적 인식론과 양적 연구방법이 1980년대를 전후로 전면적인 비판과 저항을 받게 되면서, 양적-질적 연구의 패러다임 논쟁이 뜨거웠다. 이는 마치 승자와 패자가 있는 전투처럼 여겨졌으며 각 진영에서 영웅과 반-영웅이 생겨나기도 하였다. 1990년대를 넘어서면서 점차 서로의 근거와 연구방식을 인정하는 화해와 휴전이 이루어졌다. 기존의 실험설계, 측정, 통계분석 등 양적 방법에만 익숙했던 연구자들은 이제 새로운 개념과 용어, 추상적이고 심오한 이론을 배워나가야 하는 벅찬 요구에 직면하였고, 때로는 자신이 배우지 않았던 방법론을 가르치거나 적용해야 하는 상황에 처하였다. 질적 연구의 가치에 반신반의하면서도, 시대의 흐름을 따라가는 데 도움이 될 만한 책과 학술지를 읽고 관련 워크숍이나 학술대회로 모여들기도 하였다.

한편 질적 연구방법에 진지한 관심과 들끓는 열정을 보내었던 사회과학자들 역시 힘든 시기를 보냈다. 방법론을 지배해온 담론에 반대하며 새로운 이론과 실천을 생성하기 위하여 연구 소모임을 만들고 학술대회를 개최하곤 하였지만, 소수에 머물렀다. 대안 담론과 진정한 사회변화를 위한 질적 연구의 가능성에 보냈던 열정어린 지지는 현실 속에서 종종 응답받지 못하였다. 역자들 역시 변인 간의 단순한 관계나 수량화된 효과크기로 인간의 경험을 앙상하게 감환하지 않고 연구참여자들의 생생한 목소리를 경청하면서 다원적 의미를 해석하는 작업의 중요성을 일깨워준 질적 연구가 현실 속에서 실로 얼마나 고군분투하였는지, 질적 연구에 대한 학문적 가치 인정에도 불구하고 정책 결정에 미치는 파급력이나 연구비 지원 등에서는 여전히 얼마나 소외되고 있는지 체험해왔다.

그런데 시간이 흘러, 어느덧 질적 연구는 관습화되어 기계적으로, 절차적으로 적용되고 있다는 비판을 직면하고 있다. 연구자들을 설레게 하고 꿈꾸게 했던 질적 연구방법의 무엇이 작동하지 않게 된 것일까? 무엇이 문제일까? 이제 어디로 나아가야 할까? 방법론은 어떠한 모습으로 새롭게 형상화될 수 있을까? 역자들은 재현의 논리에 갇힌 실증주의 방법론에 대한 대안을 추구했으나 기법에 매몰되어 점차 또 다른 재현의 논리를 구축해버린 질적 연구의 관습화를 통렬하게 지적하는 다양한 목소리들에 겸허하게 귀 기울이고자 하였다. 후기질적 방법론을 만나 미처 보지 못했던 것을 보게 되고 데이터를 다르게 사유하면서 새로운 이야기를 생성하는 것은 질적 연구를 지지하며 실천해온 연구자로서 결코 쉽지 않은 일이었다. 이렇게 또 다시 낯선 이론들과 개념들을 읽고 데이터의 생명력을 깨우면서 실험적인 방법을 실천해가는 여정은 과거와 지금의 우리를, 그 민낯을 그대로 들여다보는 부끄러움을 수반하였다. 그러나 동시에 후기질적 연구와 함께, 이를 통하여, 함께 에돌아가며, 사회과학연구를 새롭게 상상하는 즐거움은 우리의 더딘 번역 작업에 지지치 않을 에너지가 되었다.

「후기질적 연구와 혁신적 방법론」은 후기질적 연구라는 미개척지를 탐험하고자 하는 연구자들이 안전하게 따를 수 있는 매뉴얼도 아니고, 후기질적 연구방법의 절차나 기법을 알기 쉽게 분류하거나 설명하는 교재도 아니다. 후기질적 방법론은 연구 참여자의 살아낸 경험 혹은 목소리란 미리 결정되거나 고정된 것이 아니라 우연한 마주침 속에서, 그 구체적인 배치와 관계 속에서 생성되는 것으로 강조한다. 후기질적 연구는 관습화된 질적 연구와 정상화된 지식으로 안정된 영토의 틈새를 흔들어 교란시키며, 후기구조주의 철학, 신물질론, 포스트휴머니즘, 에코페미니즘 등의 이론으로 연구 데이터를 새롭고 다르게 사유할 수 있는 잠재성에 주목한다. 역자들은 결코 쉽지 않았지만, 이 책의 번역을 통하여 복잡하고 다양한 이론과 실험적 방법들을 연결지어, 연구, 곧 연구자와 참여자, 시간, 공간, 물질, 담론이 얽힌 현상 속에서 공동으로 발현하며 생성되는 이야기들 속으로 후기질적 연구에 관심을 가진 연구자들을 초대하고자 한다. 데이터가 반짝이는 순간, 그 생명력을 감각하고 내부작용하며 다원적으로 읽어내는 여정에서 함께 고민하고 사유하며 실천해가는 독자들의 모습을 그려본다.

2023. 1. 25

역자 일동

시리즈 편저자의 서문

Mark Murphy

오랫동안 교육연구는 사회 이론에서 도출된 개념들을 적용해왔다. 교육의 토대 측면에서는 항상 그러했지만, 최근 교육연구에서도 사회 이론의 적용이 가파르게 증가하고 있다. Pierre Bourdieu, Jűrgen Habermas, Judith Butler, Michel Foucault 같은 이론가들의 이름이 교육연구에서 흔하게 인용되고 있으며, 교육연구를 수행하고 이를 교수행위에 활용하는 이들에게 이러한 사회 이론들이 상당히 친숙해졌다.

친숙성이 증가함에 따라, 더욱 사려 깊고 효과적인 방식으로 사회 이론을 활용하고자 하는 욕망 역시 증가하고 있다. 오늘날 교육연구의 맥락에서 사회 이론을 적용하려는 특히 긴박한 욕망이 있는데, 이는 충분히 이해할 수 있는 현상이다. 왜냐하면 이론이 없이는, 대부분의 교육연구가 그저 지나치게 기술하는 것에만 머물거나 교육실천에 대하여 협소하게 내려온 정의로 인하여 제한 받을 수 있기 때문이다. 사회에 대한 이론들은 교육에서 당연시해온 일상적 이해를 넘어서려는 노력을 지원할 수 있으며, 권력, 통제, 사회정의, 변혁을 둘러싼 관심사를 반영하기도 한다.

그렇다면 쟁점은 이론을 어떻게 연구방법에 적용하는가 하는 것이며, 특히 적용의 기예에 대한 관심이 증가하고 있다. 이러한 관심사는 아래와 같은 일련의 주요 질문들로부터 생성된다.

- 아비투스, 주체화, 수행성 등과 같은 이론적 개념을 어떻게 교육연구라는 맥락에 가장 잘 적용할 수 있을 것인가?

- 방법론적 문제가 이론적 문제를 만나는 방식에는 어떤 것들이 있는가?
- 어떤 방식으로 사회 이론이 연구결과의 질을 만들어가는가?

이러한 질문들에 사려 깊게 응답하는 것이 필요하다. 따라서 본서 시리즈는 쟁점들에 대한 해결안을 제안하도록 돕는 동시에, 학위 취득 후에 연구자로서의 커리어를 출발한 이들이 자신의 연구 활동에 사회 이론을 성공적으로 녹여낼 수 있는 역량을 키우도록 지원하는 것을 목적으로 한다. 방법에 이론을 적용하는 것은 매우 도전적이고 어려운 일이기 때문에, 더욱 중요한 작업이다. Foucault, Derrida, Bourdieu 등이 제안한 일련의 이론을 탐색해나가는 일은 결코 '단순'하거나 쉬운 일로 표현될 수 없다. 더구나 연구라는, 그 자체로서 복잡하게 상호 얽혀있는 규범 및 실천의 맥락에 이러한 개념을 적용하는 데는 상당한 어려움이 존재한다. 인식론, 작동, 분석에서의 어려움은 연구자에게, 그리고 연구문제를 이해하고자 하는 시도에 불가피하게 영향을 주게 되며, 그 문제가 통치와 정치적 규제, 사회 재생산, 권력, (여타 정체성 중에서) 문화적 혹은 전문적 정체성 등 그 무엇에 관한 것이든 마찬가지다. 따라서 전문적인 연구자 자신의 관심사와 사회 이론의 지적 논지를 통합적으로 고려하면서 도전적 개념을 도전적 실제에 적용할 때에는 세심한 주의가 요구된다.

이 책은 자신의 연구에 사회 이론을 제대로 적용하고자 하는 연구자들의 마음을 움직일 수 있는 강력한 힘을 가지고 있으며, 이러한 연구자들의 수가 증가한다는 사실은 편저자가 운영하는 웹사이트(www.socialtheoryapplied.com)의 방문자 수가 크게 늘어나고 있는 데에서도 목격된다. 이 책은 자신의 연구에 이론적 개념을 활용하기 시작하려는 이들에게 매우 유용한 자원이 될 것이며, 이론이 연구 맥락에서 효과적으로 적용될 수 있는 방안, 특히 현실화 가능한 방식으로 적용될 수 있는 방안을 깊이 있게 이해하고 싶어 하는 독자에게 흥미로울 것이다.

이 시리즈가 추구하는 바는 교육연구 설계에 있어 다양한 사회 이론의 적용 방안을 탐색하는 책들을 모아 제공하는 것이다. 각각의 책에서는 학교, 유아교육기관, 지역사회 교육기관, 고등교육을 담당하는 대학 등과 같이 구체적인 특정 교육연구 상황에서 어떻게 이론과 방법이 서로 영향을 주고받는지를 자세히 설명한다. 이 시리즈는 리더십과 거버넌스, 형평성, 교사교육, 평가, 교육과정, 정책연구를 포함하여 이론기반 교육연구에서 탐색되고 있는 풍부한 주제를 대표한다. 또한 사회 이론, 그리고 최근 상당히 성장하여 교육 담론에 Bourdieu와 Foucault 등의 이름을 친숙하게 여기게 만든 교육연구 분야에서 누적되어 온 풍부한 작업을 조명하기에 시의적절한 토대를 제공한다.

이 시리즈를 기획하는 데에는 분명한 교육적 요소가 내포되어 있기에, 연구방법론에 이론을 적용하는 '방법(how)'에 초점을 두고 연구에서 이론이 작동 가능하도록 하는 방안을 강조한다. 교육으로의 되돌림은 텍스트들에서 다양한 방식으로 명시적으로 다룬다. 그 책임은 저자와 편저자에게 있으며, 연구에서 활용된 이론적 주요 개념을 상세하게 소개하는 사례연구, 활동, '초점'과 주요 용어 등의 형태로 제시된다.

후기질적 연구와 혁신적 방법론을 다룬 이 책은 Matthew K. E. Thomas와 Robin Bellingham이 편저자로서 엮은 것으로서, 지속적으로 더해지는 이 시리즈에서 중요한 역할을 하고 있다. 시리즈 모음 전체가 교육연구에서 이론 지향적 사례를 보여주는 뛰어난 연구들을 담고 있다. Karen Barad, Lauren Berlant, Gilles Deleuze, Michel Foucault, Donna Haraway, Bruno Latour, Anna Tsing 등의 이론가들을 소개하며, 교육연구의 방법론에 고유하면서도 도전적인 시도를 한다. 여기에 더해, 텍스트 전반에 사회 이론, 픽션, 대중문화와 서로 영향을 주고받으면서 학문의 경계를 넘어선 연구들이 소개된다.

이 책은 이 시리즈를 낳았던 이전의 「교육연구에서의 사회적 이론 및 방법론(Social Theory and Methodology in Education Research)」이라는 제목의 책이 가진 정신을 공유한다. 이는 그 책을 소개하는 제1장의 앞부분에서부터 편저자들이 "미래에, 미래를 통하여 연구하면서 차이를 만들어가는 대화에서 이론이 생성적 역할을 한다는 사실은 아무리 강조해도 지나침이 없다."라고 진술했을 때부터 명백하다. 이들에게 '이론의 생명력(vitality)'은 '새로운 지식 만들어가기(the making of new knowledge)' 여정을 함께하는 것이다. 지식을 만들어가는 것, 균열을 만들고 혁신하기 위하여 지식을 펼쳐나감에서의 생성적 역할은 이 시리즈의 존재 이유를 말해주는 총괄적 핵심이다. 시리즈 편저자로서 나는 Berger(2002)가 '방법론적 물신숭배주의(fetishism)'라고 부른 것으로 스스로를 환원시킬 수도 있는 실재적 위험성을 가진 분야인 교육연구의 방법론을 지배하는 트렌드에 저항할 수 있는 대항-내러티브(counter-narrative)에서 그 존재 이유를 사유한다. 대부분의 교육연구들이 탈역사적, 탈이론적 자세를 취하면서 연구의 질을 대리해주리라고 믿어온 방법론적 훈련에 의존해온 것으로는 결코 문제가 해소될 수 없으며, 직면하여 맞서고 탐문하면서 해당 분야의 학문적 엄정성과 개념 발달에 기여하는 책임을 져야 한다. 나의 경우, 이 책에 소개된 사례들은 맞서 도전하면서 대항-내러티브를 형성하게 해주었으며, 교육에서 방법론적 쟁점에 대하여 최소한 대안적 방식으로 참여할 수 있게 해주었다.

이론과 방법론을 연결 짓는 데에는 정치적인 면이 있는데, 이러한 연결은 분명 많은 사회 이론들이 폭넓게 취하는 입장을 반영하며 이 책을 관통하는 주제이기도 하다. 이러한 정치성은 이 책에서 다루는 이론가들과 후기질적 교육연구의 초점을 반영한다. 종종 (후기)질적 접근은 보다 '과학적'이고 신뢰할 수 있는 양적 연구방법론 옆에 나란히 자리하는 것으로 스스로를 정당화해야 했다. 우리는 질적 접근에 대한 이러한 의심을 충분히 인지하고 있으며, 여기에 포함된 글들은 이러한 연구의 적절성을 의심하는 이들에게 적합하고 설득력 있는 반론을 제시해준다. 그 철저함은 다양한 저자들이 이론과 방법론의 관계를 탐색하는 방식에서 특히 명백하게 드러나는데, 교육연구에서 어떻게 혁신적 방법론이 펼쳐질 수 있는지가 자세히 기술된다. 즉 이 책은 회절, 교란, 헤테로토폴로지, 배치, 포에틱스, 리토르넬로 등의 개념이 어떻게 연구 설계의 일부로서 작동될 수 있는지를 방법론적으로 매우 상세하고 풍부하게 다룬다. 이론과 방법의 연결은 연구자들이 탐색하고 있는 이론적 개념의 증거를 어떻게 '포착'하는지(Costa et al., 2018), 그리고 이러한 개념을 실험적인 비판적 질적 연구에 어떻게 엮어가는지, 예컨대 Barad의 행위주체적 실재론*의 개념에 따라 어떻게 이중인종성을 연구하는지(Marn & Wolgemuth, 제3장), Foucault의 헤테로토피아 개념에 영향을 받아 위기와 일탈의 공간을 연구하는 데 어떻게

---

* 역자 주: agential realism은 국내에서 행위적 실재론, 행위실재론, 행위주체적 실재론 등으로 번역되고 있는데, 이 역서에서는 행위주체(agent)와 구조(structure)를 재개념화하려는 노력들을 반영하여 행위주체적 실재론으로 통일하였음을 밝혀둔다. 사회학과 교육학 등에서는 근대적 주체(subject)의 한계를 벗어나고자 하는 노력(예컨대 ~~주체~~로 표기하기도 함)과 함께 행위주체와 구조에 대한 이분법을 넘어서서 새롭게 개념화하려는 시도들이 활발하게 이루어지고 있다. 역자들은 인간과 인간-아닌 모든 것의 행위주체성을 고려하고 존중하면서, 행위를 실행하는 신체가 윤리적 책임성을 가지고 현상에 참여하는 노력을 담기 위하여 agent 역시 행위자(이 경우 actor와의 혼란이 가능함)나 행위소(agentant를 행위소로 번역할 수 있어 이와 구별하기 위함) 등이 아니라 행위주체로 번역하였다.

공동전기 방법을 활용하는지(Jones & Charteris, 제9장) 등을 독자가 파악하고 이해할 수 있는 방식으로 이루어진다.

이 책은 교육연구 방법론의 정치적 상황 속에서 후기질적 접근이 진지하게 다루어지고 있음을 예시해준다. 각 장의 글들이 탁월하며, 이를 함께 모은 편저자의 역할도 뛰어나다. 모든 저자들이 이 책 시리즈가 의도하는 바를 명확하게 파악하고 있다. 이 책을 기획, 편집한 Matthew와 Robin, 그리고 시리즈에 탄탄한 기여를 더해준 모든 이들에게 깊이 감사드린다.

참고문헌

Berger, P. (2002). Whatever happened to sociology? *First things* (online) https://www.firstthings.com/article/2002/10/whatever-happened-to-sociology

Costa, C., Burke, C. and M. Murphy (2018). 'Capturing habitus: Theory, method and reflexivity', *International Journal of Research & Method in Education*, 42 (1): 19–32.

서문

Julianne Moss

이 책은 야심찬 의제를 던진다. 이론과 방법을 비롯하여, 사회과학 연구에서 상호 구성적인 요소들을 탐색하는 데 초점을 둔다. 책 제목에서 드러나듯, 「후기질적 연구와 혁신적 방법론」이 연구 실제를 **통하여**(*through*) 기존의 사유를 중지시키고 새롭게 사유하도록 요청하는 것을 환영한다. 저자들은 신진 그리고/혹은 혁신적 연구자들이다. 그렇지만 이러한 명칭은 종종 그릇된 선입견을 낳고, 도움이 되지 않는 엄격한 이원론을 만들어낼 수 있다.

이 책의 세 파트, 즉 '흔들어 교란시키기, 주체성과 행위주체성', '미개척지: 가능성, 시간-공간과 물질성', '얽힘과 혁신: 방법과 이론'을 읽으면서 분명 후기질적 연구의 장에 무엇인가가 펼쳐지고 있음을 알 수 있을 것이다. 이 책은 후기질적 연구의 미래/들(future/s)에 대하여 사유한다. 사회과학, 특히 교육 분야의 학자들이 상당수 참여한 이 책은 실천 분야로부터의 깊은 이해를 더해준다.

이 책에 포함된 글들의 제목은 '왜 이 책인가, 그리고 왜 지금인가?'라고 질문하도록 도발한다. 인류세는 우리 지구가 계속하여 번영할 수 없다는 사실을 아주 명백하게 만들었다. 내가 살고 있는 호주 퀸즐랜드(Queensland) 주의 산호초 군락지가 죽어가고 있으며, 습지에 사는 새들의 숫자 역시 확연히 줄어들고 있다. 인간의 문명화가 시작된 이래로 전 세계적으로 인류는 지구상의 나무를 절반으로 감소시켰다. 호주를 비롯한 여러 국가의 교육은 불평등한 상태로 남아있다.

이 책에 포함된 열두 장의 상호관계 그 자체가 청소년연구, 참여적 접근법, 박사과정의 배움, 윤리·정치적 쟁점, 흑인-백인 이중인종 정체성, 환경교육, 교사의 일과 삶, 교육연구와 글쓰기 등을 횡단하면서 연구 범주들을 불안정하게 만든다. 이 책은 세상에 대하여 궁금해하고 적극 참여하고자 하는 우리로 하여금 실존적으로 감각하는 희망 속에 공존하는 긴장 상태를 직면하게 하고 거듭 돌아가게 하는 일련의 생성적인 실천에서 착안되었다.

지난 십여 년간 Barad(2007, 2014), Braidotti(2011; Braidotti et al., 2018), Deleuze와 Guttari(1987), St. Pierre, Jackson과 Mazeii(2016) 등의 사회 이론가들은 우리의 사회적 세계와 지구 행성에서 변화하고 있는 풍토와 사유들을 섬세하게 다루어왔으며, 이는 후기질적, 후기양적 연구에서 종전에는 이름을 갖지 못했던 개념들을 작동시키게 되었다. 저자들이 참조한 지적 전통은 지리적으로도 매우 넓게 퍼져 있어 '북쪽'에서 '남쪽'까지 다양한 삶과 작업의 공간에 거주하는 학자들이 폭넓게 포함되어 있다. 이 책의 집필진에는 서구의 지적 전통 안에서 활동해오면서 학계에 확고하게 뿌리를 내린 학자들보다는 소위 '신진'이라 불리는 연구자들이 더 많이 포함되어 있다. 전문가로 간주되는가, 신진 연구자로 간주되는가 하는 것은 공동체를 이루어 깊이 있게 검토한 이론적 근거와 방법 측면에서 전혀 중요하지 않다. 확실한 사실은 이 책에서 공동으로 구성하였거나 단독으로 저술된 챕터들 모두에서 최근의 박사학위 논문들을 소개하고 이를 더 한층 다듬기 위한 협력과 배움이 있었다는 것이다. 이러한 협력과 배움을 볼 수 있다는 것, 그리고 출판을 통하여 이를 축하할 수 있다는 것은 모두 멋진 일이다. 지난 이십여 년 동안 인문학과 사회과학에 등장한 '신실증주의'와

'신물질론'**이라는 두 개념(St. Pierre, Jackson, & Mazeii, 2016)을 다루기 위하여 연구자들이 함께 모인 이 책을 통하여, 실험과 새로운 방법을 통한 혁신이 이어지기를 바란다.

전반적으로 저자들은 사회에 대한 이론을 '유목민'으로서(Metcalfe, 2017) 체화하고 있다. 지적 노력과 실천적 적용이라는 노력의 균열과 파열이 드러나면서, "항상 과정 중에 있으며 하나의 단일한 것이 아니기 때문에 불가능한 작업"(St. Pierre et al., 2016)임을 인정하면서도 이러한 사례들을 한 권의 책으로 모아 출간한 경우가 거의 없다는 사실에 주목하였다. 행위주체적 실재론, 회절과 얽힘의 작업, 그리고 관계적 존재론이 어떻게 지속적이고 결코 끝나지 않는 사회과학 분야의 전투로 (거듭)돌아가는지를 이 책에서 열어 보이며, 어떻게 연구 실제에서 풍부한 방법을 펼쳐가는지를 명료하게 밝혀 공유한다. 주요 용어와 교육적 조력을 비롯하여, 이론과 실제 사이의 실천적 연결고리, 방법을 채택 혹은 수정하는 사례 등 독자에게 흥미로울 요소들이 많이 포함되어 있다.

편저 시리즈의 하나로서 이 책에서는 혁신적이고 참신한 최신 연구와 학문적 성취를 소개하는 것 이상의 일을 하고 있다. 행위주체적이면서 생동감 있게 살아있는 방법론적 지향을 통하여 다르게 사유할 수 있도록 하려는 결의에 찬 편집진의 의도가 드러난다. 후기질적 연

** 역자 주: 'new materialism'은 신유물론, 신물질주의, 포스트 물질주의, 신사물주의, 새로운 물질론 등으로 혼용되어 번역되고 있다. new materialism을 번역함에 있어서 전통적으로 사용해오던 유물론 용어를 반영하는 '신유물론'이나 '-ism'을 담아내는 '신물질주의'로의 번역을 고려하였으나, 각 용어가 사용되어 온 의미체계의 한계를 고려하고 최근의 물질적 전회에서 물질과 의미의 얽힘, 자연문화(natureculture), 되기(becoming)와 관계성에 주목하는 다양한 담론들을 담아내기 위하여 '신물질론'으로 번역하였음을 밝혀둔다.

구의 주요한 토대들이 상당히 뚜렷한 초점 안에 들어오면서 물질과 의미 문제와 신물질론이 도입되고 작동한다. 우리는 개별 주체라는 개념을 뒤흔드는 수십 년간의 사유와 상당수의 연구, 전 세계 학자들의 중요한 기여에도 불구하고, 여기에서나 다른 곳들에서나 사회과학과 교육의 담론이 여전히 하나의 규범으로 정상화되고 단일하며 자기충족적인 주체 개념, 그리고 '사물의 질서'(Foucault, 1970)에 단단히 묶여 있는 시대 속에서 작업하고 연구하고 있다.

예컨대 교육 풍조는 수많은 것들과 복잡한 양가적 관계를 가진다. 지난 20여 년간 정치적으로 추동된 책무성이라는 전 지구적 쓰나미가 교사들과 기관장들 사이에서 불안과 동요를 일으킨 반면 정치인들은 여전히 그렇지 않은듯하다. 그러한 실제는 우리의 과거가 말해주는 것, 그리고 사회 이론가들이 인문학과 사회과학, 교육 분야의 연구자들이 펼치고 있는 작업에 폭넓은 생기를 불어넣어 주는 '유동적 흐름과 에너지, 감응, 욕망과 상상계'(Metcalfe, 2017)에 대하여 말해주는 것들에 역행하는 것이다.

달라지는 데이터 이해 어포던스(Moss, 2016)는 우리로 하여금 인류세의 이렇게 자가당착적이고 무모한 개발이 오늘날의 '세계 풍조'(Bude, 2018)를 알리는 모호한 결과들을 어떻게 기획, 각색하고 있는지 질문하게 한다. 모든 세대에서 어떤 것은 머물고 어떤 것은 사라진다. 개혁적인 도전을 특징으로 하는 후기질적 연구라는 세계로의 문을 여는 것은 사회과학의 미래/들을 위하여 긍정하는 것일 것이다.

참고문헌

Barad, K. (2007), *Meeting the Universe Halfway: Quantum Physics and the Entanglement of Matter and Meaning*, Durham: Duke University Press.

Barad, K. (2014), 'Diffracting diffraction: Cutting together-apart', *Parallax* 20 (3): 168–87.

Braidotti, R. (2011), *Nomadic Subjects: Embodiment and Sexual Difference in Contemporary Feminist Theory*, 2nd edn, New York: Columbia University Press.

Braidotti, R., Bozalek, V., Shefer, T. and Zembylas, M. (2018). *Socially Just Pedagogies: Posthumanist, Feminist and Materialist Perspectives in Higher Education*, London: Bloomsbury.

Bude, H. (2018), *The Mood of the World*, Medford, MA: USA Polity Press.

Deleuze, G. and Guattari, F. (1987), *A Thousand Plateaus: Capitalism and Schizophrenia*, London: Athlone Press.

Foucault, M. (1970), *The Order of Things*, Andover Hants: Tavistock.

Metcalfe, A. S. (2017), 'Nomadic political ontology and transnational academic mobility', *Critical Studies in Education*, 58 (2): 131–49.

Moss, J. (2016), '2014 Australian Association for Research in Education presidential address: educational research and the tree of knowledge in a post human digital age', *Australian Educational Researcher*, 43 (5): 505–25. doi:10.1007/s13384-016-0215-6

St. Pierre, E. A., Jackson, A. Y. and Mazzei, L. M. (2016), 'New empiricisms and new materialisms: Conditions for new enquiry', *Cultural Studies ↔ Critical Methodologies* 16 (2): 99–110.

저자 소개

Chessa Adsit-Morris(미국)

캘리포니아대학교 산타크루즈 캠퍼스(University of California, Santa Cruz) 박사과정에 있다. 교육과정 이론가이면서 환경교육자, 예술기반 실천가다. 현재 창의생태학연구소(Center for Creative Ecologies)의 부소장을 맡고 있다. 저서로 「환경교육 다시 이야기하기: 형상화, 픽션, 야생 주체성(Restorying Environmental Education: Figurations, Ficitions, Feral Subjectivities)」(2017)이 있다. 주요 관심사로는 교육이론, 여성주의 과학연구, SF, 생태학적 사유, 예술 실천주의, 환경적 정의 등이 있다.

Jesse Bazzul(캐나다)

리자이나대학교(University of Regina)의 과학환경교육학과 부교수다. 함께 살아가는 새로운 공동체 방식을 발견하기 위해서 그 어느 때보다 상상력이 더욱 필요하다고 믿는다. Jesse는 최근에 Christina Siry 박사와 공동으로 「과학교육연구에서의 비판적 목소리: 희망과 분투의 내러티브(Critical Voices in Science Education Research: Narratives of Hope and Struggle)」라는 제목의 편저를 출간하였다.

Robin Bellingham(호주)

호주 멜버른에 위치한 디킨대학교(Deakin University)의 선임강사다. 이야기와 내러티브가 어떻게 세계를 존재하도록 돕는지를 탐색하는 연구를 해오고 있다. 근대성의 파괴적인 문제적 상황들은 세계가 어떠하며 무엇을 의미하는지에 대하여 우리들이 말하고 있는 이야기들과 공동으로 구성되어 있다. 문화, 물질, 경험, 픽션, 역사, 과학 이야기와 마주치고 회절하면서 Robin은 그 윤리적, 정치적, 존재론적 가능성과 한계, 그리고 세계를 다르게 구성할 수 있도록 이야기들을 재발견하고 다시 상상할 수 있을 방법을 고민한다.

Jennifer Charteris(호주)
호주 뉴잉글랜드대학교(University of New England) 사범대학에서 학교교육학을 가르치는 선임강사다. Jennifer는 교사의 정치학과 학습자의 배움, 정체성, 주체형성 분야에서 연구를 수행하고 있다. 이러한 연구 대부분에 비판이론, 후기구조주의, 포스트휴먼 이론이 영향을 주고 있다. 가장 최근의 논문은 '포스트휴머니즘의 미묘한 차이(The nuances of posthumanism)'(2018)이다.

Mary Dixon(호주)
호주 멜버른의 디킨대학교에서 교육과정 및 페다고지 학과의 부교수로 재직하고 있다. 연구 관심사로 페다고지를 포스트휴머니즘으로 읽어내는 데 초점을 두고 있다. 최근의 연구는 교실과 대중 사이를 오가며 이루어지고 있다. 공공교육기관(Public Pedagogies Institute)의 공동설립자다.

Rachel Fendler(미국)
플로리다주립대학교(Florida State University) 예술교육학과 조교수다. 시각 및 시청각적 예술기반 방법이 청소년 참여를 어떻게 활성화시킬 수 있는지를 연구하고 있다. 이 작업은 후기구조주의와 신물질론에 기초한다. Rachel은 「질적 탐구(Qualitative Inquiry)」, 「예술교육연구(Studies in Art Education)」, 「예술과 학습의 지평을 통한 국제교육저널(International Journal of Education through Art and Learning Landscapes)」 등의 학술지에 기고하고 있다.

Annette Gough(호주)
호주 RMIT대학교의 사범대학 및 국제, 도시, 사회연구 단대에서 교수로 재직 중이다. 캐나다, 남아프리카, 홍콩의 대학교들에서 임시/방문 교수를 지냈으며 UNESCO, UNEP, UNESCO-UNEVOC 등에서 연구개발 프로젝트에 참여하였다. 연구 관심 분야는 환경 지속가능성과 과학교육, 연구방법론, 포스트휴먼과 젠더 연구 등으로 펼쳐진다. 130편 이상의 연구물(저서, 편저 챕터, 논문 및 교육과정 자료)이 있으며, 현재는 「세계의 그린학교운동: 지속가능한 발전을 위한 교육에의 영향 이야기(Green Schools Movement around the World: Stories of Impact on Education for Sustainable Development)」(발간 예정)를 공동으로 편집하고 있다.

Noel Gough(호주)
호주 멜버른의 라트로브대학교(La Trobe University) 사범대학에서 실외환경교육학과 설립 때부터 교수로 재직하다가(2006~2014) 퇴직한 후 명예교수로 활동하고 있다. 「교육과정의 비전(Curriculum Visions)」(2002), 「수학·과학 교육의 세계화와 국제화(Internationalisation and Globalisation of Mathematics and Science Education)」(2007)를 공동으로 편집하고 기고하였으며 「초국가 교육과정연구(Transnational Curriculum Inquiry)」 학술지를 처음으로 만들어 편집위원장으로 봉사하고 있다. 1997년 환경교육연구에 대한 공로를 인정받아 호주박물관 유레카상을 수상하였다. 호주교육연구학회의 회장을 역임(2008)한 바 있으며 평생명예회원이다.

Catherine Hart(캐나다)
캐나다 리자이나대학교의 교육학과 교수이자 운동건강학과 교수로서 가르치고 있다. 연구 관심사는 환경적 주체성과 담론, 환경과 인간 건강의 교차점, 환경교육에서의 젠더 문제 등을 포함한다. 또한 존재인식론적, 이론적, (비)방법론적 수준에서 연구에 대한 후기질적 접근법에도 관심을 가지고 있다. 현재 박사학위 논문에 토대한 출간 작업을 하고 있으며 「환경교육저널(Journal of Environmental Education)」의 50주년 학술지에 공동저자로 참여하고 있다.

Marguerite Jones(호주)
최근 호주 뉴잉글랜드대학교 사범대학의 학교교육학과 강사에서 은퇴하였다. 연구 분야로는 예비교사 전문성 경험 개혁, 교사 멘토링, 일상적 가르침의 정치학 등이 있다. 가장 최근의 논문은 '포스트휴먼 윤리적 실천: 교육적 배치에서 행위주체적 절단(Posthuman ethical practice: Agential cuts in the pedagogic assemblage)'(2019)이다.

Travis M. Marn(미국)
사우스플로리다대학교(University of South Florida)에서 박사학위를 취득하고 서던코네티컷주립대학교(Southern Conneticut State University)의 교육과정 및 교수학습학과 조교수로 재직하면서 아동발달, 교육심리학, 연구방법론을 가르치고 있다. 신물질론과 포스트휴머니즘을 심리학적 연구에 채택함으로써 수행적 주체성에 대한 철학적, 경험적 이해에 초점을 맞추고 있으며 질적 및 후기질적 연구방법과 방법론을 개발하는 데 기여하고 있다.

Eve Mayes(호주)
디킨대학교의 교육학 및 교육과정 전공 선임강사다. 연구는 '목소리'/참여, 감응, 공간, 물질성에 대한 창의적이고 철학적인 실험을 통하여 교육기관에서의 '경험'을 탐색하고 문제를 제기하고 있으며 문화기술지적, 참여적, 예술기반 연구방법론을 실천하고 있다. 후기구조주의와 포스트휴머니즘/물질론 사유로부터 개념을 가져와 교육에서, 교육을 통하여 교차하는 불평등의 (재)생산 및 잠재적 차단 가능성을 연구한다.

Julianne Moss(호주)
디킨대학교 알프레드 디킨 특임교수다. 디킨대학교의 전략적 교육연구소 소장을 역임하고 있으며 교육영향력연구(Research for Educational Impact: REDI)를 실행하고 있다.

Mark Murphy(영국)
영국 글래스고대학교(University of Glasgow) 교육 및 공공정책학과 강사다. 이전에는 런던의 킹스칼리지(King's College), 체스터대학교(University of Chester), 스털링대학교(University of Stirling), 아일랜드국립대학교 메이누스 캠퍼스(National University of Ireland, Maynooth), 더블린대학교(University College Dublin), 노던일리노이대학교(Northern Illinois University) 등에서 근무하였다. Mark는 교육과 공공정책 분야에서 적극적으로 연구하고 있다. 관심 분야로는 교육사회학, 비판이론, 고등교육 책무성, 공공분야 개혁 등이 포함된다.

Matthew Krehl Edward Thomas(호주)
호주 멜버른 디킨대학교의 교육학 및 교육과정학과 선임강사다. 이전에는 학교교사로 근무하였으며 리더십, 전략, 협상 등에 대한 배경지식을 가지고 있다. 연구 관심사는 시간, 권력, 인공지능과 감시 등이다. 가장 최근에 출간된 연구물들은 시간과 인공지능이 인권과 관계에 가지는 함의를 탐색하였다.

Laura Trafi-Prats(영국)
맨체스터메트로폴리탄대학교(Manchester Metropolitan University: MMU) 아동청소년교육학과 선임강사이며, 종전에는 위스콘신대학교 밀워키캠퍼스(University of Wisconsin−Milwaukee)에서 부교수를 역임하였다. MMU 교육·사회연구소의 아동 및 아동기 연구팀의 일원이다. 시각예술, 아동기연구, 장소기반 페다고지와 방법으로서의 비디오를 연결 지어 연구하고 있다. 「미술교육연구(Studies in Art Education)」, 「질적 탐구(Qualitative Inquiry)」, 「문화연구↔비판적 방법론(Cultural Studies↔Critical Methodologies)」, 「담론: 교육의 문화 정치학(Discourses: Studies in the Cultural Politics of Education)」 등의 학술지에 연구물을 게재해왔다.

Jennifer R. Wolgemuth(미국)
사우스플로리다대학교(University of South Florida) 연구 및 측정평가학과 조교수로서, 질적 연구 대학원 학위과정을 책임지고 있다. 질적 및 후기질적 연구로 교육 및 사회과학 연구의 윤리와 정치성에 초점을 맞추면서 연구를 수행하고 보고하는 것의 (비)의도된 결과에 대하여 물질, 담론, 감응의 질문을 던지고 있다. 「교육연구자(Educational Researcher)」, 「질적 탐구(Qualitative Inquiry)」, 「질적 연구(Qualitative Research)」, 「문화연구↔비판적 방법론(Cultural Studies↔Critical Methodologies)」 등의 학술지에 연구물을 게재하고 있다.

차 례

CHAPTER 1 연구 혁신에서 이론의 생명력 · 28

1. 이론의 생명력 • 28
2. 열린 연구 실제에서 생명력의 반짝임 • 34
3. 체화와 상보성을 (다시)생각하기:
   경험적 인간/지식/세계 관계들의 반짝임 • 35
4. 기술과학적 실제를 (다시)생각하기:
   존재론적 머뭇거림을 가능하게 하는 실제의 반짝임 • 38
5. 시간, 공간, 물질성을 (다시)생각하기:
   불안정성 및 가능성과 함께 살아가기 위한 형상화의 반짝임 • 41
6. 끝맺음에서 시작하기:
   미래 지향적 연구에서 무엇이 중요한가? • 45

I 부 흔들어 교란시키기, 주체성과 행위주체성

CHAPTER 2 포스트프로덕션 방법: 청소년의 참여적 비디오 작업을 통한 관계성 모드와 감응 세계 연구하기 · 52

1. 빈약한 이미지와 참여로서의 포스트프로덕션 • 52
2. 감응, 느린 연구와 포스트프로덕션 장르 • 56

3. 밈 사슬: 유튜브 제작을 통한 연결 • 63
4. 리포맷팅: 도시에서 가장 좋아하는 장소의 비디오 자화상을 만들지 않은 데스티니 • 65
5. 몽타주: JT의 지속적 비디오 프로젝트에서 힘든 현재의 교란 항해하기 • 70

CHAPTER 3 실험적인 비판적 질적 연구: 방법론 교란하기, 주체에 저항하기 • 76

1. 들어가는 말 • 76
2. 휴머니즘, 포스트휴머니즘, 행위주체적 실재론, 그리고 질적 연구 • 77
3. '이중인종' 연구의 근거 • 82
4. 연구의 개관 • 83
5. 연구방법 • 86
6. 연구결과와 논의 일부 • 91
7. ECQI와 포스트휴머니즘 연구의 가능성 • 94

CHAPTER 4 이원론에 트러블 일으키기: 환경교육 연구의 젠더화 • 100

1. 들어가는 말 • 100
2. 젠더 관점에서 환경교육 연구하기 • 105
3. 환경 주체성: 체화된 예 • 108
4. '규범' 흔들어 교란시키기 • 112
5. 결론 • 114

CHAPTER 5 참여의 수치심:
말 더듬는 순간으로 참여의 존재론 다시 사유하기 • 121

1. 수치스러운 참여? • 124
2. 연구에 있어서 참여 교란하기 • 126
3. 참여 연구에서의 느낌 – 그리고 수치심 • 128
4. 말 더듬기 • 134
5. 말 더듬는 참여 • 138

II부 미개척지: 가능성, 시간-공간과 물질성

CHAPTER 6 포스트휴먼 포에틱스와 횡단하는 신체,
초월하는 신체의 크로노토프 • 148

1. 들어가는 말 • 148
2. 불확정성과 비결정성의 이야기 • 151
3. 윤리성으로 평범성에 저항하기 • 154
4. 횡단하는 신체, 초월하는 신체의 크로노토프 • 159
5. 바이러스로서의 언어 • 163
6. 어떤 결론적 사유 • 170

CHAPTER 7 내 연구실에 누가 있으며 우리는 어떤 세기/들에
존재하는가? 어떤 교육학적 마주침 • 175

1. 교육학적 마주침 연구하기 • 176
2. Deleuze의 사건 • 178

3. 사건의 구조 • 179
4. 분석 장소 – 박사논문 미팅 • 181
5. 분석을 위한 '블랙홀' • 184
6. 교육학적 마주침 • 187
7. 지도 그리기 • 190
8. 블랙홀과 지도 그리기로부터 • 194

CHAPTER 8 자본주의 폐허에서의 교란과 강도의 방법론 • 198

1. 교란, 배치 및 Anna L. Tsing의 작업 • 203
2. 예측 불가능성과 차이: 교란이란 무엇인가? • 208
3. 교란의 형상 • 212
4. 강도의 방법론과 교란에 주의 기울이기 • 217

CHAPTER 9 교육연구의 횡단성: 위기와 일탈의 공간 이론화를 위한 헤테로토피아 활용하기 • 224

1. 들어가는 말 • 224
2. 헤테로토피아는 어떻게 기능하는가? • 225
3. 헤테로토피아의 이론적 활용 • 229
4. 균열적인 연구방법으로서 헤테로토피아의 여섯 원리 • 235
5. 헤테로토피아로 이론과 방법 함께 엮기 • 239
6. 결론 • 244

III부 얽힘과 혁신: 방법과 이론

CHAPTER 10 떼와 무리 짓기 • 250

1. 떼와 무리 짓기 • 250
2. 처음의 프로젝트 • 251
3. 구성 중의 CVgRM • 252
4. 방법에서 떼로 • 253
5. 떼로 들어가다 • 254
6. 떼 짓기 이론을 방법으로 • 256
7. 절단하기: 회절이 무리 짓기 행동이 되다 • 258
8. 떼 짓기 방법을 데이터로: 비판이론 • 260
9. 떼 짓기 방법을 데이터로: 문화연구 • 262
10. 떼 짓기 방법을 데이터로: 비판적 교육학 • 266
11. 회절과 무리 짓기 행동 사이에서 • 271
12. 결론 • 271

CHAPTER 11 포스트인류세 상상하기: 사변적 사유, 회절적 놀이와 「시간의 경계에 선 여자들」 • 278

1. 도입: 「시간의 경계에 선 여자들」 • 278
2. 인류세 이름 붙이기 • 281
3. 사변적 사고실험 1 – 인류세에 이름을 붙이지 않음 • 284
4. 포스트인류세의 상상 • 285
5. 사변적 사고와 회절적 방법 • 287
6. 사변적 사고실험 2 – 시간의 모양 • 290
7. 결론 – 다원우주의 세계적 비결정성 • 293

CHAPTER 12 리토르넬로의 충만한 감각: 행위주체적 포스트휴먼 배치에서의 소리, 행위, 물질성 • 301

1. 들어가는 말 • 301
2. Deleuze 이론, 물질론적 연구 배치와 포스트휴먼 리토르넬로 • 303
3. 연구 활동에서의 리토르넬로 • 307
4. 리토르넬로를 통한 이론과 방법 엮기 • 309
5. 종간 되기에서의 리토르넬로 • 312
6. 소셜미디어 흐름의 리토르넬로 • 314
7. 연구 배치에서의 리토르넬로 • 318
8. 결론 • 319

CHAPTER 1

연구 혁신에서 이론의 생명력

Matthew Krehl Edward Thomas 및 Robin Bellingham

1 이론의 생명력

우리(책임 편저자들)는 이론적으로 풍부한 실험적 연구를 수행하는 신진 연구자들이 후기질적 연구가 생성할 수 있는 것, 그 가능성에 관한 대화에 참여할 수 있는 장소를 제공하고자 이 책을 소개한다. "지식을 만들어가는 것은 그저 사실을 만드는 것이 아니라 세계를 만들어가는 것, 혹은 더 나아가 특정한 세계의 공동형상화에 대한 것"(Barad, 2007: 91)이기에, 연구와 그 성과를 통하여 차이를 만들어가는 대화에 있어서 이론은 결코 과장되지 않는 생성적 역할을 한다. 우리는 연구에서 이론의 역할을 마음속의 가장 앞자리에 위치시키며, 고정되지 않은 지식의 본성, 그리고 이론화한다는 것이 지식의 범주와 과정에 한계를 지우는 동시에 생성력을 가지는 경계-긋기(boundary-making)의 실제라는 사실을 인지하고 있다. 새로운 지식을 만들어감에 있어 이론이 가지는 생명력이 이 교재 전반을 흐르는 운동성이다. 이론은 생명력을 가지는데, 즉 살아있으면서 동시에 삶과 본질적으로 얽혀있다. 이 책에서 이론적 전제들과 방법론적 설계들은 학교, 연구실, 생태환경들, 텍스트의 여백, 놀이터에서 날갯짓하는 새들의 실재-세계에 적용되어 생명력을 가지게 된다. 이러한 이론은 "현재의 어려운 도전들을 인정하면서 가능성을 열어가기 위하여 사물의 상태를 인식해야만 한다."(Ferrando, 2012: 11). 이론을 활용하는 것이 사람, 맥락, 조건, 관계의 미묘한 차이에 주목하게 하는 동시에 이들을 문제화하거나 변형하여, "활기를 불어넣고 변화의 촉매 역할"(Lather, 2018a: 74)을 하고, 삶을 흔들어 균열을 내는 데 그리고/혹은 응집하는 데 의미 있는 새로운 기회를 가져올 수 있어야 한다. 이론의 가능성에 주목하는 것은 이론이 어떻게 방법론, 연구방법과 데이터를 새롭게 바라보고 실행할 수 있게 하는 윤리적인 존재인식론적 전회를 자극할지를 묻는 것을 의미한다.

이 책의 저자들 중 다수는 박사학위를 취득한 지 4~5년 내의 신진 연구자들(Early Career Researchers: ECRs)이다. 이들은 호주, 캐나다, 영국, 미국 등에서 활동하고 있다. 일부는 신진 연구자들과 상보적이면서 이론적으로 생성적인 관계를 맺으며 긴밀하게 협력하고 있는 경험이 풍부한 학자들이다. 이 실험적이고 상당히 도발적인 작업을 함께하기로 한 이들의 선택은 자신들이 이미 얽혀있는, 급격히 변화하며 불확실한 사회, 학문, 시대정치의 시간을 함께 만들어가는 데 기여하고자 하는 관심을 나타낸다. 이 작업은 신진 연구자들의 연구 그리고 연구프로젝트를 함께하는 이들의 배치를 생성하는데, 이는 이러한 신진 연구들과 바깥으로, 앞으로, 미래로 퍼져나가는 접속들의 생성력에 생명을 불어넣는 데 기여한다. 신진 연구자이자 책임 편저자, 집필진으로서 Matthew와 Robin은 새로운 사유와 상상을 시험하고자 하는 강력한 끌어당김에 의하여, 그리고 더 좋은 교육, 민주주의, 더 넓은 지구적인 윤리를 추구해가는 더 큰 프로젝트에 기여하기를 기대하며 이 책을 구상하게 되었다. 또한 우리는 중등교사, 그리고 그 이후 대학 교육자로서의 경험을 통하여 교육과정과 교원양성교육 프로그램의 방향에 대한 책임을 공유하면서 이 책의 집필에 임하였다. 우리는 이러한 역할들을 협상해가는 과정에서 환원적, 경쟁적, 경제논리 중심의 교육의 섬뜩한 영향력을 체감하면서, '포스트(posts)'로 불리는 것들에 매혹되는 동시에, 민주주의 희망이라는 유령을 도발하면서도 변화의 힘을 드러내는 방식으로 이러한 일들을 다르게, 다시 상상하는 엄청난 일의 규모 앞에 걱정하게 된다. 왜 이렇게 해야 하는지의 이유뿐만 아니라 어떻게 이런 일을 할 수 있을지의 방법을 소통하는 것이 중요하다는 사실(Apple, 2013; Barad, 2007; Bauman, 2005; Bellingham et al., 2019; Lather, 2018b)을 마음에 새기고 있다.

이 책의 집필에 참여한 저자들은 차이를 생성하면서 지속적으로 앞으로 몸을 기울이는 미래 지향성을 보여준다. "정상성의 현상유지에 대한 철저한 문제 제기"(Vargova, 2007: 417)를 위한, 특히 정체성, 권력, 행위주체성, 교육연구의 휴머니즘과 인간중심적인 개념들에 도전하는 동시에, 환경, 장소, 공간, 시간, 역사, 기술공학, 물질성 그리고 이들 간의 관계에서 정상성이라는 개념에 더욱 폭넓게, 철저히 문제를 제기하면서 샅샅이 훑어보고자 하는 저자들의 욕망에서 이를 찾아볼 수 있다. 미래 지향성은 철저한 문제 제기를 기꺼이 자신들에게로 돌려, 삶에 참여하는 방식, 관계, 배움과 연구의 윤리성을 살펴보고, 새로운 지평을 찾기 위하여 의미 있는 위험을 무릅쓰며 실험하려는 무모하리만치 용감한 행위에서도 발견된다. St. Pierre, Jackson 및 Mazzei(2016: 100)의 표현처럼, "존재의 본질을 다시 사유하는 윤리적 소명"과 "더 깊어진 호기심과 이에 수반되는 실험"은 우리로 하여금 다양한 존재들로 살아가는 양식을 숙고하도록 돕는 실험적 프로젝트를 가능하게 해주는 두 가지 조건이다. 이 책에서 제공되는 또 다른 형태의 미래 지향성은 책의 주요 목표, 즉 희망에 가득 찬 연대와 민주주의적 참여에 사람들을 초대하는 것에서도 드러난다. 집필진들은 독자들을 위한 열린 초대장으로 각 장을 사용하여 자신들의 이론화, 질문하기, 어휘, 교육적 도구를 공유하며, Jennifer Charteris와 Marguerite Jones(2020: 188)[1)]가 주창한 것처럼 "안전한 항구의 시야를 떠나" 항해하도록 격려하며, 독자들이 용기, 열정, 독창성을 가지고 자신의 연구를 수행할 것을 제안한다.

여러분이 역사적 동향, 후기질적 연구의 현재와 미래에 대한 깔끔한 요약을 기대하면서 이 책을 들었다면 실망할 것이기에 죄송하다. 많은 우수한 학자들이 이러한 경향을 기술해왔으며, 여러분이 필요로 하는 것이 그것이라면 Lather(2013), McKenzie(2005), Preissle(2011), Rosiek(2013), Somerville(2016), 혹은 St. Pierre(2013)를 읽어보기 바란다. 이 책은 이렇듯 우리를 시험에 빠뜨리는 시대의 담론들과 의제들, 예측할 수 없는 환경과 그것이 민주적 연구, 교육, 사회, 지구에 주는 함의에 대하여 혼란스러워하고 우려하는 이들, 이러한 맥락 속에서 진정한 변혁의 힘으로서 이론을 탐색하고자 하는 이들을 위한 것이다. 이 책 자체가 특정한 유형의 가능성을 창조하는 특정한 유형의 공간되기(becoming space)(Kristeva, 2002)라면, 여기서 제기되는 질문은 바로 "이론화하기와 실제의 배치에 의해서 자극되거나 생성되는 것은 무엇인가, 그리고 우리는 더 나은 연구와 미래를 만들기 위하여 연구의 잠재성을 어떻게 이해할 것인가?"라는 것이다.

「후기질적 연구와 혁신적 방법론」은 세 가지로 구분되지만

1) 역자 주: 원서를 함께 읽는 경우 등을 고려하여 독자들의 혼동을 피하기 위하여 저자들이 표기한 페이지 수를 그대로 표기하였기에, 따라서 역서의 페이지 수와 다를 수 있다.

서로 엮여있는 다음의 관심사를 중심으로 구성되어 있다.

1. 주체성, 행위주체성, 정체성
2. 시간, 공간, 물질성
3. 혁신과 방법론의 얽힘

우리의 첫 번째 관심사는 주체성, 행위주체성, 정체성이라는 개념을 흔들어 교란시키는 것이다. 행위주체성과 정체성 전략은 후기질적 연구에서 상당히 확립되어 있는 관심 영역이다. 그런데 이러한 논제에 차이를 생성하도록 공략하고 사회에 관한 이론과 방법을 흔들어 새롭게 적용하는 데 이론을 활용하는 연구 혁신자들과 신진 연구자들은 어디에 서 있는가? 이러한 흔듦은 기존의 이론적 설계나 새롭게 발현되는 설계들에 새로운 가능성을 생성한다. 다르게 이론화된, 주체와 정체성의 경계, 주체성, 행위주체성, 정체성의 본질을 재형상화하는 것은 새로운 관심사와 함의에 생명력을 불어넣는다. 여기에는 교육에서, 연구에서, 삶에서 '참여'가 다수의 관계자들에 의미하는 것 또는 의미할 수 있는 것, 그리고 이 시대와 다가올 시대에 참여에 대하여 다르게 사유하는 데 생산적인 것에 새로운 생명을 부여하는 것이 포함된다.

우리의 두 번째 관심사는 물질적 또는 공간적 미개척지, 연구 가능성의 문턱으로 향한다. 휴머니즘이 존재론적 현상의 범위와 그것이 명시되는 과정에 진지하게, 생명력 있게, 윤리적으로 관여하는 역량에 분명 문제적 한계를 제공해왔다는 폭넓게 공유된 전제 위에서, II부에 포함된 장들은 대안적인 공간-시간, 디지털 세계, 파열된 메타포를 통하여 시간, 공간, 물질성을 탐색한다. 물질, 신체성, 시간성, 맥락, 체화, 잠재계의 개념이 희미해지고 흐릿해진다. 학교와 학교제도, 교사와 가르침, 사회와 환경이 속하는 풍경의 물질적/비물질적 속성에 트러블을 일으킨다. 이런 것들이 어떻게 중요해지는지에 대한 사유가 새로운 가능성으로 열린다.

우리의 마지막 관심사는 이론, 방법론, 방법, 실제의 체화되고 얽힌 속성을 탐색하는 것이다. 집필자들이 어떻게 이론과 실험의 얽힘에 이끌렸으며 그때 공동-발현된 혁신적인 연구방법들을 어떻게 발견했는가에 대한 다양한 사례들이 제공된다. 미지의 영토에서의 협상에 대한 이러한 논의는 이론이 있을 것 같지 않던 방향들로, 새로운 감각들과 미세한 강조점 차이에 어떻게 생명을 불러일으켜, 차이와 반복이 세계의 (다시)만들기에서 어떻게 작동하는지를 이해하는 데 있어서 다른 문들을 열어준다.

이에 따른 이론화에서는 범주와 주제에 의존하던 사유를 교란시키는 것이 공통된 패턴으로 나타나며, 이는 이론이 살아있도록, 그리고 생명을 부여받을 수 있도록 하는 방법의 하나로 명쾌하게 강조되고 수행된다. 무엇보다 먼저, 학문에 따른 연구라는 관습적인 범주를 피한다. 이 책은 인류학, 청소년연구, 의사소통, 페다고지, 교육, 문학, 과학, 생태학, 문화연구, 페미니즘, 심리학 분야 등으로부터의 이론을 품는다. Barad가 말하듯, "관심사가 분리된 영역들로 나누어 차단하는 것"(Barad in Dolphijin & van der Tuin, 2012: 50)은 생성력에 주목하는 것을 거의 불가능하게 만든다. 공명과 비공명의 패턴이 "상쇄"되어, 얽힘의 가능성이 보이지 않게 되기 때문이다. 다학제적 연구는 공동-발현하는 연구로, 그 속에서 학문, 이론, 방법이 고정된 구성 개념이나 실제가 아니라 연구와 세계와의 관계 속에서 함께 지속적으로 공동-발현한다. 이에 따라, 이원론과 가치 있는 지식의 위계 역시 도전받게 되며, 특히 합리적인 것과 상상적인 것을 분리시키는 것에 균열을 낸다. 이 책의 많은 연구자들에게 사변과 상상은 연구 사유에 있어서 없어서는 안 될 에센스다. 이러한 공동의 교란 패턴에 더하여, 이 책의 다른 공명 패턴들에 강력한 영향을 주는 생명력으로서의 이론과 함께 집필진들이 작업해온 것을 이어서 논한다.

2 열린 연구 실제에서 생명력의 반짝임

이 책의 장 배치에는 새로운 이론화 또는 이론의 새로운 적용에 의해 가능해진 생명력의 특정한 반짝임이 두드러지도록 조명해주는 패턴들이 있다. 이는 "인간과 비인간들의 구체적 내부작용을 포함하는 열린 실제"(Barad, 2007: 171)로서의 이론과 연구방법에 대한 통찰을 가능하게 한다. 이러한 열린 실제에 있어서 이론, 방법, 데이터의 얽힌 관계적 속성을 인지한다는 것(Barad, 2007; St Pierre, 2013)은 무엇이 '데이터'로 중시되며 왜 그리고 어떻게 데이터에 주목하는가가 관심사와 중요성의 문제라는 것을 의미한다. '데이터의 반짝임(glow)'(MacLure, 2010, 2013)은 연구에서 접속과 세부사항이 발현하면서 내는 전율과 가능성에 대한 감각을 표현한 것이다. MacLure는 "우리는 데이터가 우리로 하여금 자신을 이해하도록 만드는 자신의 방식들을 가지고 있다는 사실을 인정하지 않으면 안 된다. (중략) 이러한 경우, 우리는 우리를 선택한 무엇인가를 선택하기에, 행위주체성은 분포되어 있는 것, 결정될 수 없는 것으로 감지된다."(MacLure, 2013: 660-661)라고 제안한다. "어떤 세부사항 – 예컨대 현장일지의 한 조각 또는 비디오 이미지 – 이 희미하게 빛나기 시작하여, 우리의 주의를 모은다."(MacLure, 2010: 282). 이 책의 한 장에서 Eve Mayes는 "나는 데이터를 현장, 연구자, 데이터에 대해 쓰인 텍스트와 분리된 것으로 보지 않는다."(2020: 67)라고 말한다. 데이터는 이론화와 연구와 함께 발현하며 우리가 세계를 이해하기 위하여 관심을 집중시키는 현상이자 그 특성들이다. 이 책에서 생명력의 특정한 반짝임을 조명하는 패턴에는 얽히고 체화된 연구자의 생명력, 얽힌 기술과학 실제의 생명력, 그리고 공간, 시간, 물질성의 얽힌 존재론적 가능성의 생명력이 포함된다. 패턴들은 존재론, 연구자, 기술과학 실제가 연구 장치에서 별개의 실체가 아니라고 제안하며, 이러한 현상이 연구와 함께, 연구의 일부로서 어떻게 발현하는지를 사유하게 해주는 것이다.

3 체화와 상보성을 (다시)생각하기: 경험적 인간/지식/세계 관계들의 반짝임

이 책에서 이론화는 연구 장치의 일부인 연구자 자신의 체화(embodiment)에 주목하게 해주며, 이 책 전반에서 이러한 패턴들은 존재론적 현상이자 연구 현상으로서 상보성(reciprocity)에 대한 통찰이 발현되도록 돕는다. 연구라는 행위에 있어 연구자 참여에 문제를 제기하는 다른 후기질적 연구들처럼, 이 책에서 연구자 참여를 숙고하는 것은 연구자 관점에 대한 인식으로서의 반성성(reflexivity)[2] 개념을 넘어

2) 역자 주: reflexivity는 반성성, 성찰성 등으로 번역되고 있는데, Haraway(1992)와 Barad(2007) 등은 reflexivity 혹은 reflectivity라는 용어가 고정되어 불변하는 본질을 '거울'처럼 그대로 반영 혹은 반사하는 동일성의 논리를 담고 있는 반면, 회절은 지속적으로 내부작용하며 얽혀 에돌아가며 새로운 차이를 생성할 수 있는 관계성과 수행성을 담고 있다고 강조한다. 여기에서는 reflexivity는 반성성, reflectivity는 반영성으로 통일하여 번역하였음을 밝혀둔다.

서며, 체화된 연구자의 체화된 연구 장치와의 얽힘과 교란을 고려하는 것으로 나아간다. 이론의 사용은 자연을 통하여, 인간, 지식, 세계 사이의 상보성을 통하여 작동하게 하는 실험이다. Barad는 철학자-물리학자 Bohr를 해석하면서 "우리는 우리가 이해하고자 하는 자연의 일부다. (중략) 세계를 이해하는 우리의 능력은 우리가 지식을 만드는 실제가 우리가 기술하는 현상에 기여하며 현상의 일보인 사회적-물질적 실행이라는 사실을 진지하게 생각하는 데 달려있다."(Barad, 2007: 26)고 여긴다.

이론의 생명력은 우리의 신체성과 정체성이 한계와 경계, 잠재성과 가능성을 공동-구성하는 구체적이면서도 베일에 싸여있는 방식들에 집중하게 해준다. Travis Marn과 Jennifer Wolgemuth(2020)는 Marn 자신의 체화된 존재, 그가 면담 장소로 가져간 심리측정 도구의 물질성에 의하여 만들어진 차이를 말한다. Barad의 행위주체적 실재론(Barad, 2007)에 따라 이들은 "유일한 행위주체로 간주되던 인간주체를 탈중심화하고 사회적 세계의 분석에서 물질의 역할을 진전"(Marn & Wolgemuth, 2020: 36)시키기 위하여 노력한다. 이렇게 하면서, 연구자와 참여자들에게 이미 존재하는 인종 정체성을 연구에 가져오는 것이 아니라, 인종 정체성의 신체화가 어떻게 연구 장면에서 발현되어 연구와 병합하는지를 탐색한다. Mayes(2020)는 학교에서 청소년의 행위주체성과 목소리에 대한 연구에서 자신의 관심사가 어떻게 연구자 자신의 말 더듬기로 향했는지, 즉 자신의 역할, 위치성, 이것이 청소년과 프로젝트에 주는 함의에 대하여 "통제할 수 없는"(p. 71), "양가감정"(p. 74)의, 조화될 수 없는 느낌을 소통하는 행위에서 신체로 나타나는 말 더듬기에 주목했는지를 묘사한다. Mayes는 Deleuze와 Guattari(1994/2009)의 수치심에 대한 이론화를 사용하되, 말 더듬기가 무엇을 의미하는지를 해석하기 위해서가 아니라 어떻게 연구에서/연구의 관심사, 수치심, 접속과 참여가 차이생성 형식으로 발현되는지, 이것이 연구가 할 수 있는 바에 어떤 차이를 만드는지에 주목하기 위해서다. 참여, 권한부여, 목소리에 대한 우리의 선한 의도는 인간 조건과 연구 장치의 일부로서의 불가피한 현존과 얽히며 제한 받는다. 그렇다면 연구 자체는 우리가 삶과 시간과 함께 만들어가야 하는 수많은 수치스러운 타협의 하나이며, 수치심은 연구, 그 감응과 잠재성에 흔적을 남긴다. Catherine Hart와 Annette Gough의 장에서는 에코페미니즘 이론의 사용이 환경교육 같은 학문적 지식과 얽혀, 어떻게 젠더화된 이해를 발현시키면서 당연시되곤 하는 환경에 대한 관점과 젠더화된 특정 한계를 공동-구성하는지를 조명한다.

Barad에 따른 분석에서 이러한 패턴들은 연구를 포함한 관계들의 조건으로서 발현되며, 윤리적 관계를 경험할 기회를 제공하는 것으로 체화를 이해할 필요성을 가리킨다. 즉, 체화란 연구와 지식의 인과관계가 아니라, 어떤 경험 속에서 우리의 관심을 윤리성에 맞출 수 있게 해주는 도구인 것이다(Barad, 2007). 인종, 정체성, 인간 역할과 젠더는 윤리적 경험을 위하여 체화된 기회의 일부다. 연구에서 체화에 주목하는 것, 체화의 형식들로 만들어진 경계들에 주목하는 것은 광범위한 인간과 인간-아닌 신체들을 살펴볼 수 있는 행위주체성을 제한하기도 하고 창조하기도 하는 방식을 뜻한다. 이 책 전반에서 인간과 인간-아닌 형식들 모두에서 경계-긋기의 실제, 그리고 "대안적 대중들과 관계의 장소들"(Trafi-Prats & Fendler, 2020: 19)에 더욱 주목할 필요성을 다룬다. 책임 편저자들은 Chessa Adist-Morris와

Noel Gough가 선주민[3]의 지식을 찾아낸 것이 이러한 주목하기의 생명력 넘치는 한 장소라고 믿는다. 많은 선주민 사회들이 인간/지식/세계의 체화와 상보성에 대하여 이미 이해하고 있는 것들은 변혁된 연구가 윤리적, 인식론적, 존재론적 형식들로 확장되는 데 기여하기에, 미래의 학술연구 역량에 필수적으로 중요하다.

4 기술과학적 실제를 (다시)생각하기: 존재론적 머뭇거림을 가능하게 하는 실제의 반짝임

이 책 전반에서 초점을 맞추어 주목하는 또 다른 것은 기술과학적(technoscientific) 실제다. 신체와 지식의 경계를 만드는 데 있어서 수행적이면서 생산적인 기술과학적 실제(Barad, 2007)를 다룰 때 스스로 나타나는 생명력의 반짝임에 주목하기 위하여 이론의 도움을 청한다. 이러한 실제에는 SF(과학소설, 사변적 소설, 환타지 등을 포함)와 여러 내러티브 장르, 디지털 이미지, 소셜미디어, 디아그람과 텍스트 등이 포함된다. 이러한 실제와 함께하는 혁신은 지식, 삶, 관계, 행위주

3) 역자 주: 'indigenous'는 특정 지역에 새로 이주한 사람보다 먼저 살고 있던 종족을 지칭하는 단어로, 종종 원주민(原住民)으로 번역되어 왔으나 이는 외부에서 침입한 집단에 의한 차별, 토지약탈, 착취 등으로 고통 받는 집단이라는 한정적 의미로 받아들여지게 되었다. 유럽 백인들이 식민지 지배를 정당화하기 위해 사용했던 '원주민'이라는 용어를 대신하여 새롭게 '선주민' 용어를 사용하는 경향에 따라, 역자들은 '선주민'으로 번역하였다. 'indigenous'는 20세기 들어 인디오 문제를 다루는 사람들이 '인디오'라는 표현이 가지는 인종차별적이고 경멸적인 뉘앙스를 완화하기 위해 사용된 것으로 알려져 있다(김기현, 2005).

체성에 대한 대안으로 기여하는 것으로 강조된다.

이러한 실험의 공동-구성 중 하나는 소수 문학(Deleuze & Guattari, 1986)으로, 권위적 내러티브를 탈영토화하고 그 대신 또 다른 이야기들을 이끌어내는 풍부하고 불완전한 미완성의 이야기들을 생산하는 것이다. Adsit-Morris와 Gough(2020)는 SF 및 텍스트의 회절적 놀이를 위하여 회절 이론(Barad, 2014; Haraway, 1994), 그리고 Gough 자신의 '리좀기호학적 놀이' 개념을 사용한다. 이러한 이론과의 작업은 이들로 하여금 사물의 '이름을 지워버리며', 세계의 복잡성을 삭제하거나 좋은 것과 나쁜 것, 원인과 결과, 원시적인 것과 발전된 것으로 나누지 않고서, 대신에 복수의 이름 부르기로 나아가도록 해준다. 이는 자신들의 글에서 인류세 개념을 구현하거나 고정시키지 않으면서, 다원적 가능성으로 미래를 열어가고자 하는 목적을 돕는다. Mary Dixon(2020)이 우화(fabulation), 즉 마술적 리얼리즘 양식의 이야기를 사용한 것은 지도교수 연구실에 Dewey, Butler, Bourdieu를 존재하게 하며, 배움이 무엇인가에 대한 사유에서 시간 척도와 공간에 대한 새로운 내러티브를 쓰게 한다. Jesse Bazzul은 디아그람 놀이(Deleuze & Parnet, 2007)가 자신의 사유를 휘저어 "근시안적인 도덕적 질문들"(2020: 126)을 피하는 데 도움이 된다고 언급한다. Bazzul은 여러 이미지화 작업들 중에서 역사, 장소, 선주민 경험의 "문화-긍정"(2020: 127) 이야기들의 순환과 변형을 가능하게 하는 방식으로 교란을 디아그람으로 그려낸다. Laura Trafi-Prats와 Rachel Fendler(2020)의 연구에서는 어린이들의 삶 속에서 종종 주목받지 못하고 과소평가되는 것들을 포함하여 일상의 제한, 리듬, 활동, 그리고 여기에서 산출되는 차이와 반복에 주목하는 도구로서 디지털 콘텐츠의 공동-발현을 살펴보았다. 자신들의 연구에서 청소년들이 무료 소프트웨어, 복사된 이미지, 빌린 도구들, 기존 콘텐츠의 모방으로 제작한 '빈약한 이미지'(Steyerl, 2012)는 삐끗거리며 완성되지 못하고 청소년들의 삶이나 그들이 접근할 수 있는 테크놀로지에 의하여 제한되었다. Trafi-Prats와 Fendler는 디지털 콘텐츠와 자신들의 연구 모두에서 '평면의 감응'(Berlant, 2015)에 주목하고, 이 겉보기에는 움직임 없고 방향성 없는 특성을 지루하고 반복적인 일상의 얽힌 관계들로, 사람들이 이러한 관계에 참여하기 위하여 사용하는 창의적이고 잠정적이며 즉흥적인 실제를 조명하는 것으로 이론화한다. 이들은 전환 상황에서 살아가는 법을 협상해야 하는, 혹은 "부서진 부분들과 무너지는 기반시설"(p. 20)을 새로운 방식으로 연결시켜가야 하는 불안정성(precarity)의 시대에는 이런 것들이 교육과 연구, 특히 청소년을 대상으로 한 교육과 연구에서 중요하게 기능해야 한다고 주장한다.

이러한 연구자들은 이야기나 논문을 미완성 상태로 남겨두거나 이야기와 의미에서 다양체(multiplicities)를 생산하는 실제가 가질 수 있는 힘을 활용한다. 기술과학 실제는 잠재적인 혹은 이름을 지워버린 가능성들의 빛을 발산하며, 이는 텍스트의 쾌락을 묘사한 Barthes의 이론을 생각나게 한다.

> … 텍스트는 간접적으로, 내게, 스스로를 들리게 할 수 있다면, 이를 읽으면서 무엇인가 다른 것에 귀 기울이려 자꾸만 올려다보게 만든다면, 최고의 쾌락을 생산한다. 그렇다고 내가 쾌락을 주는 텍스트의 포로가 되는 것은 아니다. 이것은 사소하고, 복잡하고, 미약하고, 거의 산만해 보이는 행위일 수 있으며, 우리들이 듣는 것들을 전혀 이해하지 못하고 우리가 이해하지 못하는 것들을 듣는 한 마리 새처럼 갑작스러운 고갯짓일 수 있다. (Barthes, 1974: 24-25)

이러한 기술과학 실제에 고유한 아이러니는 존재론적 머뭇거림(ontological hesitation: Todorov, 1975), 즉 세계에서 우리가 집중하고 있는 초점, 그 세계의 확실성으로부터 간접적이고 미약하고 이름 붙이기 어려운 전회를 하게 해준다. 이러한 대안적 실제의 비전통적 논리와 장르들은 실재, 환상, 메타포, 객관성, 주관성, 알려진 것과 알려지지 않은 것 간의 차별을 일시정지시킨다. Deleuze와 Guattari(1994/2009)는 교육에서 정상성을 가정하는 개념들과 표준화 담론의 위험스러운 평범함을 상대로 싸우는 데 있어서 이러한 실제가 중요하다고 강조한다. Dixon, Adsit-Morris와 Gough, Bazzul, Bellingham, Trafi-Prats와 Fendler는 알려진 것에서 알려지지 않은 것으로 나아가는 선들의 지렛대 역할을 하며 이론을 새롭게 하기 위하여 공간을 자유롭게 하고, 길들여지지 않은 야생성을 이론으로 가져오고, 생태학, 페다고지, 장소, 교육, 청소년, 문화, 역사, 미래의 이름을 지워가면서 새로운 메타포와 개념들, 다층적 설명들을 산출한다.

5 시간, 공간, 물질성을 (다시)생각하기: 불안정성 및 가능성과 함께 살아가기 위한 형상화의 반짝임

시간, 공간, 장소, 물질성 같은 존재론적 현상은 이 책의 여러 집필자에게 의미 있는 반짝임을 제공한다. 이론은 생태, 연결망들, 관계들, 개념들을 다양하고 새롭게 해석하면서 자연, 물질, 문화, 정치, 구조/체제를 포함한 세계의 맥락에 주목하고 다시 생각하게 한다. 여러 장에서 특정 형상화를 차용하여 시간과 공간을 재개념화한다. Braidotti에 따르면, '메타포'의 재현주의적인 기능과는 대조적으로 형상화(figurations)는 "현재의 전환하는 풍경 내부에서 우리의 이해하는 힘을 상상하며 자리 잡게 하는 전달수단"(Braidotti, 2013: 75)이다. 새로운 형상화는 개념에 새로운 이미지를 제공하거나 새로운 공간적, 물질적, 감응적 속성과 관계를 담아내는 형식이 된다. 이는 우리가 개념 및 방법들을 낯설게 보게 하고, 또한 새롭게 바라보게 하여, 관계, 과정, 의미가 유연하고 변형 가능하도록, 그리고 상상의 행위주체성을 가지도록 해준다.

이 책에서 형상화는 우리가 예컨대 시간, 공간, 방법론, 페다고지 같은 연구 장치의 핵심 개념들을 물질화하는 방식들에 철저히 질문하고 살펴보도록 돕는다. 블랙홀(Deleuze & Guattari, 1987)로서 교육학적 마주침을 형상화하는 것은 배움을 사건으로 분석할 수 있는 방법을 작동하게 하여(Dixon, 2020), 그 진동, 농도, 균일하지 않은 운동성, 개별 주체를 넘어선 존재성을 고려해볼 수 있게 한다. 블랙홀로서의 페다고지는 잘 정의된 경계와 성취결과, 학습에 대한 경험적 혹은 가시적 이해들에 의존하여 교수자의 행위와 학습자의 성취결과를 측정하는 무딘 평가도구들과 대비를 이룬다. 블랙홀에 들어서면, 가시적 단서들은 붕괴하며, 물질과 빛이 그 내부로 지나갈 수는 있지만 그 어느 것도 빠져나오지 못하기에, 교육학적 마주침 속에서 무슨 일이 일어났는지 아무 것도 관찰할 수 없게 된다. 즉 '배움'을 볼 수 없게 된다. 블랙홀 형상화는 교육적 사건의 내부에서는 모든 것이 다른 모든 것들과 공명한다는 사실, 따라서 크나큰 약속과 크나큰 위험을 모두 가진다는 함의를 통찰하게 해준다. 떼(swarm)와 무리 짓기 행동은 교육자들과 학생들이 자기-조직적 전체에서 정치적, 사회적으로 제한된 일부로 포함되어 있는 역동적 시스템을 학교, 문화, 소비가 어떻게 만들며, 공동의 행위주체성, 질서나 전문적 정체성의 생산이 어떻게 발현되는지를 조명한다. Charteris와 Jones(2020)는 Deleuze 철학의 리토르넬로(Deleuze & Guattari, 1987)라는 형상화를 사용하는 것이 "연구자들로 하여금 인간의 목소리 너머의 속성들, 연구라는 배치 속으로 들어서는 사물들의 '목소리들'에 맞춰 조음하도록"(Charteris & Jones, 2020: 189) 해준다고 말한다. 교실의 아침 일과에서 리토르넬로는 과거의 의례적 일상이 현재와 연결되어 작동하지만, 학교라는 공간 안에서 항상 관계적 감응에서의 차이를 구성하기도 하는 방식에 주목하게 한다. 리토르넬로는 우리가 세계와 하루하루의 물질적 조건과 리듬에 파묻혀 있지만 어떻게 이러한 매일의 차이생성에 참여하는지를 표명하는 동시에 추적하는 방법이다.

이 책의 여러 집필자들은 자연을 통하여 자본주의를, 그리고 자본주의를 통하여 자연을 동시에 사유하는 도전(Moore, 2015)과 고군분투하면서 형상화로부터 도움을 얻는다. 즉 이들은 인간과 자본주의가 상황의 원인이라는 내러티브에 저항하며, 그 대신 인간과 자본주의는 원인도 결과도 아닌, 세계의 되기에서 한 부분이라는 것(Barad, 2007), 경계와 가능성을 지속적으로 열기도 하고 가두기도 하는 과정에 참여하는 것으로 볼 수 있도록 형상화를 사용한다. 이러한 형상화는 불안정성과 함께 살아가는 법, 압도적으로 느껴지는 세계를 이해하는 방법, 처해진 상황에 대한 공동-책임성을 알아가는 법을 재고하게 해준다. 회절을 사용한 이론(Barad, 2014)과 Marge Piercy(1976/2016)의 SF 소설은 Adsit-Morris와 Gough에게 '시간의 경계에 선 여자들'이라는 형상화를 만들게 한다. 이들은 인류세 논제를 수용하는 것은 인간-자연 분리의 콘크리트화로 복귀하는 것이라고 주장한다. 이들은 시간의 경계에 선 여자들이라는 형상화를 사용하여 세계 이미지에서의 다양체를 주장하는데, 이는 "가능한 많은 세계"와 하나의 현실계가 존재한다는 것이 아니라, "세계는 본래적으로 다양체"(Adsit-Morris & Gough, 2020: 182)라는 의미이다. Bazzul(2020), Jones와 Charteris(2020)는 균열과 교란을 명시적으로 이론화하는 인류학과 후기구조주의의 전통을 활용하여 이를 '교란-기반 생태학(disturbance-based ecologies)'(Tsing, 2015) 및 '헤테로토피아'(Foucault, 1984)의 공간과 시간에 각각 적용한다. 이들은 균열과 교란 개념이 변화하는 실재에서 살아가는 법을 이해하는 데 필요한, 고정되지 않은 생태적-사회적 또는 공간적 측면에서 정상성의 관계를 재개념화함에 있어서 중요한 수단이라고 본다. 이러한 이론화와 형상화에서는 교란이란 존재에 고유한 자연적이고 지속적인 현상이며, 삶과 이론 모두의 생명력과 역동성에 없어서는 안 될 요소라고 인식한다. 이들의 접근은 켜켜이 쌓이고 관계 맺은 지식, 역사, 정치, 경제, 문화, 자연, 인간, 장소에서 교란을 탐색하는 것으로 연구를 개념화한다.

연구를 이렇게 형상화하는 것은 데이터의 반짝임에 "결정되어 체화된 측면"(MacLure, 2013: 661)을 가져다준다. 그러한 흐릿하지만 행위주체적인 체화는 포스트모던 소설가 Fowles의 구더기/변덕스러움 개념에 특징적으로 나타난다.

> 구더기(maggot)는 날개 달린 생명체의 유충 단계이며, 작가가 희망하는 텍스트도 그러할 것이다. 그런데 이 단어 maggot의 또 다른 의미는 더 오래되었지만 이제는 잘 쓰이지 않는데, 바로 예측할 수 없는 변덕스러움이다. (중략) 이 소설의 maggot은 그 시대에 만들어진 옛 음악들과 거의 같은 이유로 적혀지는데, 즉 하나의 주제에 대한 집착이다. 글로 쓰기 몇 년 전부터 내 마음 속에서 한 무리의 얼굴 없는 여행자들이, 명백한 모티브 없이, 하나의 사건을 향하여 지나간다. 이들이 말을 타고 있기에 확실히 어느 과거의 시점인듯하며, 황폐한 풍경인데, 이 너무도

> 원초적인 이미지 외에는 아무 것도 없다. 나는 이것이 어디에서 왔는지, 왜 계속하여 끈덕지게 내 무의식에 나타나는지 모른다. 말을 탄 사람들은 결코 특정한 목적지를 향하여 전진하지 않았다. 그들은 그저 지평선을 따라 말을 타고 가고 있었으며 이는 영사기에 돌아가는 필름, 시의 한 줄, 잃어버린 신화의 마지막 조각 같다. (Fowles, 2010: 5)

이 책에서 형상화들은 유사한 잠재력을 가지고 있다. 구더기/변덕스러움은 시작이 아니라, 이미 거기에 있는 현상의 얽힘이다. 형상화된 구더기/변덕스러움은 행위주체성, 희미하지만 체화된 형식, 잠재성의 반짝임, 미학적이고 감응적인 공명과 희망의 고리를 가지고 있다. 이 책의 구더기/변덕스러움 같은 형상화들은 모두 함께 감응적, 물질적, 공간적인 이론에 행위주체성을 부여하여, 인간들, 자연, 불확실한 시대를 살아가는 법에 대한 새로운 읽기를 가능하게 해준다.

6 끝맺음에서 시작하기: 미래 지향적 연구에서 무엇이 중요한가?

이 장에서는 이 책 안에서 이론의 공동 생명력(collective vitality)으로부터 표현되는 것, 이러한 공동 생명력이 제안하는 가능한 후속 연구 유형들을 살펴보았다. 이 책은 새롭거나 비-정상적인 이론적 전제와 공간들을 위한 지렛대의 역할하기, 실제, 방법, 도구의 목적을 다시 세우거나 새롭게 창조하기, 당연한 것으로 가정된 것들, 명백하다고 여겨지는 것들, 세속적이고 일상적인 것들 속에서 대안적인 또는 보이지 않는 것들의 생명력을 다시 생각하기 등을 포함하여 이론 활용에서의 혁신을 폭넓게 소개한다. 이론의 혁신적인 활용 전반을 살펴본 이 장에서 우리는 이 책이 현재 및 다가올 미래의 연구에서 인식론적, 윤리적 분석을 하는 데 중요한 특징을 이루는 특정 패턴들을 강조한다고 주장한다. 인간과 연구자 체화를 고려하는 데 사용된 이론에서는 이러한 체화가 연구의 윤리와 지식구성을 경험적 입장에서 재고하고, 어떻게 신체가 생성되며 연구 및 관계의 감응에 연루되는지를 다시 살펴볼 수 있는 발현적인 기회라고 본다. 기술과학적인 실제로서 이론과 방법을 다시 생각하는 것은 특정한 장르, 실제, 미디어를 어떻게 활용하여야 확실성을 일시적으로 중지시키고 존재론적 전회 혹은 머뭇거림을 촉진하고, 이를 통하여 알려진 것에서 알려지지 않은 것으로의 새로운 선들, 새로움을 위한 공간, 다양체의 가능성을 만들 수 있을지를 보여준다. 이 책 전반에서 표현된 이론으로부터 발전된 새로운 연구 형상화는 혼란스럽고 변덕스럽고 감당하기 힘든 것으로 경험되곤 하는 세계의 맥락 속에서 관계 맺기의 방식을 새롭게 이해할 수 있는 물질적-공간적 형상화의 행위주체성을 강조한다.

많은 이들이 연구는 과거와 현재의 "학술적 실천 공동체들의 네트워크로 이루어져야"(Pressle, 2011: 692) 한다고들 하지만, 앞을 바라보는 이 프로젝트는 우리로 하여금 더 넓은 현상들의 네트워크와 함께 공동-책임성을 새롭게 사유할 것을 요청한다. 참여라는 것이 회피할 수 없고 선택이나 자율성의 발휘가 아니라 언제나 이미 관계적 이해의 일부라면(Springgay, 2016), 학문적 협력에 주는 시사점은 이를 인간-이상의 모든 것의 배치로 바라보아야 한다는 것이다. 이 책은 우리의 세계를 찾고 접속하여 사이 좋게 공동거주할 수 있는 방법을 찾아가는 협력적 연구에는 인간-아닌 것, 다종, 종간의 관심과 관계를 포함한다고 제안한다. 우리는 이 책이 이러한 가능성, 그리고 또 다른 가능성들을 추구하고자 하는 이들에게 디딤돌이 되기를 희망한다.

참고문헌

Adsit-Morris, C. and Gough, N. (2020), 'Post-Anthropocene imaginings: Speculative thought, diffractive play and women on the edge of time', in M. K. E. Thomas and R. Bellingham (eds), *Post-Qualitative Research and Innovative Methodologies*, 172–86, London, UK: Bloomsbury Academic.

Apple, M. W. (2013), *Can Education Change Society?*, New York, NY: Routledge.

Barad, K. (2007), *Meeting the Universe Halfway: Quantum Physics and the Entanglement of Matter and Meaning*, Durham, NC: Duke University Press.

Barad, K. (2010), 'Re (con) figuring the ethico-onto-epistemologi-cal question of matter', *Interdisciplinarity: Methodological Aproaches*, 7 (1): 83.

Barad, K. (2014), 'Diffracting diffraction: Cutting together-apart', *Parallax*, 20 (3): 168–87.

Barthes, R. (1974), *The Pleasure of the Text*, New York, NY: Hill and Wang.

Bauman, Z. (2005), 'Education in liquid modernity', *Review of Education, Pedagogy, and Cultural Studies*, 27 (4): 303–17.

Bazzul, J. (2020), 'Disturbance and intensive methodology in capitalist ruins', in M. K. E. Thomas and R. Bellingham (eds), *Post-Qualitative Research and Innovative Methodologies*, 117–33, London, UK: Bloomsbury Academic.

Bellingham, R. (2020), 'Posthumanist poetics and the transcorporeal, hypercorporeal chronotope', in M. K. E. Thomas and R. Bellingham (eds), *Post-Qualitative Research and Innovative Methodologies*, 85–101, London, UK: Bloomsbury Academic.

Bellingham, R., Thomas, M. K. E., Charman, K., Dixon, M. and Cooper, J. (2019), 'What is valued knowledge and where does it live? Educational consciousness and the democratisation of education', in S. Riddle and M. W. Apple (eds), *Re-imagining Education for Democracy*, 77–91, London: Routledge.

Berlant, L. (2015), 'Structures of unfeeling: Mysterious Skin', *International Journal of Politics, Culture and Society*, 28: 191–213.

Braidotti, R. (2013), *The Posthuman*, Cambridge: Polity Press.

Charteris, J. and Jones, M. (2020), 'Replete sensations of the refrain: Sound, action and materiality in agentic posthuman assemblages', in M. K. E. Thomas and R. Bellingham (eds), *Post-Qualitative Research and Innovative Methodologies*, 187–202, London, UK: Bloomsbury Academic.

Deleuze, G. (1989), *Cinema II*, Minneapolis, MN: University of Minnesota Press (Orig, pub. 1985).

Deleuze, G. and Guattari, F. (1986), *Kafka: Toward a Minor Literature*, Literary and cultural studies. Minneapolis, MN: University of Minnesota Press.

Deleuze, G. and Guattari, F. (1987), *A Thousand Plateaus: Capitalism and Schizophrenia*, Minneapolis, MN: University of Minnesota Press.

Deleuze, G. and Guattari, F. (1994/2009), *What Is Philosophy?*, London and New York, NY: Verso.

Deleuze, G. and Parnet, C. (2007), *Dialogues II*, New York, NY: Columbia University Press.

Dixon, M. (2020), 'Who is in my office and which century/ies are we in? A pedagogical encounter', in M. K. E. Thomas and R. Bellingham (eds), *Post-Qualitative Research and Innovative Methodologies*, 102–16, London, UK: Bloomsbury Academic.

Dolphijn, R. and van der Tuin, I. (2012). *New Materialism: Interviews & Cartographies*. Ann Arbor: Open Humanities Press.

Ferrando, F. (2012), 'Towards a posthumanist methodology. A statement', *Frame Journal For Literary Studies*, 25 (1): 9–18.

Foucault, M. (1984), '"Des espaces autres" [Of other spaces]', *Architecture, Mouvement, Continuité*, no. 5: 46–9.

Fowles, J. (2010), *A Maggot*, London: Vintage Digital.

Gough, N. (2010), 'Performing imaginative inquiry: Narrative experiments and rhizosemiotic play', in M. Fettes, R. Fitzgerald and T. W. Nielsen (eds), *Imagination in Educational Theory and Practice: A Many-Sided Vision*, 42–60, Newcastle upon Tyne: Cambridge Scholars Publishing.

Haraway, D. J. (1994), 'A game of cat's cradle: Science studies, feminist theory, cultural studies', *Configurations: A Journal of Literature, Science, and Technology*, 2 (1): 59–71.

Hart, C. and Gough, A. (2020), 'Troubling binaries: Gendering research in environmental education', in M. K. E. Thomas and R. Bellingham (eds), *Post-Qualitative Research and Innovative Methodologies*, 51–65, London, UK: Bloomsbury Academic.

Jones, M. and Charteris, J. (2020), 'Transversalities in Education research: Using heterotopias to theorize spaces of crises and deviation', in M. K. E. Thomas and R. Bellingham (eds), *Post-Qualitative Research and Innovative Methodologies*, 134–50, London, UK: Bloomsbury Academic.

Kristeva, J. (2002). *The Portable Kristeva*, ed. K. Oliver, New York, NY: Columbia University Press.

Lather, P. (2013), 'Methodology-2.1: What do we do in the afterward?', *International Journal of Qualitative Studies in Education*, 26: 634–45.

Lather, P. (2018a), 'Thirty years after: Praxis in the ruins', in H. Malone, S. Roincon-Gallardo and K. Kew (eds), *Future Directions of Educational Change*, 71–85, New York, NY: Routledge.

Lather, P. (2018b), 'What new sensibility, configuration or "dominant" logic now for educational theory?' *Educational Philosophy and Theory*, 50 (14): 1602–3.

MacLure, M. (2010), 'The offence of theory', *Journal of Education Policy*, 25 (2): 277–86.

MacLure, M. (2013), 'Researching without representation? Language and materiality in post-qualitative methodology', *International Journal of Qualitative Studies in Education*, 26 (6): 658–67.

Marn, T. M. and Wolgemuth, J. R. (2020), 'Experimental critical qualitative inquiry: Disrupting methodologies, resisting subjects', in M. K. E. Thomas and R. Bellingham (eds), *Post-Qualitative Research and Innovative Methodologies*, 35–50, London, UK: Bloomsbury Academic.

Mayes, E. (2020), 'The shame of participation: rethinking the ontology of participation with a stutter', in M. K. E. Thomas and R. Bellingham (eds), *Post-Qualitative Research and Innovative Methodologies*, 66–82, London, UK: Bloomsbury Academic.

Mazzei, L. A. (2016), 'Voice without a subject', *Cultural Studies ↔ Critical Methodologies*, 16 (2): 151–61.

McKenzie, M. (2005), 'The "post-post period" and environmental education research', *Environmental Education Research*, 11 (4): 401–12.

Moore, J. (2015), *Capitalism in the Web of Life: Ecology and the Accumulation of Capital*, New York, NY: Verso.

Piercy, M. (2016/1976), *Woman on the Edge of Time*, New York, NY: Ballantine Books.

Preissle, J. (2011), 'Qualitative futures: Where we might go from where we've been', in N. K. Denzin and Y. S. Lincoln (eds), *The Sage Handbook of Qualitative Research*, 4th edn, 685–98, Los Angeles: Sage.

Rosiek, J. L. (2013), 'Pragmatism and post-qualitative futures', *International Journal of Qualitative Studies in Education*, 26: 692–705.

Somerville, M. (2016), 'The post-human I: Encountering "data" in new materialism', *International Journal of Qualitative Studies in Education*, 29 (9): 1161–72. doi: 10.1080/09518398.2016.1201611.

Springgay, S. (2016), 'Towards a rhythmic account of working together and taking part', *Research in Education*, 96 (1): 71–7.

St Pierre, E. (2013), 'The appearance of data', *Cultural Studies—Critical Methodologies*, 13 (4): 223–7.

St. Pierre, E. A. (2013), 'The posts continue: Becoming', *International Journal of Qualitative Studies in Education*, 26 (6): 646–57.

Steyerl, H. (2012), *The Wretched of the Screen*, Berlin: Stenberg Press.

Thomas, M. K. E. (2020), 'Swarms and murmurations', in M. K. E. Thomas and R. Bellingham (eds), *Post-Qualitative Research and Innovative Methodologies*, 153–71, London, UK: Bloomsbury Academic.

Todorov, T. (1975), *The Fantastic: A Structural Approach To A Literary Genre*, New York, NY: Cornell University Press.

Trafí-Prats, L. and Fendler, R. (2020), 'Postproductive methods: Researching modes of relationality and affect worlds through participatory video with youth', in M. K. E. Thomas and R. Bellingham (eds), *Post-Qualitative Research and Innovative Methodologies*, 19–34, London, UK: Bloomsbury Academic.

Tsing, A. L. (2015), *The Mushroom at the End of the World*, Princeton, NJ: Princeton University Press.

Vargova, M. (2007), 'Dialogue, pluralism, and change: The intertextual constitution of Bakhtin, Kristeva, and Derrida', *Res Publica*, 13 (4), 415–40. doi:10.1007/s11158-007-9042-y.

I부

흔들어 교란시키기,
주체성과 행위주체성

CHAPTER 2

포스트프로덕션[1] 방법: 청소년의 참여적 비디오 작업을 통한 관계성 모드와 감응 세계 연구하기

Laura Trafí-Prats 및 Rachel Fendler

1 빈약한 이미지와 참여로서의 포스트프로덕션

예술비평가인 Hito Steyerl[2]은 「빈약한 이미지에 대한 변호(In Defense of the Poor Image)」라는 제목의 에세이에서, 현 시대의 특징을 압축된 비디오 파일의 형태로 유통되는 빈약한 이미지의 경제로 기술

1) 역자 주: 포스트프로덕션(post production)은 녹음 및 녹화, 사진 촬영, 영화, 비디오, 텔레비전 프로그램, 디지털 아트의 제작 과정 중 하나를 가리키는 말로서 실제 촬영이 모두 끝난 뒤에 이루어지는 생산 작업을 통틀어 말하는 일반 용어이며, 후속 작업, 후반 작업, 후속 제작 등으로 번역되고 있다. 본서에서는 포스트프로덕션으로 표기하였다.

2) 역자 주: 예술비평가인 Hito Steyerl은 서구 미술계에서 현재 가장 주목을 받는 작가 중 한 명이다. 그는 영상을 중심으로 작업하는 시각예술가이자, 미디어, 테크놀로지, 이미지 등의 주제로 흥미로운 글을 발표하기도 하는 저술가이다. 작가는 '이미지'라는 키워드를 순수한 시각 정보로 보기보다는 자본주의 저변에서 비롯된 영향, 정치적 환경 변화, 디지털이라는 기계적 조건과의 관계와 엮어 해석한다. 필름과 아날로그 비디오, 디지털 비디오와 시각 효과를 횡단하면서 다큐멘터리와 실험 영화의 기법과 말하기 양식을 자유로이 혼합한 그의 작품들은 현대 사회에서 이미지와 기술의 정치학에 대한 예리하고도 재치 있는 시청각적 비평들을 전달해왔다(참조: https://blog.naver.com/zpfhfhwhdk98/222481340611).

했다. 이미지들은 업로드되고 다운로드되고 수정되고 다시 업로드되며, 대안적 대중들과 관계의 장소를 창조한다. 이러한 이미지들은 여러 이유에서 빈약하다고 말해진다. 그것들은 일반적인 아마추어 작가들에 의해 만들어지는데, 이들은 일상적인 경험을 중심으로 스스로 실행하는 실험적 미학에, 그리고 예술과 삶을 결합하는 데 관심이 있다. 그 이미지들은 보통 사람들이 사용할 수 있는 기술로 생산되기 때문에 불완전하고 빈약하다. 기업이 생산하는 디자인이 가지고 있는 고급스러움이 부족하다. 이들의 역할은 독창적이거나 고해상도를 보이는 것이 아니라, 모든 사물/사람이 가시화되고 기록되고 감시 받는 자본주의적 기호화의 바다에서 이와 다른 많은 이미지들이 순환하는 가운데 강도 있게 퍼져나가고, 운동하고, 흐르는 것이다. 빈약한 이미지는 인터넷을 통해 유통되는 상황에서, 소외와 복종을 유발할 수 있지만 경계를 넘으며, 논쟁하고, 재미를 불러일으킬 수도 있다. Steyerl(2012: 41)은 다음과 같이 썼다.

> 대체로, 빈약한 이미지는 군중의 감응 조건을 보여주는 스냅사진이다. 그것은 강렬함, 재미 및 기분전환에 대한 갈망뿐만 아니라, 신경증, 편집증 및 두려움을 보여준다. 이미지의 상태는 셀 수 없이 많은 전송 및 리포맷팅뿐만 아니라 이미지를 계속해서 변환하고 자막을 추가하거나 재편집하거나 업로드할 만큼 이미지에 관심을 가진 많은 사람들이 있었음을 말해준다.

Steyerl은 빈약한 이미지의 정치적, 상상적 역할은 재현이나 관조에서 오는 것이 아니라, 새로운 순서와 관계에서 재결합 및 통합을 가능하게 하는 영구적인 탈물질화와 탈영토화에서 비롯된다고 본다. 빈약한 이미지의 역할은 물신적인 가시성을 전달하는 것이 아니고, 분산된 청중들 사이에 시각적 유대감을 창조하는 것이다. 이러한 이미지들은 어떤 형태의 연대도 반드시 공유할 필요는 없지만, "공통의 흥분, 감응의 조율(affective attunement), 불안에 의해 일어나는 신체적 감각"(Steyerl, 2012: 43)에서 생겨나는 이미지를 통해 연결된다.

필자들(로라와 레이첼)은 빈약한 이미지 이론과 집단 정서에 대한 강조가 신물질론(Grosz, 2010; Barad, 2007)과 신경험론(Manning, 2016; Manning & Massumi, 2014; Massumi, 2011)으로부터 영감을 받아, 청소년연구에서 참여에 대한 새로운 견해와 어떻게 공명하는지에 관심을 가지고 있다. 그 이론들은 중간(middle)에서부터 연구할 것을 요구하는데, 이미지로 소비하기, 창조하기, 나누기 그리고 함께 살기라는 기존에 실천해 오던 것들과 더불어 이미 진행 중인 활동에 참여하는 방법(Rotas, 2016; Springgay & Truman, 2018; Springgay, 2016)이다. 이를 고려하여 로라와 레이첼은 비디오 제작에 참여하는 것을 **포스트프로덕션**(Bourriaud, 2005)으로 다시 정의할 것을 제안한다. 이는 새롭고 원본이 되는 대상을 만드는 것이 아니라, 기존 형식을 재사용하여 새로운 활동 영역과 관계 양식을 생성하는 데 기반을 두는 문화적 실천이다. Bourriaud[3](2005: 17)는 DJ의 형상과 샘플 모음(sampler) 사용을 통해 포스트프로덕션의 예를 제공한다.

> 음악 작품을 재처리하는 [하나의] 기계는 또한 지속적인 활동을 수반한다. 예컨대 녹음을 듣는 것은 그 자체로 작업이 되고, 수용과 실천 간의 경계를 허물어뜨린다. (중략) 소리, 이미지, 형태의 재활용은 굽이쳐

---

3) 역자 주: Nicolas Bourriaud는 프랑스의 저명한 미술비평가이자 큐레이터로, 그동안 '관계미학' '포스트프로덕션' '얼터모더니즘' '래디컨트' 등의 비평 용어로 1990년대 이후의 동시대 미술을 분석해왔다.

> 흐르는 문화사에서 끊임없이 계속되는 항해, 그 자체가 예술적 실천의 주체가 되는 항해를 암시하는 것이다. Duchamp[4]이 말했듯이, 예술은 '모든 시대의 모든 사람들이 즐기는 게임'이 아닐까? 포스트프로덕션은 이러한 게임의 현대적 형태이다.

따라서 포스트프로덕션의 목표는 결과를 산출하는 것이 아니라, 기존 형식들과 적극적이고 강렬하며 관계적으로 함께하는 것을 통하여 **실천**을 개발하는 것, 따라서 문화를 통해 새로운 운동의 회로를 만드는 것이다. 로라와 레이첼은 불안정한 상황에서 청소년과 함께 비디오 제작을 조직하는 감응 작업(the affect works)에 대해 고찰하기 위해서, 참여를 발현하는 활동 영역의 내재적 관계로 이해하고 작업하는 데 관심을 갖는다. 불안정성은 부서진 부품들과 무너진 기반시설에서 살아가기 위해 개인이 집단적으로 즉흥적으로 조정하고 협상하는 물질적이고 감응적인 **전환상황**(*conditions of transition*)을 말한다(Berlant, 2016). 많은 서방 국가들이 청소년 프로그램에 대한 긴축과 삭감을 시행했던 2008년 금융 위기 이후(Bradford & Cullen, 2012), 예술교육 부문에 특별한 영향을 미치는 청소년 서비스의 불안정성이 내재한다(Parsad et al., 2011). 이러한 상황에서 로라와 레이첼은 경제적으로 불리한 배경을 가진 도시 청소년 소그룹들과 함께 비디오 프로젝트를 개발한다. 그들은 열악한 조건, 파손된 부품 및 누락된 부품으로 작동하는 데 익숙해졌다. 그들의 프로젝트는 학교와 청소년 센터에서 이루어

---

4) 역자 주: Henri Robert Marcel Duchamp(1887-1968)은 프랑스의 예술가로, 다다이즘과 초현실주의 작품을 많이 남겼다. 뒤샹의 작품과 아이디어는 1차 세계대전 이후 미술의 발전에 많은 영향을 주었으며, 많은 근대 미술 수집가에게 한 조언은 수집가들이 서양 미술 세계의 취향을 형성하는 데 도움을 주었다.

지는데, 부분적으로 공간을 허용하고 교사 지원, 교실, 구형 컴퓨터, 간식과 같은 자원을 공유할 수 있는 곳이다. 그들은 기증받은 중고폰 및 대학 도서관과 재활용 센터에서 빌린 카메라, 무료 또는 시험판 소프트웨어를 사용한다. 로라와 레이첼, 그리고 그들과 함께한 청소년들은, 사용 가능한 것을 가지고 만든다는 의미에서, 빈약한 제작과 포스트프로덕션의 실제를 개발한다. 그들은 잠정적 배치를 고안할 때 기술적, 물질적 및 감응적 관계를 즉흥적으로 수행한다(Bourriaud, 2005). 이에 대해 뒷부분에서 자세하게 설명할 것이다.

이것은 사회 이론의 현대적 관점과 유사한데, 즉 자본주의의 고갈에 대해 문제제기하고, 삶이 성장과 진보의 조건뿐만 아니라 예측할 수 없는 마주침과 있을 법하지 않은 행위자들의 모임 사이의 협력을 유발하는 불안정한 상황에서도 발생한다고 제안한다(Tsing, 2015). 로라와 레이첼은 Lauren Berlant(2011, 2015, 2016)의 저서에서 불안정성을 잠재적이고 만연한 조건이자 새로운 미학적, 감각적, 감응적 형태들을 통하여 삶의 실험에 참여하는 장소로 더 깊이 생각하기 위한 중요한 개념들을 발견했다.

2 감응, 느린 연구와 포스트프로덕션 장르

Berlant(2011)는 **잔인한 낙관주의**(*cruel optimism*)라는 개념을 제안하여, 실현되지 않는 좋은 삶이라는 환상에 대한 애착으로 개인들이 세상에 소속하는 방식을 조직한다고 주장한다. 이러한 환상은 상향 이동, 정치적인 재현, 낭만적인 사랑 등에 대한 욕망을 중심으로 전개된다. 좋은 삶에 대한 환상은 그러한 욕망을 구성하는 다양한 대상에 붙어 있다. 이는 교육 학위, 기술 장치, 새로운 약물, 또는 기타 여러 가지가 될 수 있다. Berlant는 이러한 애착이 낙관주의라고 주장한다. 낙관주의는 주체를 세계와 결속시키는 것이고, 욕망의 대상에 대한 애착은 좋은 삶이라는 환상에 더 가깝다고 느끼게 만드는 방식이다. 그런데 Berlant는 낙관주의가 이중적 구속력을 갖는다고 본다. 한편으로 좋은 삶에 대한 환상은 전후 사회의 복지 국가를 조직한 자원 공급 네트워크의 연속성을 중심으로 구축된다. 그러나 현재 이 네트워크(양질의 일자리, 공교육, 공중 보건, 대학 접근성 확대 등)는 중단 및 시스템적인 실패의 영향을 받고 있다. 결과적으로 자원의 분배가 보장되지 않아 좋은 삶의 의미가 위험에 처하게 된다. 또 다른 한편으로는 그러한 환상을 포기하는 것을 참을 수 없게 느끼도록 만든다. 이러한 환상이 없으면 사람들은 삶의 세계에 대한 애착과 소속감을 잃게 된다.

교육에 참여하는 것은 잔인한 낙관주의라는 이중적 구속의 관점에서 생각될 수 있다. 참여를 좋은 것으로 간주하면서, 주체가 학교, 청소년센터 또는 기타 기관의 집단적 세계에 소속하도록 돕는다. 이와 동시에 참여는 학교에서 기대하는 행동규범의 한계 조건과 감응 세계(affect world) 안에서 존재하도록 미리 결정된다. 다른 형태의 기존 관계적 활동은 참여적인 것으로 간주되지 않는다. 따라서 이러한 다른 활동은 주체를 세계에 소속시키기보다 오히려 세계에서 배제하는 데 기여할 수 있다. Spinggay(2016: 72)는 다음과 같이 쓰고 있다.

> 참여는 일반적으로 자발적이거나 성공하는 방법으로 이해된다. 참여하기로 선택하는 것은 자발적이라고 가정된다. 그 참여는 사건 자체에 내재된 것이 아니라 우리가 행하는 것이라고 본다. 더욱이 학교와 같은 신자유주의적 공간에서 참여는 보상을 받고 가치 있는 것으로 여겨진다. 참여하지 않기로 선택하는 것, 즉 거부하는 것은 스스로 배제하는 것이 된다.

Berlant(2016)는 사회성의 영역을 정상성의 정서(normative emotions)로 포화시키지 말 것을 요청하며, 집단적 세계의 감응은 소속의 관점에서만 생각해야 한다는 특권에 대해 문제를 제기한다. Berlant는 무엇인가를 공동으로 소유하는 특권과 반드시 일치할 필요가 없는 양가적이고 식별하기 어려운 상황에서 함께 존재하는 모드로 생각하도록 **근접성**(*proximity*) 개념을 제안하며, 다음과 같이 쓰고 있다.

> 이 프로젝트는 비주권적(nonsovereign)[5] 관계성을 존재의 공통된 기본 특성으로 보고, 예를 들어 개체성을 관계에 앞서 미리 결정된 혹은 구분되는 별개의 상태라고 보기보다는 관계의 역학 내부에서 조각된 장르로 본다. 결과적으로, 이 프로젝트는 '소속'이 사회적 세계 안에 존재하는 것과 동의어로 작동하게 만드는 한 '소속'에 대해 널리 퍼져있는 비판이론 담론에 반대한다. (중략) 붐비지만 흩어져있는 사회의 근접성은 근접학(proxemics)을 요구한다. 근접성으로서의 사회성 연구는 소속에 대한 긍정적 애착의 언어와는 상당히 다른 것이다. (Berlant, 2016: 394-395)

5) 비주권은 Berlant(2016)가 주권의 개념으로 시작하지 않는 공동의 삶의 형태를 생각하고자 제안한 개념이다. Berlant는 비일관성, 긴장 및 모순으로 만들어진 주관성에 대한 이해를 키우는 비주권의 정치를 제안한다. 비주권의 개념은 다른 사람들과 근접해있는 형태를 다루되, 소속이 그들을 결합시키는 것이라고 가정하지도 않고 주체들이 어떤 공통점을 가지고 있기 때문에 근접해있다고 전제하지도 않는다. 비주권적 주관성은 좋은 삶의 대상과 그에 대한 환상으로부터 분리된 관계성의 모드를 포함한다. 그것은 공동의 삶이 설명되고 이해되는 공동의 장르(예: 로맨스, 우정, 가족)를 넘어서는 삶의 방식을 실험할 수 있는 주관성이다. 이는 친밀감, 근접성 및 공공의 인프라가 어떻게 느껴지는지, 그리고 그것이 프로젝트의 멘토, 동료, 공동 작업자의 존재와 같은 다른 집단 모드에 어떤 영향을 미치는지에 대해 질문한다.

Berlant(2011, 2015, 2016)가 다루는 또 다른 중요한 질문은 이러한 비주권적으로 함께 있는 모드가 어떻게 느껴지는지이다. 이러한 점에서 Berlant(2011)는 개인이 압도적인 세계를 감지하는 방법을 설명하기 위하여 트라우마 개념에 집중하는 사회 이론과는 차이가 있다. Berlant는 일상적인 위기 속에서 살아가는 삶의 사건이 "평범함과 그 삶의 상황 전반에 걸쳐 표현되지는 않지만 삶을 연장하는 또 다른 행위들"(p. 81)일 수 있다고 제안한다. 이것들이 반드시 트라우마로 표현될 필요는 없지만, "생존을 향한, 그리고 생존을 넘어서는 다른 형태의 감각적 활동"(p. 9)을 말하는 해프닝(happening), 농담, 대화 – 그리고 아마도 빈약한 이미지 – 와 같은 다른 장르의 형식으로 표현될 필요가 있다. 이러한 맥락에서 Berlant(2011, 2015)는 자신이 **현재의 곤경**(*impasse of the present*)이라고 부르는 것에 주목한다. 곤경은 개방되어 있고 아직 정상성의 감정에 의해 포화되지 않은 시간이다. 이는 다가오는 시간, 마주침으로 사람이 바뀔 수 있는 시간이다. 곤경은 어떤 행동이 결국 일어날 것이라는 감각으로 가득 차 있기보다는, **평면의 감응**(*flat affect*)을 갖는 것이 전형적이다. 곤경의 시기에는 주체들 간의 접속, 그리고 주체들, 사물들, 장소들이 결코 소통으로 정의되지도 않고 분명한 감정을 통해 명료하게 표현되지도 않는다. 평면의 감응은 삶이 일상적인 활동으로 제시되는 고요함, 평범함, 느린 시간의 분위기를 감각하여 전달된다.

로라와 레이첼은 곤경과 평면의 감응 개념이 궁극성이 낮은 순간들, 즉 연구가 어디로도 움직이지 않고 참가자의 활동이 어떤 명확한 방향으로도 누적되지 않고서 비결정성의 상태에 머물러 있는 순간들에서 참여의 다른 감응들을 고려하는 데 매우 유용하다는 사실을 발견했다. 곤경은 양가적 실천과 분위기를 고수하면서 사건, 상황, 일화와 함께 진행되는 느린 형태의 연구가 가지는 중요성을 말해주는 것으로 여겨진다. 느린 연구(slow research)는 청소년들이 이미지를 보고, 만들고, 공유하고, 관계 맺는 방식에 따라 움직인다. 곤경은 연구방법의 사변적 사용을 요구하는데, 이때 연구는 세상에서 데이터를 추출하는 절차가 아니라 우리가 관계에 얽히게 되는 방식과 빈약한 이미지 작업 및 포스트프로덕션의 회로를 항해함으로써 추동되는 사고의 운동이다(Springgay & Truman, 2018).

보다 최근에 Berlant(2016)가 제안한 **글리치**(*glitch*)[6] 개념은, 부서지거나 고장 난 기반구조(infrastructures), 일상적인 삶을 떠받치는 유대와 시스템 내부의 중단을 의미한다. Berlant는 글리치를 활동이 멈추는 공간을 넘어서 창의적 형태의 수리 및 임시적인 유지 보수가 나타나는 기반으로 보았는데, 이는 낙관주의에 의해 배제되지 않은 변형된 형태의 공생을 실험할 수 있는 잠재력을 가진 것으로 드러난다. 글리치는 빈약한 이미지 및 포스트프로덕션 아이디어와 잘 어울리는 개념이다. 글리치 구조가 상실에 의해, 그리고 실패의 상황에서 사용 가능한 것과 남겨진 것을 재사용, 재결합, 조정하는 실천에 의해 끊임없이 변형되어가는 상황에서의 기반구조라는 의미에서 그렇다. 글리치 구조는 "오작동하는 세상, 취약한 자신감, 굴러가는 평범함과 함께 살면서 언러닝 페다고지(a pedagogy of unlearning)[7]를 제공할 수 있다"(Berlant, 2016: 396). 이러한 페다고지는 감각을 재훈련시키고, 바로 세우려는 욕망 없이, 긴장시키고 퀴어하고 사색적이고 지속적이며

6) 역자 주: 글리치(glitch)는 결함, 잡음을 의미하는데, 여기에서는 일시적 결함으로 인한 돌발적 삐걱거림, 문제 상황의 느낌을 담아 글리치로 표기하였다.

7) 역자 주: 언러닝(unlearning)은 배웠던 것을 지우는 의미로 '지우면서 배우기', 탈학습 등으로 번역되고 있다. 여기에서는 언러닝으로 표기하였다.

뒤죽박죽인 집단적 삶의 양식에 근접하게 되는 실험 과정에 기초한다(Sellar Zipin, 2018도 참조할 것).

Berlant(2011)는 세상을 바꾸는 사건, 그 강도와 이질적인 감각이 어떻게 집합적으로 감지될 수 있는 방식으로 조직되는지를 설명하기 위해 **장르**(*genre*) 개념을 제안한다. 장르는 행동하고 느낌을 해석하고 결과적으로 공유되는 상호의존 관계에 대한 대중의 의식을 구축하는 것을 허용하는 관습의 자리표시자(placeholder)이다. 이러한 관습은 이념과 정상성에도 기초하지만, 조정과 즉흥성에 기초하는 과정을 만들어낼 수 있다. 결과적으로, 사건을 어떤 미적 형태나 장르로 조각하는 것은 공적 감정으로서의 유동성 관리를 이해하는 데 중요한 과정이다. Berlant(2011, 2015)는 역사적 실재론과 멜로드라마(감상주의) 장르의 쇠퇴, 복지국가의 침식, 대안적 도시문화와 섹슈얼 문화의 성장, 신자유주의 경제의 부상 등에 따라 조정해가는 주체적 과정을 설명하는 대안적 장르의 출현에 대해 논의했다. 이행과 글리치의 기반구조 개념과 연계되어, Berlant(2016)는 망가진 형태의 공간에서의 삶을 다루는 새로운 장르를 요구하며, 불안정한 기반구조가 어떻게 가능성의 조건을 배가시킬 수 있는지에 대해 숙고한다. Berlant는 또한 "관계에 앞선 상태나 관계와 구별되는 것이 아니라, 관계의 역동성 내에서 조각된"(2016: 394) 공통의 장르를 육성해야 한다고 주장한다. 이 아이디어에 발맞추어 레이첼과 로라는 세 가지의 포스트프로덕션 장르를 제안하는데, 그것은 밈(meme)[8], 리포맷팅(reformatting), 몽타주(montage)이다. 이들은 이 세 가지 포스트프로덕션 장르를 이용하여 청소년들과 진행하는 각각의 비디오 연구 프로젝

8) 역자 주: 밈(meme)은 모방을 뜻하는 그리스어 '미메메(mimeme)'에서 비롯됐으며, 1976년 영국의 진화생물학자 리처드 도킨스가 저서 「이기적 유전자」에서 문화를 복제, 전달하는 '이기적 유전자'의 하나로 처음 사용한 용어이다.

트에서 세 가지 연구 상황을 생각한다. 이 세 가지 포스트프로덕션 장르는 디지털 이미지 제작, 하드웨어 관리 및 필름의 처리과정이지만, 레이첼과 로라의 관심은 결과물(예: 이미지, 합성 이미지 시리즈 또는 목적이 재설정된 기술)에 국한되지 않는다. Berlant(2016)의 이론을 이어, 이들은 관계의 역동성, 그리고 이러한 장르를 분석 방법으로 사용하는 것이 어떻게 청소년과의 비디오 연구에서 참여와 존재의 공통점에 대한 보다 더 복잡한 이해를 허용하는가에 초점을 맞춘다. 우리는 이러한 포스트프로덕션 장르가 어떻게 작동하는지에 대한 간략한 소개로 이 절을 마친 다음, 관련 사례 연구에 대하여 논의할 것이다.

1. 공식적으로 밈 개념은 디지털 자료를 재포장된 형태로 분배하는 실제를 중심으로 구축된 문화 생산의 한 방식을 가리키는데, 이 경우 수정된 콘텐츠가 "복사 또는 모방을 통하여 개인에게서 개인으로"(Shifman, 2011: 188) 전달된다. 포스트프로덕션 장르로서 밈은 이미 유통되고 있는 거주, 차용, 유용의 이미지들과 예술적 실천으로부터 자라나는 이미지 제작(image-making)의 공동 과정을 뜻한다.
2. 리포맷팅은 디지털 장치가 데이터 손상으로 영향을 받을 때 일반적으로 수행되는 작업이다. 포스트프로덕션 장르로서 리포맷팅은 이미지 제작이 예상치 못한 삶의 변화 및 일상적인 위기에 대응하여 조정과 즉흥성의 실천으로 사용되는 과정을 실행한다.
3. Deleuze(1989; Rodowick, 1997도 참조)의 영화 이론에서 몽타주는 관계되는 이미지의 배치와 그러한 관계성이 영화 서술 전반에 도입되는 잠재력 또는 변형을 가리킨다. 포스트프로덕션 장르로서 몽타주는 공간과 시간에서 신체, 기술, 이미지 및 장소 사이의 긴급하고 지속적인 관계들의 차이생성 과정으로서 연구를 표상할 수 있는 가능성을 언급한다.

3 밈 사슬: 유튜브 제작을 통한 연결

2016년 여름, 레이첼은 플로리다 주 탤러해시에 있는 한 청소년센터에서 매주 비디오 워크숍을 시작했다. 공적 재원으로 운영되는 이 센터는 예약 없이 자유롭게 갈 수 있는 곳으로, 지역 청소년들을 위한 방과 후 및 여름 프로그램을 제공한다. 처음부터 레이첼은 십대들이 유튜브에서 존재를 드러내는 데 있어서 그들 자신의 관심사를 주도적으로 탐색하도록 하면서 이를 따라갔다. 이 과정에서 아이스, 세이지, 썬더라는 3명의 청소년들은 빌린 스마트폰과 센터의 PC에서 사용할 수 있는 일련의 무료 편집 앱을 이용했다. 이들은 원샷 테이크와 싱글 오디오 트랙으로 동영상을 제작했으며, 빈약한 이미지 회로의 강도와 빠른 속도를 반영하는 제작 방식을 사용했다(Steyerl, 2012). 이 그룹은 한두 번의 프로젝트 세션(2~4시간)만으로 동영상을 촬영하고 편집하고 업로드할 수 있었다.

십대들이 제작한 비디오들은 예측이 가능했다. 복제가능성은 아마추어 콘텐츠가 느슨하게 조직된 대중들을 가로지르며 유튜브에서 유통되는 방식의 주요 특성이다(Burgess, 2014; Shifman, 2011; Steyerl, 2012). 출력 결과물은 제작자들이 시각적인 스타일을 모방함으로써 기존 콘텐츠에 반응하는 밈 비디오 생성에 초점을 맞췄다. 밈(meme)은 포스트프로덕션 장르로서, 문화적 참여의 한 형태다. 방법론적으로, 이는 비디오들이 "문화적 실천이 소셜 네트워크 내에서 시작되고 채택되고 (때로는) 유지되는 매개 메커니즘"(Burgess, 2014: 87)이라는 관측으로 이어진다. 십대들의 유튜브와의 상호작용은 도구, 신체, 시나리오를 조립하는 과정을 통해 이루어졌다. 그들의 실천은 "이 새로운 문화적 조망에서 독창성(원천으로 존재하는 것)과 창조성(무에서 무언가를 만드는 것)의 개념이 서서히 희미해지는 것"(Bourriaud, 2005: 7)이었다.

비디오 제작과 업로드, 시각화가 공유 활동의 공간을 만들었다. Berlant(2016)가 주장했듯이, 이러한 공유 활동은 소속감을 의미하는 것이 아니라, Steyerl(2012)이 시각적 유대감(visual bonds)이라고 부른 것을 통해 발생했다. 시각적 유대감이란, 흥분과 강렬함뿐 아니라 지루함과 서핑을 통해 신체를 연결한다는 의미에서 더 덧없고, 변덕스러우며, 신체적이다. 그 십대들은 공유된 유튜브 채널을 개설했다.[9] 이 플랫폼은 십대들이 자신들의 비디오에 광고를 게재하도록 자극했고, 그들은 이를 기회로 보았다. 그 십대들은 자신들이 채널을 수익화할 수 있는지 궁금해했고 조회 수를 추적하기 시작했다. 어느 날, **블랙슈퍼맨**(*Black Superman*)[10]의 소유권에 대한 의견 차이가 생겼고, 슈퍼맨 역할을 한 사람이 자신의 개인 채널에 비디오를 올려 트래픽을 증가시키고 싶어 했지만, 집단의 의견이 우세했다.

십대들의 밈 생산은 청소년들을 의사소통 자본주의 체제에서 탈정치화된 행위주체로 위치시키는 것으로 해석될 수 있다(Dean, 2005). 실제로 Steyerl(2012: 32)은 빈약한 이미지가 "디지털 기술에 대한 기대를 모방한다."고 시사한다. 그러나 그러한 기대는 십대들이 살아가는 세계와 접촉하지 않는다. 이 청소년들과 함께 연구한 결과, 오히려 관계성의 모드, 혹은 "근접성을 유지하며 존재하는 것의 문제 몇 가지를 더 잘 드러내어 주는 진정한 다면성의 장면"(Berlanrt, 2016: 395)이 드

9) 이 채널은 다음 링크를 통해 접속할 수 있다: https://www.youtube.com/channel/UC4KtfSOhCELDJnxNQ8iL3zg.

10) 이 비디오는 온라인에서 볼 수 있다: https://www.youtube.com/watch?v=ET7PgQ7ec6c.

러났다. 형편없는 비디오 장비와 센터의 물질적 환경, 그리고 진행 중인 유튜브 시청과 더불어 십대들의 비-감상적이고 제한된 참여는 불안정성으로 표시되는 빈약한 이미지와 방과 후 공간의 다면적 회로와 더불어 그리고 그 안에서 청소년들의 근접성 연구를 지향했다.

4 리포맷팅: 도시에서 가장 좋아하는 장소의 비디오 자화상을 만들지 않은 데스티니

로라는 2008년 1월에서 6월까지 위스콘신주 밀워키의 공립학교에서 15명의 초등학교 3학년 학생들과 함께 장소에 대한 비디오 자화상 개발 작업을 했다. 이 프로젝트는 담임교사, 어린이들, 가족들과 협력하여 아이들이 자주 방문하고 좋아하며 활동하는 장소의 영상을 캡처하고 편집하는 것이었다. 참여한 15명 중 11명만이 부모의 허락을 받아 주말 동안 카메라를 빌릴 수 있었고, 자신들을 원하는 장소로 데려다주고 거기서 시간을 보낼 수 있도록 시간을 내어줄 어른의 도움을 받을 수 있었다. 상당수 어린이들이 프로젝트 초기에 이러한 제한사항을 알게 되었고, 그 활동들에 참여하지 않기로 결정했다. 아이들이 탐색할 수 있는 장소, 그리고 탐색에 허용되는 시간과 방법은 보호자의 시간과 도움을 받을 수 있는가에 크게 좌우된다는 사실이 곧 명백해졌다(Zeiher, 2003).

데스티니는 자신이 선택한 장소인 인근 도서관을 비디오 촬영할 수 있도록 가족이 카메라를 빌려주지 않는 소녀들 중 한 명이었다. 데스티니는 로라에게 매일 몇 시간씩 할아버지와 함께 도서관에 가서 숙제를 할 것이며, 그동안 할아버지는 신문을 읽고 컴퓨터를 사용할 것이라고 말했다. 담임교사는 로라에게 데스티니가 엄마, 아빠와 함께 살고 있지 않으며, 그녀의 법적 보호자는 조부모라고 얘기해주었다. 프로젝트에 대해 더 설명하기 위해 조부모와 전화 통화를 한 후, 교사는 데스티니가 학교 자료를 잃어버려서 배상해야 했던 적이 있었기 때문에 조부모의 기분이 좋지 않다고 말했다. 교사는 집안 형편이 '빠듯하다'고 설명했다. 조부모들은 데스티니가 카메라를 잃어버리거나 훼손할 것을 두려워했고, 그 비용을 치러야 할 것을 우려했다. 교사는 데스티니가 이 프로젝트에 얼마나 많은 관심을 보였는지 조부모에게 이야기했다. 데스티니는 카메라 프레임과 동선을 계획하기 위해 도서관에 대해 자세히 기술하였고, 여러 각도에서 그림을 그렸다. 그녀는 또한 대본을 준비하고 플립™ 비디오 카메라로 다양한 스타일의 프레임을 구성하는 방법에 대한 개별지도에도 참여했다.

프로젝트에 대한 조부모의 반대를 알고 있었음에도 불구하고, 데스티니는 다른 참여 아동들에게서는 보이지 않는 방식으로 자신의 생산성을 강화하는 데 전념했다. 데스티니의 활동을 잔인한 낙관주의의 관점에서 생각해보면(Berlant, 2011), 영상 제작이 데스티니가 쉽게 포기할 수 없는 욕망의 대상이었음을 알 수 있다. Berlant(2011: 3)가 단언했듯이, 감당할 수 없는 장애물을 만난 상황에서는 "조정을 하나의 큰 성취로 볼 수 있다." 교사와 로라는 데스티니에게 지역 도서관 대신 학교 도서관에서 장소의 자화상 작업을 해보고 싶은지 물어보기로 했다. 이런 방법으로 데스티니는 욕망의 대상을 포기하기보다는 조정할 수 있을 것이었다. 데스티니는 동의했다. 이것이 바로 **리포맷팅**(*reformatting*)이라는 포스트프로덕션 장르가 자리를 잡게 된 방법이다.

리포매팅은 교란(disturbance) 상황에 대한 조정과 즉흥성을 수반하는 행위주체 모드를 말한다(Berlant, 2011). 어른과 어린이, 장소와 사물의 참여 과정이 다시 포맷되었고, 데스티니의 비디오 자화상이 다른 장소와 시간에 만들어질 수 있었다. 학교 도서관에서 데스티니는 숙제를 하거나 좋아하는 책 모음집에 댓글을 달거나 비디오 게임을 하는 자신의 모습을 기록할 수는 없었다. 자신의 대본에 포함된 대로 사서와 지역 주민, 신문을 읽고 있는 할아버지의 모습을 포착할 수도 없었다. 게다가 로라는 데스티니가 자신의 프로젝트를 진행하는 과정에서 의지할 수 있는 유일한 어른이었다. Azoulay(2016)가 설명하듯이, 이미지 제작에서 콜라보레이션은 일정한 형태를 목표로 하거나 함의하지 않는다. 그것은 특정한 상황에 반응하여 형성되는 것이다. 데스티니의 경우, 그녀의 프로젝트는 연대를 요구했으며, 데스티니의 존재와 영화를 제작하고자 하는 욕망을 경청하고 인정해주는 사람이 필요했다. 데스티니가 로라와 함께 촬영하고 공동 편집한 비디오 자화상은, 학교 환경에서 언뜻 보기엔 이상해 보이지 않는 시각적 콜라주 또는 분산된 일상적인 제스처다. 데스티니는 자신의 교실을 보여주고, 로자 파크스[11]에 대한 책을 읽고, 책과 관련된 과제에 대해 이야기하며, 도서관 서가에서 로자 파크스에 관한 책을 더 찾고, 도서관 사서를 면담하고, 도서관 컴퓨터를 사용하고, 좋아하는 책을 보여주고, 개인적으로 쓴 작품을 읽는다(그림 2.1 참조).

포스트프로덕션 관점에서 생각할 때, 데스티니의 작업, 비디오 녹화와 편집은 다면성을 묘사하는 체화, 사물, 공간의 배치이거나, 또는

11) 역자 주: 1955년 12월 앨라배마 주 몽고메리시의 한 백화점의 재봉사였던 흑인여성 로자 파크스가 인종에 따라 버스 좌석을 분리시키는 조례에 저항하여 백인에게 좌석을 양보하라는 요구를 거부함으로써 처벌을 받게 되었다. 이에 몽고메리 지역의 흑인들이 집단 파업과 몽고메리 버스 보이콧(Montgomery bus boycott) 사건으로 알려진 버스승차 거부 운동을 전개하였으며, 이는 흑인 인권운동의 중요한 기폭제가 되었다.

평면의 감응이 가진 특징인 긍정과 제약의 역동성으로 볼 수 있다. 앞서 언급한 바와 같이, Berlant(2015, 2011)는 평면의 감응을 성장이나 진보를 보이는 것을 넘어서서 순수한 유지를 나타내는 일상적인 활동을 통해 증명되는 것으로 기술한다. 한편으로는 데스티니가 유능한 독자, 로자 파크스가 세상을 바꾼 이유를 설득력 있게 주장할 수 있는 사람, 자신을 시인으로 규정하는 사람, 보는 사람을 호기심으로 가득 차게 하는 개성 있고 환기적인 분위기로 멋있게 짜인 구성물을 읽는 사람임을 확인한다. 반면 자신의 작품에 나타난 자유와 기쁨의 느낌과 더불어, 책을 읽을 때 자신이 로자 파크스라면 자리를 양보하지 않을 것이라는 데스티니의 진술은 이러한 행동이 벌어졌던 평면의, 통제된 환경과 극명한 대조를 이룬다. 데스티니가 프로젝트를 발전시키기 위해 겪은 한계를 고려할 때 이러한 낙관적인 감정도 변칙적으로 보인다.

포스트프로덕션 방법들은 참여를 젊은이들의 삶과 함께 가는 과정으로 생각한다. Horton과 Kraftl(2006)이 지적했듯이, 이렇게 함께 가는 것은 젊은 사람들의 일상에서 따분하고 반복적인 리듬을 따라 고안된 연구 계획과 습관화된 방법의 리포맷팅을 포함할 수 있다. 데스티니의 비디오에서 일어났던 것처럼, 이러한 제작 과정은 어린이의 일상생활에서 "주목받지 못하는, 종종 말하지 않거나 말할 수 없는, 종종 인정받지 못하고, 종종 과소평가되는 것"(Horton and Kraftl, 2006: 59)을 볼 수 있는 방법을 열어주었다.

[그림 2.1] 데스트니가 자신을 표현한 동영상의 정지화면 및 자막

5 몽타주: JT의 지속적 비디오 프로젝트에서 힘든 현재의 교란 항해하기

마지막 사례 연구는 레이첼이 2016년 여름에 지역 청소년 센터에서 주말마다 주최했던 비디오 워크숍으로 돌아간다. **몽타주**(*montage*)라는 포스트프로덕션 장르가 영화 기술과 관계형 참여 방식으로 어떻게 작용하는지를 고찰한다. 프로젝트 초기에 십대 참가자인 JT는 자신의 휴대폰을 사용하여 센터에서 집으로 걸어가는 것을 촬영했다. 이 14분짜리 연속 촬영에서 JT와 그의 친구는 자신들이 마주친 모든 것이 얼마나 '역겹고' '쓰레기'였는지 다채로운 대화를 계속하면서 쓰레기, 비뚤어진 도로 표지판, 주차장을 기록했다. 그다음 주 JT는 아침에 센터로 가는 경로를 담았다. JT는 해설 없이 조용히 햇빛에 휩싸인 풍경, 나무와 펄럭이는 나뭇잎을 촬영하였고, 흐르는 물과 올챙이, 그리고 숲이 우거진 지역과 들판을 가로질러 이동하는 장면을 줌인하여 촬영하였다.

JT는 이 물질을 가지고 포스트프로덕션을 통해 계속 참여하고자 했고, 앞뒤로 오가는 몽타주에 밤과 낮의 장면을 결합하고자 했다. Deleuze(1989: 179)는 이미지를 일관된 전체로 혼합하지 않는 몽타주가 "차이생성"의 메커니즘으로 작동한다고 말한다. 더 나아가 Colman(2011: 21)은 몽타주가 "운동 사이와 시간 내부에 만들어진 감응의 간격, 형태의 돌연변이를 만들어내는 변증법적 운동"으로 구성된다고 제안한다. JT의 비디오 프로젝트의 경우, 그리고 어쩌면 그의 프로젝트 참여에서 몽타주 작업은 이러한 형태의 돌연변이로 구성되었다. 포스트프로덕션에서 JT는 장애물에 부딪혔다. 예컨대 무료 비디오 편집 소프트웨어 프로그램을 사용하는 동안 긴 비디오 슬립이 프로그램의 용량을 초과하여 편집 과정이 참을 수 없을 정도로 느려졌다. JT는 이에 굴하지 않고, 편집에 긴 시간을 할애하는 대신 이따금 워크숍 세션들에 이리저리 참석하여 프로젝트에 대한 자신의 비전에 대해 즐겁게 언급하면서 이러한 과정을 받아들이는 것처럼 보였다.

포스트프로덕션 장르의 몽타주는 "어떤 계급의 사물에 대한 **의미**를 바꾸는 구조적 힘들 사이의 관계에 딸꾹질처럼 문제를 일으키는"(Berlant, 2011: 198) '글리치'로 작동했다. 프로젝트 과정 동안 곤경에 처했을 때, JT는 일관되게 그의 편집본을 손질했지만 마무리하고 내보내지는 않았다. Berlant(2011: 199)에게 곤경은 "현재의 지속과의 마주침을 공식적으로 일컫는 용어"이다. 다시 말해, 글리치로서의 몽타주는 방향성이 있고 유한한 편집 작업을, JT와 비디오 및 워크숍과의 관계를 변화시키는 개방되고 지속적인 참여로 대체했다. 이 고장난 시스템에서 몽타주는 의미 만들기라는 내러티브적 질을 잃어버린다. Deleuze(1989: 155)의 이론을 따라, 몽타주는 역설적으로 "순간 자체에 영구적인 간격을 도입할 수 있는 것"으로 여겨진다. 이 간격은 "감지되고 형성되는 시간의 연장, 곧 곤경"(Berlant, 2011: 199)으로서, JT가 진행 중인 몽타주의 탈시간적 성질을 강조한다. JT의 프로젝트에서 낮과 밤의 장면 사이에 해결되지 않은 관계는 "공존할 수 없는 현재들의 동시성"(Deleuze, 1989: 131)으로 구성된 토폴로지로 전환되어, JT의 동네 풍경을 여러 감정이 병존하는 다면적 상태로 배치하고 있다.

JT가 자신의 풍경을 가지고 포스트프로덕션 참여를 하도록 이끄는 글리치의 과정은 몽타주가 '경쟁적인 현재'로 나타날 수 있도록 했다. 그것은 "교란 활동을 통해 출현한다."(Berlant, 2015: 194). 이러한 교란 속에서 포스트프로덕션 장르의 몽타주는 연구의 지향점으로서 가치를 얻는다. Tsing[12]은 '교란-기반 생태학(disturbnace-based ecologies)'(2015: 5)에서 새로운 형태의 세계 제작이 어떻게 배치물에서 명확하게 나타나는지를 알려준다. 요컨대 "배치는 생활방식을 수집하지 않는다. 배치는 생활방식을 만든다."(2015: 23). 진보의 선형적 비전을 열망하지 않는(또는 열망할 수 없는) 상황에서 "배치는 무한한 수집이다. 배치는 우리가 공동의 효과에 대해 가정하지 않고 질문할 수 있게 해준다. 이는 우리에게 만들어가고 있는 잠재적 역사를 보여준다."(2015: 22-23). 이 워크숍에서 품질이 낮은 몽타주는 프로젝트의 초점을 생산물 또는 "실제 사물"에서 그것의 "실존 조건"(Steyerl, 2012: 8)으로 옮겼다. 결국 개방적인 등록부에 포함되어짐으로써 JT의 시간-공간 조작은 도시와 협력하여, 실현되지 않은 참여 방식에 대해 숙고하며, 함께함(togetherness)의 가능성을 반복하였다.

주요 용어

감응(Affect)

감응은 현대 이론, 특히 신물질론, 신경험론 및 비재현이론의 맥락에서 널리 퍼져있는 개념임. Berlant(2013)에 의하면 감응은 주체에 대한 세계의 영향에

12) 역자 주: Anna Tsing은 1952년 미국에서 출생한 문화인류학자다. 예일대학교에서 학사학위를 받고 스탠퍼드대학교에서 석사학위를 받았다. 1984년 같은 학교 대학원에서 '메라투스 산맥의 정치와 문화'라는 논문으로 박사학위를 취득했다. 현재 캘리포니아대학교 인류학과 교수이자 오르후스대학교 닐스 보어 명예교수로 재직하고 있다. 2007년부터 송이버섯 세계를 연구하는 모임 '마쓰다케 월드 리서치 그룹'을 조직해 송이버섯의 다종 결합 및 송이버섯을 둘러싼 상품 사슬을 세계 각국의 학자들과 공동으로 연구하고 있다. http://www.munhwa.com/news/view.html?no=2019122401031412000001 참조

대해 이야기하는 방식임. 주체가 세상과의 애착을 형성하고 유지하는 방법과 이러한 애착이 느껴지는 방식에 중점을 둠. 특히 Berlant는 삶의 연속성을 보장하는 기반시설이 무너지고 있는 전후 시대의 특징적인 지속적 변화 및 조정의 일반적 실행과 관련된 감응에 관심이 있음. Berlant는 부서진 부분과 과도기의 기반시설로 살아가는 법을 배우는 경험이 삶과 의미화의 변형적인 실험을 구성한다고 제안함. 이는 청소년들이 교육자와 만나는 많은 장소가 불안정하고 재원이 부족하며 기반시설을 창의적으로 활용해가는 것을 필요로 하기 때문에 청소년 참여 연구에 적합함.

장르(Genre)

Berlant(2011)의 경우, 장르는 복잡한 사건에 대한 집단적 감정을 허용하는 협약을 표시하는 것임. Berlant(2015)는 소설, 영화, 시각 예술, 대중음악에서 제시된 현대 장르가 일반적인 위기의 시대, 기분, 분위기를 감지할 수 있는 형태를 제공한다고 제안함. 이 장에서는 밈, 리포맷팅, 몽타주와 같은 포스트프로덕션 장르에 대해 생각해보았음. 이 장르들은 서로 다른 청소년 집단들의 비디오 실습에서 발생되었음. 이를 통해 우리는 연구 사건의 어려움, 다면성, 그리고 지속적 변화와 씨름하면서 연구 사건을 만드는 감응, 기분, 감각에 접근할 수 있었음.

참여(Participation)

Springgay(2016)와 Berlant(2011)의 주장을 따라, 우리는 교육연구가 참여의 형식도, 그 영향도 예상해서는 안 된다고 제안함. 참여는 함께 있거나 가까운 곳에 있거나 타인과 관계된 상황에 의해 구성된 사건에 내재되어 있는 것으로서, 사물이 아니라 실제로 행함(doing)을 의미함. 이러한 이론가들의 영향을 받아, 우리는 이미지를 소비하고, 창조하고, 공유하면서 이미 진행 중인 활동에 **합류**(*joining with*)하는 것으로 참여에 접근할 것을 제안함. 본 연구의 목적은 빈약한 이미지 및 포스트프로덕션의 생태계에서 접속, 관계, 감응성의 모드에 주의를 기울이고 강화하는 것임.

빈약한 이미지(Poor image)
빈약한 이미지는 미술 평론가 Hito Steyerl(2012)에 의해 개발된 개념임. 빈약한 이미지는 인터넷을 떠돌아다니는 이미지들로 휴대폰, 데스크톱 컴퓨터 등 일상 기술을 활용해서 제작, 공유, 조작, 다운로드, 업로드가 반복됨. 빈약한 이미지의 역할은 고품질의 이미지로 계획되는 것이 아니라 배포되고, 움직이고, 강렬해지고, 결국 비물질화되는 것임. 우리의 프로젝트는 젊은이들이 이미 빈약한 이미지의 회로 속에서 활동하고 관여하고 있다는 가정하에 이루어졌음. 빈약한 이미지는 참여의 개념을 탈영토화된 활동과 감응의 영토에 배치함.

포스트프로덕션(Postproduction)
이 용어는 미술 평론가 Nicolas Bourriaud(2005)가, 새로운 대상을 창조하기 위해서가 아니라, 실천을 검토하고 새로운 관계 양식을 창조하며, 비록 (일시적이더라도) 집단적 실존의 새로운 장소를 생산해내기 위해서 기존의 형태를 재사용하여 구성하는 현대의 문화적 실천을 기술하기 위해 제안한 용어임. 우리는 이 빈약한 이미지가 포스트프로덕션의 실천 사례라고 제안함. Steyerl(2012)이 지적한 바와 같이, 빈약한 이미지는 서로 다른 장소에 사는 사람들 사이에 시각적 유대감을 만들어냄. 이러한 시각적 유대감은 공통성이나 연대의식에 기초한 전통적인 참여 사상과 일치하지 않음. 대신, 빈약한 이미지의 사회적 형태는 인터넷을 통한 운동과 그 흐름을 통한 집단적 감응이 만들어내는 것임.

참고문헌

Azoulay, A. (2016), 'Photography consists of collaboration: Susan Meiselas, Wendy Ewald, and Ariella Azoulay', *Camera Obscura*, 91 (31): 187–201.

Barad, K. (2007), *Meeting the Universe Halfway: Quantum Physics and the Entanglement of Matter and Meaning*, Durham, NC: Duke University Press.

Berlant, L. (2011), *Cruel Optimism*, Durham, NC: Duke University Press.

Berlant, L. (2015), 'Structures of unfeeling: Mysterious Skin', *International Journal of Politics, Culture and Society*, 28: 191–213.

Berlant, L. (2016), 'The commons: Infrastructures for troubling times', *Environment and Planning D: Society and Space*, 34 (3): 393–419.

Bourriaud, N. (2005), *Postproduction. Culture as Screenplay, How Art Reprograms the World*, Berlin: Stenberg Press.

Bradford, S. and Cullen, F. (2012), *Research and Research Methods for Youth Practitioners*, London: Routledge.

Burgess, J. (2014), '"All your chocolate rain are belong to us?" Viral video, you tube and the dynamics of participatory culture', in N. Papastergiadis and V. Lynn (eds), *Art in the Global Present*, 86–96, Sydney: UTSePress.

Colman, F. (2011), *Deleuze and Cinema: The Film Concepts*, Oxford: Berg.

Dean, J. (2005), 'Communicative capitalism: Circulation and the foreclosure of politics', *Cultural Politics*, 1 (1): 51–74.

Deleuze, G. (1989 [1985]), *Cinema 2: The Time*-Image, trans. H. Tomlinson and R. Galeta, Minneapolis, MN: University of Minnesota Press.

Grosz, E. (2010), 'Feminism, materialism and freedom', in D. Cole and S. Frost (eds), *New Materialisms: Ontology, Agency, and Politics*, 139–57, Durham, NC: Duke University Press.

Horton, J. and Kraftl, P. (2006), 'Not just growing up, but going on: Materials, spacings, bodies, situations', *Children's Geographies*, 4 (3): 259–76.

Manning, E. (2016), *The Minor Gesture*, Durham, NC: Duke University Press.

Manning, E. and Massumi, B. (2014), *Thought in the Act: Passages in the Ecology of Experience*, Minneapolis: University of Minnesota Press.

Massumi, B. (2011), *Semblance and Event: Activist Philosophy and the Occurrent Arts*, Cambridge, MA: MIT Press.

Parsad, B., Spiegelman, M. and Coopersmith, J. (2011), *Arts Education in Public Elementary and Secondary Schools* 1999–2000 *and* 2009–10, Washington DC: U.S. Department of Education.

Rodowick, D. N. (1997), *Gilles Deleuze Time Machine*, Durham, NC: Duke University Press.

Rotas, N. (2016), 'Moving towards practices that matter', in N. Snaza, D. Sonu, S. Truman and Z. Zaliwska (eds), *Pedagogical Matters: New Materialisms and Curriculum Studies*, 179–96, New York: Peter Lang.

Sellar, S. and Zipin, L. (2018), 'Conjuring optimism in dark times: Education, affect and human capital', Educational Theory and Philosophy, [Online]. Available at: https://wwwtandfonline.com.ezproxy.mmu.ac.uk/doi/pdf/10.1080/00131857.2018.1485566?needAccess=true.

Shifman, L. (2011), 'An anatomy of a YouTube meme', *New Media & Society*, 14 (2): 187–203.

Springgay, S. (2016), 'Towards a rhythmic account of working together and taking part', *Research in Education*, 96 (10): 71–7.

Springgay, S. and Truman, S. (2018), 'On the need for methods beyond proceduralism: Speculative Middles, (in)tensions, and response-ability in research', *Qualitative Inquiry*, 24 (3): 203–14.

Steyerl, H. (2012), *The Wretched of the Screen*, Berlin: Stenberg Press.

Tsing, A. (2015), *The Mushroom at the End of the World: On the Possibility of Life in Capitalist Ruins*, Princeton, NJ: Princeton University Press.

Zeiher, H. (2003), 'Shaping daily life in urban environments', in P. Christensen and M. O'Brien (eds), *Children in the City: Home, Neighbourhood and Community*, 66–81, London: Routledge.

CHAPTER 3

실험적인 비판적 질적 연구: 방법론 교란하기, 주체에 저항하기

Travis M. Marn 및 Jennifer R. Wolgemuth

1 들어가는 말

이 장에서는 첫 번째 저자(트래비스)가 '흑인-백인' 이중인종 정체성(biracial identity)에 대하여 철학에 근거한 경험적 연구를 실시하는 데 있어 신물질론 및 포스트휴머니즘의 이론적 틀을 어떻게 사용하였는지를 제시한다. 트래비스는 연구에서 신물질론과 포스트휴머니즘(예컨대 Fox & Alldred, 2015)의 철학적 틀을 채택하여 휴머니즘적 질적 연구방법을 비판하고 진전시킴으로써, 종전 연구들과는 달리 '이중인종' 정체성을 새롭게 사유할 수 있었다. 이중인종에 대한 대다수 질적(그리고 양적) 연구는 통합되고 안정된 '이중인종' 자아의 존재를 가정하며(예컨대 Fryer et al., 2012), 이중인종 정체성의 설명에서 연구방법론과 자료수집 방법이 가지는 중요한 존재론적 역할을 간과해왔다. 포스트휴머니즘과 신물질론이 이러한 가정들에 대한 의미 있는 비판을 제공하기에, 우리는 이에 근거하여 심리학적 연구에서 '정체성'에 대한 다른 가능성들을 사유하고자 하였다. 이러한 목적을 위하여 우리는 행위주체적 실재론(Barad, 2007)을 이론적 토대로 삼았으며, 이를 통하여 (1) 이중인종성을 정체성 수행의 다양체로 바라보며, (2) 참여자와 연구자(들) 모두의 경험에 담긴 물질성을 탐색하고, (3) 연구결과가 생성되는 방식과 어떻게 얽히는지를 알아보고자 하였다.

트래비스의 연구는 반구조적 면담과 심리학적 측정도구로 5명의 '흑인-백인 이중인종' 개인들의 정체성 이야기와 주체/정체성 수행을 살펴보고자 하였다. 우리는 경험적 포스트휴먼 연구의 예로 이 연구의 방법론인 실험적인 비판적 질적 연구(Experimental Critical Qualitative Inquiry: ECQI)(Marn, 2018)와 '목적 있는 얽힘(purposeful entanglement)' 개념(Marn & Wolgemuth, 2017)을 함께 제시한다. ECQI와 목적 있는 얽힘을 통하여 우리는 여전히 경험적 연구를 하면서도 변형적(transformative) 면담 연구(Roulston, 2010)로 인간과 인간-아닌 것, 담론과 물질의 이분법을 교란시키고자 하였다. 그럼으로써 면담 방법, 더 일반적으로 질적 연구방법을 진화시키는 작업을 한 것이다. 이 장을 통하여 경험적 연구방법과 후기구조주의, 신물질론, 포스트휴머니즘 같은 철학이 서로 전혀 어울리지 않는 것이 아니라, 이전에는 가능하지 않았던 연구결과를 이끌어내는 데 함께 활용될 수 있음을 보여주고자 한다. 아래에서는 트래비스가 '흑인-백인' 이중인종의 개인들을 연구하는 데 차용한 구체적인 포스트휴머니즘과 신물질론의 이론적 틀을 간략하게 탐색한다.

2 휴머니즘, 포스트휴머니즘, 행위주체적 실재론, 그리고 질적 연구

트래비스의 '이중인종' 연구와 ECQI 및 목적 있는 얽힘에 대한 우리의 이론화는 포스트휴머니즘과 신물질론에 근거한다. 포스트휴머니즘은 하나의 통합된 틀이 아니며, 탈재현주의(MacLure, 2013), 신경험론(Clough, 2009), 후기구성주의(Lykke, 2010), 페미니즘적 물질론(Rosiek, 2013), 존재론적 전회(St. Pierre, 2013) 등 다양하게 명명되어 왔다. 유사한 맥락에서 작업했지만 이러한 기획들(projects)을 명명화하기 이전에 활동했던 이론가들(예컨대 Mol, Deleuze)도 소급하여 이 전통에 포함하고 있다(Lenz Taguchi, 2012).

각 기획(예컨대 Latour의 행위자-네트워크 이론, Barad의 행위주체적 실재론, Bennet의 생기적 물질론 등)에서 방법, 이론화, 목적을 고유하게 채택함에 따라 강조점이 다르기에, 이러한 용어 각각이 동일한 전통을 어느 정도로 다루고 있는지는 불확실하다. 이러한 기획의 이론적 동등성은 여전히 논쟁거리이지만, 이들의 지향점은 지금까지 유일한 행위주체로 간주되던 인간주체를 탈중심화시키고 사회적 세계의 분석에서 물질의 역할을 진전시키는 것을 추구한다는 측면(Mazzei, 2013)에서 모두 유사하다. 이 장에서 우리는 포스트휴머니즘과 신물질론의 용어를 채택하여 이러한 현재의, 그리고 다가오는 미래의 이론적 틀들을 설명하고 소통하고자 한다. 한편 그렇기 때문에 이러한 기획의 중요한 차이들을 제대로 드러내지 못하는 위험을 안을 수밖에 없다는 사실도 인지하고 있다.

역사적으로 휴머니즘은 이성적이고 주체적이며 자기성찰에 유능한 것으로 여겨진 인간과 훨씬 그렇지 못하며 행위주체성의 힘을 갖지 못한 것으로 여겨진 인간-아닌 것(non-human)을 구분 지어 이항대립하게 하는 경계-긋기(boundary-making)의 도구로 시작되었다(Bennett, 2010). 이러한 구분은 인간이 인간-아닌 것에 대한 지배 권리를 가지는 기존의 권력 관계를 내포하며, 또한 그러한 관계를 지속시켜왔다. 휴머니즘의 전통은 개인에게 행위주체성을 오롯이 몰아주며, "성별, 계급, 인종, 성적 지향성 같은 일련의 고정된 특성"(Lather, 1991:

5)과 실체를 지속적으로 통합시키는 인간 자아에 권력을 부여해왔다. 휴머니즘에 기초한 연구에서는 행위주체성이 "세계에 대해, 세계 내에서, 인간으로 하여금 행위하게 하는 본질적이고 의도적이며 자유로운 주체의 생득적 본성"(Mazzei, 2013: 733)으로 간주된다. 이로부터 행위주체성을 가진 개인은 "결정되어진 존재이기보다는 자신의 의지에 따라 선택할 수 있는 자발적 행위자"(p. 733)라는 함의가 도출된다.

유일한 행위주체로서의 인간에 대한 헤게모니적 신념은 의미 만들기에 있어 물질세계의 중요성을 간과하고 주변화하며, 더 나아가 사회-물질적 세계로부터 인간을 그릇되게 격리시키고 만다(Barad, 2007). 포스트휴머니즘 학자들은 휴머니즘적 사유의 제국주의에 대항하며, 인간 자아의 얼핏 보기에 '자명한' 본성이라는 것, 그리고 인간과 인간-아닌 것의 이분법적 사유에 문제를 제기하며 논쟁을 펼친다(Coole & Frost, 2010). 이는 인간으로부터 물질로 행위주체성이 재배치되도록 해주었으며, 포스트휴머니즘의 기저를 이루는 운동성이 되었다. 포스트휴머니즘은 트랜스휴머니즘과 동의어가 아니다. 트랜스휴머니즘은 '인간'의 속성을 확장하고 증강하고자 하는 것으로, 오히려 급진적인 휴머니즘적 구상이라 할 수 있다. 포스트휴머니즘은 인간 본성의 보편성을 거부하며, 휴머니즘의 제국주의적이고 식민주의적인 세력들을 각별히 경계하는 반인간주의(anti-humanism)와 관련되어 있다(예컨대 Braidotti, 2013). 이러한 전회는 사회과학 연구의 이론적 틀에 영향을 주었을 뿐만 아니라 '후기질적 연구'라는 포괄적인 이름하에 질적 방법과 방법론을 재이론화(예컨대 Jackson & Mazzei, 2012; Koro-Ljungberg, 2016)하는 데 영감을 주었다.

우리는 이중인종성 연구를 포스트휴머니즘으로 사유하는 것이 '작동가능' 하도록 신물질론에서 가장 뛰어난 이론적 틀의 하나인 Karen

Barad(2007)의 **행위주체적 실재론**(*agential realism*)을 택하였다. Barad는 양자물리학자인 Niels Borh의 실험물리학 작업을 더욱 정교화함으로써 행위주체적 실재론을 발전시켰다. 행위주체적 실재론은 한편으로는 언어적 전회에 따른 언어의 지배성에 대항하는 것으로(Barad, 2007), 지금까지 관심을 한 몸에 받아온 언어의 권력을 낮추는 한편 물질의 효과와 영향을 강화한다. 이 이론의 틀에서는 인간이나 인간-아닌 것(물질과 담론), 그 어느 한쪽도 사회분석의 주성분이 되지 않고 오히려 물질과 담론의 **내부작용적**(*intra-active*) 얽힘이 중요한 의미를 가지며, 이는 지속적인 재공동형상화(reconfiguration) 상태에 있다. 행위주체적 실재론은 "물질, 담론, 인과성, 행위주체성, 권력, 정체성, 체화, 객관성, 공간, 시간"(p. 26) 등의 개념을 문제 삼는다. 이러한 재이론화 작업을 통하여 "우리는 우리가 이해하고자 하는 현상의 일부다"(p. 26)라는 결론에 다다르게 된다.

Barad(2007)의 이론을 통하여 우리는 연구 상황을 **현상**(*phenomenon*), 즉 특정한 물질적-담론적 공동형상화로 이미지화하였고, 이에 따라 트래비스의 연구 설계는 구별된 현상 안에서 경계-긋기의 힘을 가진 **장치**(*apparatus*)로 작동하였다. 연구에서의 현상과 장치는 물질에 수반되어 있기에, 트래비스는 현상 안에서 결정하여 관측하는 물질적 힘을 가지는 일련의 **행위주체적 절단**(*agential cuts*)을 행함으로써(Barad, 2007), 연구 현상의 경계를 교란시키고 재형성하기 위하여 부가적인 물질(예컨대 질문지)을 활용하였다. 이에 따라 연구 현장, 데이터, 설계, 결과, 연구자와 참여자의 신체성과 알려져 있지 않은 다른 잠재적 요소들이 서로 얽혀 인식 (불)가능한 '이중인종' 정체성 수행을 생성하였다.

오랫동안 연구자들은 참여자의 '진짜 목소리(authentic voice)', '살아낸 경험(lived experience)'을 알아내기 위하여 면담과 같은 전통적인 질적 연구방법을 채택해왔는데, Lather(2013)는 이를 "질적 연구 1세대(QUAL 1.0)"(p. 634)의 자유주의적 휴머니즘이라고 부르며 비판한다. 포스트휴머니즘과 신물질론(예컨대 Fox & Alldred, 2015)에서는 이러한 기존의 연구방법들이 인간의 자아를 이미 결정되어 존재하며 안정되고 성찰적인 것으로 당연시하는 신념에 따른 것이라고 맹렬하게 비난한다(Jackson & Mazzei, 2012). 최근 몇 년 동안 휴머니즘에 대한 이론적, 철학적 도전이 질적 연구 자체로 다시 향하여, 전통적인 질적 연구방법과 방법론을 해체해왔다(예컨대 Koro-Ljungberg, 2016). 학계에서는 포스트휴머니즘을 통하여 기존 휴머니즘적 연구들의 결과, 그리고 질적 연구와 방법론에 의하여 이러한 결과를 생성한 수단 모두를 동시에 문제 삼고 있다. 새롭게 등장한 후기질적 연구는 이러한 도전들을 받아들여 질적 연구의 '다음에' 무엇이 올 것인가 하는 질문을 던지면서 물질의 행위주체성을 뚜렷하게 부각시키고 있다(Lather & St. Pierre, 2013).

연구의 인식론과 존재론에 대하여 포스트휴머니즘이 던지는 중요한 도전에 따라, 우리는 하나의 연구에서 포스트휴머니즘 이론화와 경험적 질적 연구 모두를 결합함으로써 생성되는 가능성을 탐색하고자 하였다. 연구의 '순수성'을 위한 양자택일 방식을 거부함으로써 우리는 후기질적 연구가 열어준 공간(Koro-Ljungberg, 2016)으로 들어서서, 전통적인 휴머니즘에 따른 경험적 질적 연구방법에다가 포스트휴머니즘 이론이라는 층을 더하였다. 우리는 질적 연구를 다르게 상상하기 위하여 포스트휴머니즘을 택하였으며, 이는 연구를 어떻게 설계할지, 경험적 연구를 어떻게 사유할지에 영향을 주었다. 아래에서는 우리가 교육연구에서 포스트휴머니즘이 제안하는 가능성을 실제로 어떻게 택하여 ECQI 방법론과 개념적 도구인 목적 있는 얽힘을 생성하였는지를 소개하고자 한다.

3 '이중인종' 연구의 근거

이중인종주의에 관한 연구들은 전통적으로 '이중인종'의 정체성을 빈약하게 이론화하고서, 정체성 연구에 휴머니즘적 가정을 채택해왔다(Gilbert, 2005). 포스트휴머니즘과 신물질론이 이러한 가정에 강력한 비판을 제공하기에, 우리는 심리학 연구에서 '정체성'에 대한 일련의 다른 가능성을 사유하고자 하였다. 이를 위하여 우리는 행위주체적 실재론(Barad, 2007)에 의지하면서 경험적 연구의 수행에서 물질적이자 담론적으로 생성되고 수행되는 것으로 이중인종성을 이해하고자 하였다.

포스트휴머니즘이 인간주체(연구자와 연구 참여자)를 탈중심화하기 때문에 경험적 연구에 포스트휴머니즘을 택하는 것은 쉽지 않다. 포스트휴머니즘이 안정되고 보편적이며 항상 통합하는 인간 자아를 거부한다면, 기존의 연구방법들(예컨대 전통적인 질적 면담)은 주체를 포스트휴머니즘으로 적절하게 사유하지 못할 것이다. 우리는 Law(2004)와 마찬가지로 "표준적 방법들은 지금까지 해오던 데는 상당히 탁월하곤 하지만, 일시적이면서 무한하고 비정형적인 것을 연구하는 데 적용하기에는 매우 부족하다."(p. 4)라는 사실을 걱정하였다. 분명 '이중인종' 연구의 주제인 정체성과 주체에 대한 포스트휴머니즘적인 사유는 일시적이면서 무한하고 비정형적이라고 할 수 있다. Barad의 행위주체적 실재론에 따라 트래비스는 연구방법이 연구의 대상과 어떻게 얽히는지를 보여줄 수 있는 방법을 선택하였으며 '이중인종' 정체성의 수행에 대한 연구의 과정과 방법에 초점을 맞추면서 연구 의도를 변화시켜갔다.

4 연구의 개관

이 연구는 연구 과정과의 내부작용에 따라 이중인종 정체성이 어떻게 수행되는지에 초점을 맞추었다. 트래비스는 연구의 순수성을 가정하거나 질적/양적, 실험적/해석적 패러다임, 과학/비과학의 공약(불)가능성([in]commensurability)을 주장하지 않고 연구에 임하였다. 이중인종 정체성에 대한 포스트휴머니즘 분석을 위하여 심리측정도구들(예컨대 Phinney[1992]의 다중집단인종정체성 측정도구[Multigroup Ethinic Identity Measure]), 내재된 편견을 측정하는 컴퓨터 프로그램(Implicit Association Test; Greenwald, Nosek, & Banaji, 2003), 인지적 면담(Willis, 2004), 반구조적(semi-structured) 면담 등을 활용함으로써, 연구방법이 인간 자아를 구체화하는 동시에 불안정하게 만드는 지렛대가 되는 작동기제를 조명하였다.

자신의 연구가 추구하는 바를 다룰 수 있는 기존의 방법론이 존재하지 않기에 트래비스는 새로운 후기질적 방법론(Lather & St. Pierre, 2013)을 창안하였다. 이 연구의 전반적 설계에 쉽고 문제없을 명칭을 생각해내기 어려웠는데, 명칭이 물질이자 의미로서 실로 많은 빈틈과 어지러운 번잡함으로 가득한 것에 결정성(determinacy)이 존재하는 것처럼 느끼게 할 수 있기 때문이다. 그렇지만 명칭은 트래비스의 연구를 이중인종 분야와 (후기)질적 연구의 더 큰 대화로 연결시켜주기 때문에 피할 수도 없고, 피해서도 안 된다(Koro-Ljungberg, 2016). 트래비스가 반구조적 면담을 실시하였다는 점에서 이 연구는 '질적 연구'로 불릴 수도 있었다. 오직 정체성 수행을 도발/자극/관찰하기 위하여 검사, 질문지, 면담을 활용하였기에 이 연구는 **실험적**(*experimental*)이었다. 그러나 여기에서의 실험은 후기실증주의 전통에서의 '황금기준'으로서의 실험(예컨대 Cartwright, 2007)이 아니라, 효과를 일으키는 잠정적이고 불확실한 절차(Merriam-Webster, n.d.)라는 일상언어적 의미로서의 실험이었다(예컨대 어떻게 서로 다른 질문문항이 서로 다른 면담 상황하에서 이중인종성의 수행을 다르게 불러일으키는지에 초점을 두었다). 또한 권력관계와 수행성에 연구의 초점을 맞추었다는 측면에서 이 작업은 **비판적**(*critical*)이었다. 트래비스는 이 용어들의 불안정한 얽힘을 제거하기보다는 실험적인 비판적 질적 연구(ECQI)라는 하나의 명칭으로 갈등 속에 불편하게 함께 위치시켰다.

ECQI는 **정보에 근거한 모호함**(*informed ambiguity*)을 택하는데, 휴머니즘의 방법들을 활용할 여지를 가지면서도 이러한 방법들이 참여자의 '살아낸 경험'이나 '실재'를 밝힐 수 있다고 가정하지 않기 때문이다. 예를 들어 ECQI에서 정체성을 측정하는 질문지의 결과는 참여자 주체가 수행한 행위로서 의미를 가지지만, 그 결과가 질문 순간에 얽힌 조건들을 넘어서 모든 맥락에 탈맥락화되어 적용되거나 일반화될 수 없다는 것이다. 결과는 연구자의 신체, 참여자의 신체, 질문지 자체의 행위주체성, 연구 과정의 인간-아닌 다른 요소들과의 내부작용을 통하여서만 해석되어야 한다. 정체성 측정도구에서의 점수는 그것이 생산된 얽힌 물질성의 수행적 실행이다(예컨대 연구자의 신체가 존재하고, 질문 항목의 행위주체성과 내부작용하고, 면담 공간의 물질적 조건과 내부작용한다). 따라서 질문의 결과가 의미 없다는 것도 아니고 초월적 지식(예컨대 참여자 정체성의 '진정한' 힘을 의미하는 것)을 재현하는 것도 아니다. 오히려 질문지는 참여자 주체의 수행(과정)을 검토하는 하나의 방법이 된다.

따라서 ECQI에서는 휴머니즘적 방법들이 새로운 목적을 갖게 되며, 포스트휴머니즘의 가정을 희생하지 않고서 주체성/정체성이라는 포스트휴먼 개념을 경험적으로 설명할 수 있게 한다. ECQI에서 연구방법에 남겨진 것은 정체성의 수행성을 도발하고 연구 과정에서 정체성 이야기를 촉발하는 역량이다. ECQI 방법론에 근거하여, 트래비스는 다음과 같은 연구문제를 생성해냈다.

1. 연구자, 연구 참여자, 면담의 내부작용 행위가 어떻게 이중인종 주체를 설명하는 데 기여하는가?
2. 면담 과정에 어떠한 물질적 변경이 이루어진다면 다른 주체가 존재하게 될 수 있는가?
3. 면담의 내부작용 속에서 어떤 주체가 존재하게 되거나 그렇게 되지 못하는가?
4. 목적 있는 얽힘은 면담 과정에서 어떻게 작동하는가?

다섯 명의 '흑인-백인 이중인종' 개인들(각각 캘리, 토니, 줄리엣, 미셸, 아누크라는 가명으로)이 트래비스의 연구에 모집되었다.

5 연구방법

트래비스의 연구에는 세 가지 방법이 채택되었는데, 면담, 심리측정도구인 질문지, 내재적 연관기억 검사(Implicit Association Test)이다. 연구 과정에서 이중인종 수행성을 살펴보는 목적을 위하여 ECQI 연구가 설계되었기 때문에 트래비스는 연구자나 참여자 모두에게 친숙한 방법인 반구조적 면담 형태를 활용하였다. 이러한 친숙함은 트래비스로 하여금 (흑인, 백인, 이중인종 등의) 정체성/주체 수행성을 불러일으키도록 면담에의 물질적 변경(예컨대 심리측정도구의 포함)을 가능하게 해주었다. 이는 트래비스가 면담 장치의 일부로서 자신의 '이중인종' 신체성(예컨대 갈색 곱슬머리와 까무잡잡한 피부색)에 가까이 가도록 해주었다. 다양한 주체 수행을 위한 공간을 제공하기 위하여 트래비스는 이어지는 세 번의 면담을 활용하였으며 그 각각은 서로 다른 물질적 변경을 통하여 참여자의 정체성 수행성을 촉발하도록 설계되었다.

연구에서 민감한 쟁점(예컨대 인종, 잠재적 갈등의 근원, 어린 시절의 기억)을 탐색하게 될 것이라서, 참여자의 신뢰, 라포, 자신감을 유지할 필요성이 중요하게 부각되었다. 따라서 최초의 면담에서 트래비스는 Roulston(2010)의 **로맨틱한** 면담하기(*romantic* interviewing) 개념을 차용하였다. 로맨틱한 면담자는 "친밀하고 자기를 노출하는 유형이 대화를 생성"(2010: 217)하고자 한다. 이러한 로맨틱한 양식은 라포를 형성/유지하는 목적과 참여자로 하여금 휴머니즘적, 해석주의적 면담에 전형적으로 나타나는 주체를 수행하도록 자극하는 목적 두 가지 모두에 기여하였다.

두 번째 면담에서는 Roulston(2010)이 '포스트모던' 면담으로 명명한 방법을 채택하였다. 이 면담 양식은 면담자와 참여자의 다층적인 의미들, 그리고 하나가 아닌 자아들(수행성)에 초점을 둔다는 측면에서 로맨틱한 면담과 달랐다. 포스트모던 면담은 수집된 데이터가 하나이고 최종적이며 총체적이기보다는 항상 편중되고 임의적이며 상황에 따른 것이라는 '신념'을 중심으로 하며 "사유, 존재, 행위의 새로운 방식을 위한 공간을 열고자"(2010: 220) 한다. 로맨틱한 면담이 물질적으로 보다 수동적이고 긍정적이었던 반면, 포스트모던 면담은 참여자에게 비판적으로 관여했으며 참여자가 제공했던 내러티브에 반하는 방향으로 다시 밀어붙였다. 이러한 더 능동적인 면담자의 역할에는 이중인종 정체성의 수행성을 참여자가 명백하게 인식하도록 하는 것이 포함되었다.

세 번째 면담에서 트래비스는 **목적 있는 얽힘**(Marm & Wolgemuth, 2017)의 과정에 참여하였다. **목적 있는 얽힘**이란 Roulston(2010)이 변형적 면담하기(transformative interviewing)로 개념화한 것을 신물질론/포스트휴머니즘적으로 재해석한 것(예컨대 Marm & Wolgemuth, 2017)이다. 이 면담 양식은 연구자 자아와 참여자의 얽힘에 대한 비선형적 각성을 감지하는 연구자의 책임성을 요구한다. 즉 연구자는 주체가 가능하거나 불가능하거나 차이가 나도록 하는 데 일정 부분 책임을 지기에, 타자에 대한 윤리적 책임성을 가운데에 두어야 한다. 목적 있는 얽힘은 연구 전체의 윤리적인 목적(연구 '결과'가 방법과 얽혀있는 방식을 드러내는 것)인 동시에, 트래비스가 자신의 '이중인종' 참여자들과 내부작용하도록 이끌어간 윤리성이기도 하였다. 이러한 식으로 트래비스는 면담 내에서, 면담을 횡단하며, 범주화에 대한 **비판적 저항**(*critical resistance*)(Hoy, 2005)의 기회를 촉진하였으며, 이를 통하여 면담에 관여한 모든 사람들에게 내부작용의 공간을 열어줌으로써 사회적 (이중인종) 정체성을 덜 침해할 수 있었다(Wolgemuth, 2014).

앞에서 설명한 면담의 전체 구조에 더하여, 트래비스는 심리측정도구들(다중집단인종정체성 측정도구[MEIM]; 다중인종경험 측정도구[Mutiracial Experiences Measure]; Yoo et al., 2016), 내재적 편견을 측정하는 컴퓨터 프로그램(IAT), 인지적 면담(Willis, 2004)을 활용하였다. 참여자들은 각 면담을 시작하면서 IAT와 정체성 측정도구 질문지를 작성했고, 트래비스는 이들이 검사들을 완료한 직후에 응답에 대한 인지적 면담을 실시하였다. 면담 전반에서 필요에 따라 트래비스는 정체성 이야기에서 불일치되는 측면이 드러나거나 더 상세한 내용이 필요할 때 정체성 측정도구에 대한 참여자의 대답을 다시 살펴보며 인지적 면담을 하였다. 예컨대, 한 참여자가 인종이란 '실재하지 않는 것(not real)"이라고 지적했을 때, 트래비스는 MEIM 측정도구에 답했던 면담이 언제였든 그때 왜 MEIM에서 자신의 신념에 가장 가까운 답을 선택하지 않았었는지를 물었다. 그 결과로 이루어진 참여자들과의 대화는 참여자가 이전에 했던 대답을 방어하거나 부인하거나 혹은 더 정교하게 설명하기 위하여 자신의 수행적 정체성을 발현함에 따라 변화하는 주체화의 과정을 들여다보게 하는 창문의 역할을 하였다. 이러한 방식에서 트래비스는 도구들을 물질적 변경으로 그저 한 번 사용했던 것이 아니라, 면담 현상과 연구 장치를 재형성하는 행위주체적 절단(Barad, 2007)으로써 이러한 물질들을 면담 내내 활용하였다(표 3.1에 요약). 즉, 이러한 물질적 변경이 면담 장치(Barad, 2007)를 변하게 했으며 그럼으로써 연구결과도 마찬가지로 재형성되었다.

〈표 3.1〉 연구 설계

면담 회기	면담 양식	물질적 변경/행위주체적 절단의 순서	면담 질문 예시
1	로맨틱	a) 배경정보 질문지 b) 다중집단인종정체성 측정도구 c) 내재적 연관기억 검사 d) 인지적 면담	당신의 인종적 정체성에서 어느 정도가 가족에 의하여 형성되었는가요? 당신이 물려받은 혼혈 전통을 감추려고 해본 적이 있었나요?
2	포스트모던	a) 내재적 연관기억 검사 (2회차) b) 다중인종경험 측정 도구 c) 인지적 면담 d) 모든 이전 면담에서의 물질	지난 번 면담 이후에 면담 경험이 당신으로 하여금 인종적 정체성에 대하여 더 생각해보도록 하였는가요? 인종에 대하여 나누었던 지난 번 면담에서의 대화를 떠올려볼 때, 면담 후의 생각이 우리가 이야기 나누었던 것과 어떻게 달랐나요?
3	목적 있는 얽힘	a) 내재적 연관기억 검사 (3회차) b) 모든 이전 면담에서의 물질	면담이 당신의 인종적 정체성을 어떻게 다시 생각하게 하였나요? 어떤 인종집단과 자신을 동일시할 필요성을 왜 느끼는가요?

트래비스가 연구 설계를 통하여 다양한 정체성 수행을 촉발시키고자 노력하였지만, 기록되고 전사되어 분석된 것은 참여자의 정체성 수행이 아니라 그 자체로 행위주체성을 가지는 기록 장치에 의하여 포착된 언어적 행위일 뿐이다(Nordstrom, 2015). 이는 다양한 질문거리를 전면에 대두시켰다. 무엇이 기록되지 않았는가? 정체성 대화를 넘어서서 수행의 순간을 구성한 것은 무엇인가(예컨대 몸짓, 신체의 양식화, 멈춤, 연구자가 접근할 수 없었던 다른 행동들/행위들/생각들)? 정체성 수행은 어디에서 시작하고 어디에서 끝나는가? 시작하고 끝나

기는 했는가? 연구자에 의하여 '통제'되지 않은 면담 과정의 어떤 물질성이 참여자의 정체성 수행에 영향을 주었는가? 연구자가 어느 정도로 물질성을 직접적으로 통제할 수 있는가? 면담 과정의 물질은 연구자에게 즉각 이해되지 않는 방식으로 내부작용하는가?

이러한 질문들에도 불구하고, 트래비스는 정체성 수행을 보기 위하여 면담 전사자료의 담론분석에 의지하였다. 어떤 수행에서는 참여자가 자신을 특정한 인종집단의 일부로 분명하게 위치시켰다. 다른 수행에서는 참여자가 인종화된 담론이나 고정관념에 따라 다른 집단들과 거리를 두었다. 수행성의 어떤 사례에서는 정체성 수행이 항상 명료하지는 않았으며, 외현적 위치성이나 인종화된 담론을 따르지 않는 것으로 보였다. 예를 들어 자신의 인종 정체성에 대한 질문을 받았을 때 줄리엣은 "저는 매우 제한된 인종 정체성을 가지고 있어요. 제 정체성에 대하여 너무 궁금하지만, 그저 하나만 고르라고 한다면 저는 그 어떤 쪽도 정말로 선호하지는 않아요. 그 순간에 쉬운 어떤 것이든 골라요."라고 답했다. 줄리엣이 인종적 정체성을 명백하게 확인하는 행위에 있어서 그 순간의 동기에 따라 달라지는 태도를 표현할 때 여기에서 어떤 주체가 수행되었는지는 명백하지 않다. 따라서 이 장에서 제시되는 것은 정체성의 수행성에 대한 정확한 설명으로 생각되어서는 안 되며, 오히려 잠정적이고 불확실한 포스트휴머니즘과 후기질적 이론의 틀을 통하여 정체성을 다시 이미지화는 방식으로 결과를 바라보아야 할 것이다.

6 연구결과와 논의 일부

측정도구 질문지들, IAT, 변화하는 면담 양식, 내부작용하는 트래비스와 참여자의 '이중인종' 신체라는 물질성은 특정한 정체성 수행을 가능하게 하고 다른 정체성들은 수행 불가능하게 했을 것이다. 트래비스가 전형적인 '이중인종' 신체성(예컨대 곱슬머리, 옅은 갈색 피부)을 가지고 있기에, 참여자들은 자신이 그러하다고 믿는 것처럼 트래비스를 '이중인종'으로 위치시켰다. 이는 '이중인종'의 두 사람이 말하는 결과를 낳았으며, 아마도 참여자로 하여금 내부작용적 반응에서 '이중인종' 정체성을 수행하도록 자극하였을 것이다. 트래비스는 자신의 이중인종 신체를 연구에서 제거할 수 없었으며, 다른 정체성 수행을 촉발하기 위하여 다른 면담 물질들을 활용하였다. 따라서 연구결과의 분석에는 트래비스의 '이중인종' 신체가 결과에 미친 내부작용 효과를 포함시켜야만 한다.

예를 들어, 참여자의 한 사람인 캘리(가명)는 면담 도중이나 질문지를 작성할 때 자신을 분명하게 '이중인종'이라고 확인하였다. 캘리는 모든 질문지나 직접적인 면담 질문에 '이중인종'이라고 '자동적으로' 반응하였지만, 질문지 반응을 더 자세하게 설명하도록 요청받았을 때 자신을 '백인'이라고 생각한다고 말하였다. 자신을 '백인'이라고 생각하였지만, 훨씬 더 자주 수행된 '이중인종' 주체에 비하여 백인 주체는 면담에서 거의 수행되지 않았다. 캘리는 명백하게 '백인'이라고 밝히기보다는 자신을 다른 인종 집단들로부터 거리 두기 위하여 '백인' 정체성을 끌어들이거나, 자신을 백인으로 위치 지으면서도 정체성 대화에서는 '이중인종' 언어를 사용하였다. 면담 연구 자체의 물질성이 캘리의 '백인' 주체 수행을 방해하였을 수도 있다. 캘리는 '이중인종'

질문지, 그리고 트래비스의 '이중인종' 신체와 내부작용했을 뿐이었으며, 이러한 인종화된 물질들이 그녀의 '백인' 주체가 수행되는 것을 거의 불가능하게 만들었을 수 있다. 캘리는 단지 다른 사람들에 의하여 검토되거나 '인종화'되지 않을 때만 '백인' 정체성을 수행할 수 있는 것 같았다. 트래비스와 캘리는 다음과 같은 대화를 나누었다.

> 트래비스: 자신이 스스로를 어떤 인종이라고 생각하는지를 적어야만 한다면 무엇이라고 적을 겁니까?
>
> 캘리: 인종적으로 백인이지만, 저는 항상 이중인종이라고 적어요.
>
> 트래비스: 이중인종이라고 적어야만 할 것 같다고 느끼는가요?
>
> 캘리: 그렇죠.
>
> 트래비스: 그런 느낌은 어디서 오는 것일까요?
>
> 캘리: 모르겠어요. 말하자면 항상 그랬는데, 검사를 받을 때 해당하는 것을 선택해야 하고 그중에 '기타'(선택지)가 있으면 "그럼 나는 흑인과 백인이니까 그게 그냥 항상 내 정체성이지"라면서 기입하죠. 그저 늘 이중인종이었죠.
>
> 트래비스: 당신이 그냥 백인이라고 적었다면 제가 그렇게 믿었을 거라고 생각하나요?
>
> 캘리: 만약 제가 백인이라고 적었는데 다른 사람들이 그걸 본다면 '어, 왜 백인이라고 적었지?'라고 생각할 것 같아요. 제가 무슨 말을 하는 건지 알겠어요? 저는 '도대체 저 사람은 백인이 아닌데 왜 백인이라고 적는 거지' 하는 눈길을 받고 싶지 않아요.

'이중인종'에 대한 이 연구에 참여하면서 캘리는 더 폭넓은 잠재적 주체에 접근할 수 없었을 것이고, 그처럼 캘리의 정체성에 대한 어떤 연구든 정체성, 그리고 연구에 이어진 결과에 영향을 줄 것이다.

캘리처럼 다른 참여자들도 다양한 인종적 주체(예컨대 흑인, 백인,

이중인종)를 수행했으며, 면담의 물질적 조건이 변화함에 따라(예컨대 IAT를 받거나 면담 양식에서 변화가 있을 때) 다르게 바꾸었다. 예를 들어 토니는 종종 정체성 이야기에서 인종 개념으로부터 거리를 두었지만('인간-인종[human-race]' 수행의 한 유형), 첫 면담에서 이루어진 IAT 실시 결과에서는 '백인' 얼굴에 비하여 '흑인' 얼굴을 선호하는 것이 나타났다. 토니는 IAT 점수에 반응할 때 자신의 주된 인종적 정체성을 "흑인이라 주장[했다고]"하면서 자신을 '흑인'으로 명백하게 위치시킴으로써 '흑인' 주체를 수행하기 시작하였는데, 이는 IAT의 물질성이 그의 '흑인' 주체를 소환하여 자신이 '흑인'이라고 말하도록 이끌었던 것일 수 있다. 마지막 면담에서 토니가 흑인에 비하여 백인을 선호하는 쪽으로 IAT 결과는 바뀌었는데, 연구 기간 동안 처음이자 유일하게 자신을 '백인'으로 명백하게 위치시킴으로써 '백인' 정체성을 수행하기 시작했던 것이다. 토니의 '백인' 수행성은 토니가 이전 면담에서 자신을 결코 스스로 백인으로 생각하지 않을 것이라고 직접적으로 말했었기에 특히 놀라웠다. 토니는 전형적인 인종적 수행에 저항하는 것으로 보였고 자신이 그렇게 하고 있음을 의식적으로 인지하고 있는 것으로 여겨졌는데, 면담 자료와 내부작용하면서 수행이 전환되어 인종 범주화를 수용하는 것으로 보였다.

하나의 질문지를 대하면서도 다원적 정체성을 끌어들인다고 말했던 줄리엣처럼, 어떤 참여자들은 여러 인종적 주체 사이를 빠르게 오갔다. 인종정체성 강점에 관한 질문지에서 놀라운 결과가 나타났는데, 바로 인종정체성 질문지에의 반응에 관한 인지적 면담 동안에 줄리엣은 어떤 항목에서는 자신을 '백인'이라고 생각했던 반면 다른 항목에 반응할 때는 자신을 '이중인종' 혹은 '흑인'이라고 생각했다고 말하였던 것이다. 이는 질문지에 답할 때 오직 '이중인종' 주체만을 수행했던 캘리와 뚜렷한 대조를 이루었다. 이러한 결과는 많은 질문거리를 제기한다. 왜 질문지가 어떤 참여자에게는 다원적 수행을 불러일으킨 반면 어떤 참여자에게는 하나의 정체성 수행만을 야기하였는지 분명하지 않다. 모든 참여자들이 질문지를 대할 때 다원적 정체성을 수행했지만 지속적으로 인식하지는 않거나 면담에서 말하지 않기로 선택한 것일까? 트래비스의 '이중인종' 신체는 참여자들이 질문지를 작성할 때 어떤 내부작용 효과를 가져왔을까? 참여자들이 질문에 답하기 위하여 전형적인 인종적 주체(예컨대 흑인, 백인, 이중인종)를 넘어서는 주체를 동원하였을까? 이러한 질문을 포함하여 수많은 다른 질문들은 '이중인종' 정체성의 복잡성뿐만 아니라 내부작용하는 연구 과정 자체의 행위주체성을 보여준다.

7 ECQI와 포스트휴머니즘 연구의 가능성

포스트휴머니즘, 신물질론, 후기구조주의 각각이 성공과 실패 개념에 문제를 제기하듯이, 이 ECQI 연구를 그런 용어로 온전히 평가하기란 불가능하다. 그렇지만 우리는 트래비스의 연구가 연구되는 자/연구하는 자의 얽힌 연구 과정을 통하여 정체성 수행을 살펴보는 동시에, 행위주체적 실재론이라는 이론적 틀을 지키면서 물질적 변경을 통하여 특정한 정체성 수행을 촉발하는 목적을 이루었다고 생각한다. 이 ECQI 연구는 연구자가 면담 물질들이 정체성 수행에 어떤 효과를 가질지, 연구에서 어떤 수행이 가능할지 혹은 불가능할지를 미리 안다는 것은 가능하지 않다는 사실을 보여주었다. 연구 과정의 물질성이 가지는 내부작용을 온전하게 아는 것도 마찬가지로 불확실하거나 불가능할 것이다. 연구 과정에서의 물질적 공동형상화가 연구결과에 중첩되기에, 이러한 결과는 면담의 내부작용하며 서로 얽힌 물질성을 분석에 포함시킴으로써만 해석 가능하다. 이러한 '정체성'이 어렴풋하고 순간적인 것이라면 이중인종 정체성뿐만 아니라 정체성 연구 전반에 대하여 새로운 질문을 던질 수 있을 것이다. 어떤 다른 (연구 및 연구-아닌) 물질이 정체성의 수행에 얽혀있는가? 휴머니즘적 질적 연구방법인 질문지 그 자체도, 그리고 순수한 철학적 개념도 '이중인종' 정체성과 연구 과정이 뒤엉켜 내부작용하는 속성을 제대로 다룰 수 없다. 더구나 연구의 내부작용은 연구 자체의 인위적 경계를 넘어서 확장된다. 참여자들이 면담이라는 공간 안에서 말하지 않는 한, 트래비스가 참여자들이 살아가는 세계에서의 어떤 다른 내부작용이 그들의 정체성 수행을 공동-구성하는지를 알 수 있는 방법은 없다. 물질성이 정체성 수행과 연루되어 있는 더 폭넓은 방식들에는 과연 무엇이 있으며 이를 연구하기(이끌어내기) 위하여 어떤 연구방법론이 새롭게 구상될 수 있을 것인가?

정체성에 대한 휴머니즘적 설명은 여전히 이분법적 사유(예컨대 흑인/백인, 이중인종/단일인종, 연구/연구대상)의 늪에 빠져있으며, 따라서 이러한 설명으로는, 아무리 창의적이더라도 정체성의 수행성에서 물질성이 가지는 행위주체성을 설명해낼 수 없다. ECQI는 정체성의 과정을 검토할 수 있게 했으며 새롭고 예측할 수 없는 결과들(예컨대 줄리엣의 정체성 수행에서 오가는 변화)이 발생할 공간을 제공하였다. 아울러 ECQI와 포스트휴머니즘은 연구자로 하여금 물질적 변화가 어떻게 정체성 수행에 영향을 주는지, 연구 과정 자체가 어떻게 연구결과와 얽히는지를 살펴볼 수 있게 해준다. 질문지나 '살아낸 경험'을 드러내는 면담에의 대답으로 정체성을 축소시키지 않고, ECQI는 연구자가 정체성이라는 혼돈스럽고 불안정한 특성을 지켜내게 해주며, 그렇게 함으로써 사회적 (연구) 공간에서 정체성 수행의 복잡성을 더 잘 이해할 수 있게 해준다.

후기질적 방법론으로서 ECQI는 면담과 질문지 같은 방법들에 내재되어 있는 가정들을 바꾸어냈다. 휴머니즘의 방법론들이 '데이터'와 '결과'를 위하여 연구방법을 찾는 반면에, ECQI는 연구 과정에서 물질적 변화를 일으키기 위하여 방법을 차용한다. 이는 결과로부터 벗어나 과정으로 돌아서는 것이다. ECQI에서 질문지에 대한 답이 참여자 내면의 신념을 드러내는 것이 아니라, 참여자가 질문지에 답하면서 연구 동안에 실시간으로 자신의 정체성을 수행하는 것이다. 중재된 면담의 물질적 변화를 통하여 물질에 수반된 다양한 정체성/주체 수행이 가능해진다. 의도적으로 빈틈을 두는 혼란스러운 방법론인 ECQI는 가정된 공약불가능성에 개의치 않고 연구자로 하여금 필요한 어떤 방법이든 사용하여 정체성 수행을 촉발할 수 있게 해준다. 이러한 식으로 휴머니즘 연구방법과 포스트휴머니즘 철학은 정체성을 다르게 상상하여 연구하는 데 동시에 활용될 수 있으며, 그러한 차이를 통하여 존재론적 전회 이후의 정체성 연구를 진전시킬 수 있는 길을 제안해준다.

포스트휴머니즘은 합목적성을 거부하고 단순성에서 비켜난다. ECQI 수행이나 철학적으로 구상된 경험적 연구의 공동형상화 작업이 어렵더라도, 포스트휴머니즘은 연구의 문을 열어 새로운 가능성, 새로운 연구 영역, 최소한의 위험이라는 것을 넘어서는 윤리적 원칙을 가능하게 하며, 익숙한 연구방법에 새로운 목적을 배치시킴으로써 이전에는 사유할 수조차 없었던 가능성을 개시한다. 항상 그러하듯, 이러한 새로운 가능성의 대가는 연구에서의 확실성을 지속적으로 상실하게 되는 것이다. 즉 연구에서 '결과'는 잠정적, 편향적, 수행적이며 앞으로도 항상 그러할 것이다. 우리는 연구자가 서로 양립할 수 없어 보이는 여러 연구방법, 방법론, 철학의 층을 쌓아가는 창조적 실험을 할 때, 이러한 모호성으로 인한 불편함이라는 위험보다 이를 통하여 얻게 되는 지식이 더 큰 가치를 가질 것으로 믿는다.

주요 용어

비판적 저항(Critical resistance)
억압적 권력관계와 식별 가능하게 동질화하려는 요구로부터 개인을 해방시키고자 하는 저항의 한 유형임.

휴머니즘(Humanism)
행위주체성을 오로지 인간에게만 존재하는 것으로 중심화하여 계몽주의적으로 경계를 짓는 개념. 휴머니즘과 함께 비인간화의 가능성이 도래됨.

신물질론(New materialism)
포스트모더니즘과 후기구조주의 이론에서 물질과 신체의 실재를 희생하고서 담론에 특권을 부여해온 점에 이의를 제기하는 이론 분야임. 신물질론은 윤리, 실재, 지식을 설명함에 있어 물질성과 담론의 얽힘을 강조하며(존재-윤리-인식론) 인간-아닌 것의 행위주체성을 존중함.

수행성(Performativity)
담론에 의해 생성되는 행위와 특정한 정체성과 주체성의 실천, 곧 정체성의 사회적 '행위'를 지칭함.

포스트휴머니즘(Posthumanism)
물질이 인간과 언어에 의해 상호절합된다고 봄. 인간과 인간-아닌 것의 이분법을 흔들어 교란시키고자 함.

후기질적 연구(Post-qualitative inquiry)
전통적, 관습적 질적 방법(예컨대 코딩)을 해체하는 방법론. 엄격한 경계나 관습을 갖지 않음. 연구결과는 항상 부분적이고 상황적이라고 봄.

참고문헌

Barad, K. (2007), *Meeting the Universe Halfway: Quantum Physics and the Entanglement of Matter and Meaning*, London: Duke University Press.

Bennett, J. (2010), *Vibrant Matter: A Political Ecology of Things*, Durham, NC: Duke University Press.

Braidotti, R. (2013), *The Posthuman*, Cambridge: Polity Press.

Cartwright, N. (2007), 'Are RCTs the gold standard?' *BioSocieties*, 2: 11–20.

Clough, P. T. (2009), 'The new empiricism: Affect and sociological method', *European Journal of Social Theory*, 12: 43–61.

Coole, D., and Frost, S. (2010), *New Materialisms: Ontology, Agency, and Politics*, Durham, NC: Duke University Press Books.

Fox, N. J. and Alldred, P. (2015), 'New materialist social inquiry: Designs, methods and the research-assemblage', *International Journal of Social Research Methodology*, 18: 399–414.

Fryer, J. G., Kahn, L., Levitt, S. D. and Spenkuch, J. L. (2012), 'The plight of the mixed-race adolescents', *Review of Economics & Statistics*, 94: 399–414.

Gilbert, D. (2005), 'Interrogating mixed-race: A crisis of ambiguity?', *Social Identities*, 11: 55–74.

Greenwald, A. G., Nosek, B. A. and Banaji, M. R. (2003), 'Understanding and using the implicit association test: I. An improved scoring algorithm', *Journal of Personality and Social Psychology*, 85: 197–216.

Hoy, D.C. (2005), *Critical Resistance: From Poststructuralism to Post-Critique*, Cambridge, MA: MIT Press.

Jackson, A. Y. and Mazzei, L. A. (2012), *Thinking with Theory in Qualitative Research: Viewing Data across Multiple Perspectives*, London: Routledge.

Koro-Ljungberg, M. (2016), *Reconceptualizing Qualitative Research: Methodologies Without Methodology*, Los Angeles, CA: SAGE.

Koro-Ljungberg, M., Yendol-Hoppy, D., Smith, J. J. and Hayes, S. B. (2009), '(E)pistemological awareness, instantiation of methods, and uninformed methodological ambiguity in qualitative research projects', *Educational Researcher*, 38: 687–99.

Lather, P. (1991), *Getting Smart: Feminist Research and Pedagogy within/in the Postmodern*, London: Routledge.

Lather, P. (2013), 'Methodology-21: What do we do in the afterward?', *International Journal of Qualitative Studies in Education*, 26: 634–45.

Lather, P. and St. Pierre, E. (2013), 'Post-qualitative research', *International Journal of Qualitative Studies in Education*, 26: 629–33.

Law, J. (2004), *After Method: Mess in Social Science Research*, London: Routledge.

Lykke, N. (2010), *Feminist Studies: A Guide to Intersectional Theory, Methodology and Writing*. Abingdon: Routledge.

MacLure, M. (2013), 'Researching without representation? Language and materiality in post-qualitative methodology', *International Journal of Qualitative Studies in Education*, 26: 658–67.

Marn, T. (2018), 'Performing the black-white biracial identity: The material, discursive, and psychological components of subject formation', Ph.D. University of South Florida.

Marn, T. and Wolgemuth, J. R. (2017), 'Purposeful entanglements: A new materialist analysis of transformative interviews', *Qualitative Inquiry*, 23: 365–74.

Mazzei, L. A. (2013), 'A voice without organs: Interviewing in posthumanist research', *International Journal of Qualitative Studies in Education*, 26: 732–40.

Merriam-Webster (n.d.), 'Experiment', viewed 10 December 2018, https://www.merriam-webster.com/dictionary/experiment.

Nordstrom, S. (2015), 'Not so innocent anymore: Making recording devices matter in qualitative interviews', *Qualitative Inquiry*, 21: 388–401.

Phinney, J. S. (1992), 'The multigroup ethnic identity measure a new scale for use with diverse groups', *Journal of Adolescent Research*, 7: 156–76.

Rosiek, J. L. (2013), 'Pragmatism and post-qualitative futures', *International Journal of Qualitative Studies in Education*, 26: 692–705.

Roulston, K. (2010), 'Considering quality in qualitative interviewing', *Qualitative Research*, 10: 199–228.

St. Pierre, E. A. (2013), 'The posts continue: Becoming', *International Journal of Qualitative Studies in Education*, 26: 646–57.

Taguchi, H. L. (2012), 'A diffractive and Deleuzian approach to analysing interview data', *Feminist Theory*, 13: 265–81.

Willis, G. B. (2004), *Cognitive Interviewing: A Tool for Improving Questionnaire Design: A Tool for Improving Questionnaire Design*. Thousand Oaks, CA: Sage Publications.

Wolgemuth, J. R. (2014), 'Analyzing for critical resistance in narrative research', *Qualitative Research*, 14: 586–602.

Wolgemuth, J. R. and Donohue, R. (2006), 'Toward an inquiry of discomfort: Guiding transformation in emancipatory narrative research', *Qualitative Inquiry*, 12: 1012–21.

Yoo, H. C., Jackson, K. F., Guevarra, R. P., Jr, Miller, M. J. and Harrington, B. (2016), 'Construction and initial validation of the multiracial experiences measure (MEM)', *Journal of Counseling Psychology*, 63: 198–209.

CHAPTER 4

이원론에 트러블 일으키기:

환경교육 연구의 젠더화

Catherine Hart 및 Annette Gough

1 들어가는 말

우리가 원하는 미래, 유엔 지속가능발전 정상회의 리우+20에서 채택된 최종 성명은 "양성 평등, 여성의 권한 부여 및 모든 사람들을 위한 평등한 기회, 교육을 포함하여 어린이가 잠재능력을 충분히 발휘할 수 있는 보호, 생존 및 발달 강화와 함께 사회적 형평성 증진 및 환경 보호"(11항)의 필요성을 재확인했다. 이러한 목표는 1992년 유엔 환경개발회의 이후 그 중요성을 인정받거나, 적어도 인지되거나, 업데이트되기도 하였다. 더 최근에, 지속가능한 발전을 위한 2030 의제(United Nation, 2016)의 지속가능발전 목표 5항은 "양성 평등을 달성하고 모든 여성과 소녀에게 권한을 부여하라"는 내용을 포함한다. 그러나 여성은 가난한 사람들, 인종차별을 받는 사람들, 선주민, 퀴어, 다르게 유능하고 뚱뚱한 사람들을 포함하여 소외되고 무시 받는 집단들과 함께 대다수의 환경교육 실제, 이론 및 연구에서 간과되어 왔다. 이러한 주체성/위치성을 차지하는 사람들이 종종 '보편화된(universalized) 사람들', 또는 '규범' 개념 속으로 포섭되면서, 세상에 있는 존재의 복잡성은 사라지거나 간과된다. 종종 자신을 '타자화된(othered)'

혹은 소외된 주변인으로 생각하는 사람들은 반-억압적 저항의 한 형태로 환경교육에 고유한 기여를 한다. 인간, 인간 이상의 다른 존재들과 땅이 번영하려면 모두의 요구를 드러내어야 한다.

교육연구의 많은 분야에서 페미니스트 이론과 연구방법을 적용하는 것은 새롭지 않다. 그런데 그 명백한 관련성에도 불구하고, 환경교육 및 환경교육 연구 분야에서는 문제제기 되지 않아온 젠더와 페미니즘의 쟁점들이나 이에 기초한 접근이 드물었다(Gough, 1999a, 1999b, 2013). 그러나 이를 적용했을 때, 이 분야를 구성해온 논의에서 여성의 부재, 그리고 기후변화와 같은 환경위기가 여성의 삶에 미치는 영향에 대한 인식이 가능해졌다. 이는 교육기회의 부족, 빈곤 및 무력감으로 소외되고, 환경 파괴의 희생자로 그려지는 여성의 경우에 특히 그러했다(Foster, 2011).

에코페미니스트 분석은 "페미니스트 연구, 사회 정의 및 환경 건강을 위한 다양한 운동, 성별, 생태, 인종, 종 및 국가의 연결된 억압을 밝혀낸 탐험의 교차점에서 나타났다"(Gaard, 2011: 28). 이는 신물질론과 밀접한 관련이 있으며 환경교육에서 정상화된 실행을 흔들어 교란하기 위한 전략으로 사용될 수 있다. 에코페미니즘(ecofeminisme)이라는 용어는 Francoise d'Eaubonne의 「페미니즘 아니면 죽음(Le feminisme ou la mort)」(1974)이라는 저서에서 처음 만들어졌다. 이 용어는 지구상에서 인간의 생존을 보장하기 위하여 생태 혁명을 일으킬 수 있는 여성의 잠재력을 나타내기 위한 것이었다. 이러한 생태 혁명은 여성과 남성, 그리고 인간과 자연 사이의 새로운 젠더 관계를 필요로 할 것이다(Merchant, 1990: 100). 에코페미니즘의 초점은 Marti Kheel(2008)이 "문화적으로 찬양되어온 헤게모니적 이상"(p. 3)이라 부르는 남성성이 어떻게 "마음/신체, 이성/자연, 남성다움/여성다움 또는 인간/자연과 같은 일련의 상호 연관된 이원론을 통해 촉진되는지"(Phillips, 2016: 59)에 관한 것이다. 에코페미니즘은 분리를 완화하고 자연과의 (재)접속을 촉진하기 위하여 이원론적 사고에 도전한다(Phillips, 2016). 나아가, 에코페미니즘은 식민주의, 인종차별주의, 성차별주의의 지배를 촉진하는 담론과 밀접하게 관련되는 것으로 보이는 자연의 종속화에 도전한다(Phillips, 2016).

'행위주체성'의 개념은 에코페미니즘에서도 중요하다. 예를 들어, Alaimo(1994)는 여성과 자연 사이의 정치적 동맹을 강조하고 본질주의로 미끄러지지 않는 환경 페미니즘을 주장했다. Alaimo는 다음과 같이 주장했다.

> 여성과 자연의 행위주체성에 초점을 맞추는 것이 정치 분야에서 환경주의를 유지하는 데 도움이 될 수 있으며, 자연을 행위자로 강조하고 자연/문화 분열을 무너뜨려 지배 체계를 훼손시킴으로써 자연을 자원으로 착취하는 것에 반대할 수 있다. (p. 150)

에코페미니즘은 1990년대 후반에 페미니스트로부터의 반발을 겪었고, 본질주의자, 엘리트주의자, 민족중심주의자로 비판을 받으면서, "효과적으로 폐기되었다"(Gaard, 2011: 26). 그러나 최근에, 페미니즘과 환경주의의 교차점에서의 연구는 에코페미니즘이라는 이름의 부활을 보인다(예를 들어, Gaard, 2011, 2015; Phillips & Rumens 2016a, 2016b; Thompson, 2006 참조), 이것은 '생태학적 페미니즘(ecological feminism)'(Warren, 1994; Warren & Cheney 1991), '페미니스트 환경주의(feminist environmentalism)'(Seager, 1993) 또는 '세계 페미니스트 환경정의(global feminist environmental justice)'(Sturgeon, 2009) 같은 명칭과는 구별되는 것이다.

Gaard(2011)는 "자연은 능동적인 주체로, 지배를 받는 수동적인 대상이 아니며, 인간은 자연과 지속 가능한 관계를 발전시켜야 한다."고 한 Merchant(1992: 196)의 설명과 같은 여성-자연 접속에 대한 물질론적 설명이 "비역사적이고 고정된 것이 아니라, 맥락적이고 유동적인 여성(생물학적 성), 여성성(젠더), 그리고 자연 사이에 사회적으로 구성된 연관성으로 묘사했다"는 점을 주목했다. Gaard(2011: 31)는 현재의 환경 문제를 해결하기 위해 지금 필요한 것은 "사람들이 인종, 계급, 성별, 섹슈얼리티, 종, 연령, 능력, 국가의 경계를 넘어 공통의 원인을 인식할 수 있는 방식으로 이러한 문제의 틀을 짜고, 참여 이론, 교육 및 실천주의(activism)의 기초를 제공하는"(Gaard, 2011: 44) 교차 생태-패미니스트적(intersectional ecological-feminist) 접근이라고 주장한다. 에코페미니즘과 신물질론적 페미니즘은 인간 중심으로부터 강조점을 바꾸어, 모든 유형의 신체, 물체 및 사물이 의미 만들기의 연합 내에서 행위주체성을 가지고 있다고 제안한다(Taylor, 출판 중). 인간과 자연 사이의 이분법이 해체되어야 한다는 것은 많은 신물질론자들과 에코페미니스트 저술에서 공통된 주제이다. Merchant(2016)는 다음과 같이 주장한다.

> 자연은 인간/자연의 차이를 철저히 모호하게 하여 하나의 상호 작용하고 서로 영향을 미치고 상호 의존적인 포스트-휴먼-자연, (중략) 자율적인 자연의 개념에 기반하여 인류와 자연 사이의 새로운 관계를 만드는 방식으로 포스트자연(postnature)이 된다. (p. 161)

Barad(2007)를 비롯하여 다른 신물질론자들과 마찬가지로, Merchant(2016)도 포스트휴먼 세계에 주목하고 "인간에 의해 문명화된 세계를 가져온 창조의 힘이 그것을 해체하는 혼란스럽고 통제할 수 없는 힘이 된다."(p. 156)라는 점에서 자연을 개념화하는 다른 방법에 대해 언급한다. 이러한 입장에서 Merchant(2016)는 새로운 패러다임이 자연과 같은 개념의 새로운 개념화를 요구한다고 주장한다. 물질론적 페미니즘 관점을 가진 Alaimo(2010)는 '환경'의 개념을 우리 자신과 분리할 수 없는 것, '저기' 어딘가에 있는 실체가 아니라 바로 우리 존재의 일부라고 기술했다. Alaimo와 Hekman(2008)은 자연이 "능동적이고 의미화 하는 힘, 그 자체로서의 행위주체, 다원적이고 상호작용 및 내부작용 하는 문화의 영역"(p. 12)이라고 지적한다. 자연에 대한 이러한 새로운 인식, "문화의 거울 이미지가 아닌 자연이 물질론적 페미니즘, 환경 페미니즘, 환경 철학, 그리고 녹색 문화 연구의 중첩된 분야에서 나타나고 있다."(p. 12).

그러한 주장에 비추어, 이 장은 환경교육 연구에서 주체성(subjectivity)과 행위주체성(agency)에 관한 헤게모니적인 실제를 흔들어 교란시키고자 개념적으로 복잡한 가능성을 다룬다. 우리는 이렇게 주체성의 개념에 관여하는 접근법, 즉 환경 연구를 젠더화하기 위한 새로운 방법론적 및 분석적 접근 방식을 반영하는 존재-인식론적 근거를 고려하여 의식적으로 구성하는 접근법에 대하여 논의한다. 이러한 접근은 질적 연구에 대한 지나치게 단순한 접근을 문제시하고, 과거에 많이 사용되어온 실증주의적 접근을 취하지 않고 젠더의 개념과 환경 주체성 및 행위주체성의 교차와 얽힘에 대한 아이디어에 기여한다.

환경교육에서 페미니스트 이론과 연구방법을 사용함으로써 새로운 질문을 생성할 수 있었고 주체성, 행위주체성 및 정체성을 사유하고 연구할 수 있는 가능성을 창출하였다. 예를 들어, Sandra Harding은 "지식의 주체를 지식의 대상과 동일하게, 비판적이고 인과적인 평면에 배치할 것을 요구하는"(1998, p. 69) 강력한 객관성(strong objectivity)

을 주장하는데, 이는 새로운 질문을 생성할 수 있는 기회를 창출한다. 페미니스트 후기구조주의자와 새로운 페미니스트 물질론에 참여하는 것은 주체성과 같은 개념이 구성되는 방식에 대한 가능성을 비판적으로 제시한다. 그러한 개념화는 신뢰할 수 있고 합법적인 방식으로 환경교육 연구에서 젠더의 쟁점들에 대한 접근 방식을 (재)숙고하는 기회를 열어준다. 우리는 실재와 지식의 본질에 대한 신념들, 그리고 존재론과 인식론에 대한 가정들에 의문을 제기하면서 젠더화된 연구의 방법론적 단순성에 도전할 것을 제의한다(McCoy, 2012). 또한 우리는 연구에서 맥락적 고려와 비판적 숙고가 없는 지식을 생산하는 정상화된 접근에 대하여 문제를 제기할 필요가 있음을 제안한다(Koro-Ljungberg & Mazzei, 2012).

2 젠더 관점에서 환경교육 연구하기

그렇다면, 의식적으로 젠더 관점의 환경교육 연구에 참여하는 방법은 무엇일까? 역사적으로 말하자면, 다양한 이유로 젠더 문제에 대응하는 데 어느 정도 효과적이거나 그다지 효과적이지 않았던 젠더 환경교육 연구 사례들이 있다. 그러나 명확하게 표현된 연구와 사려 깊은 제안에도 불구하고, 교육연구와 환경교육 연구 모두에서 젠더 문제에 대한 '격차'와 이를 주변적인 문제로 치부되는 현상이 남아있다. 젠더 개념 자체가 복잡하기 때문에 젠더 관점의 환경교육 연구를 수행하는 **방법**(*how*)에 대하여 하나의 특정한 해답에 도달하는 것은 불가능하다. 대신, 우리는 연구의 질과 정당성이 빈약하여 연구가 기각되지 않도록, 이론적으로나 방법론적으로 사려 깊은 고려를 보여주는 프레임

워크를 개발하기 위해서는 연구자들이 자신들의 관심사와 연구 문제를 검토해야 한다고 주장한다(McCoy, 2012; St. Pierre, 2013). 따라서 우리는 다음 절에서 규범적으로 접근하기보다는 환경교육 맥락에서 최근에 채택된 이론적 개념의 예를 제공한다. 이러한 예들은 젠더나 특히 환경과 관련된 탐구에 본질적이거나 국한된 것은 아니지만, 젠더와 환경과 관련된 것을 포함하여 개체들의 배치(assemblages)를 탐구하는 데 사용할 수 있는 틈새를 제공한다(Taylor & Ivinson, 2013). 제시된 예들은 이론적, 방법론적 또는 방법의 수준에서 젠더 관점 및 페미니스트 환경교육 연구에 참여하는 방법에 대한 공식으로 의도된 것이 아니다. 오히려 우리는 연구자들이 자기의 관심사에 적합하다고 느낄 때 다양한 환경교육 연구의 맥락에서 유용할 수 있는 잠재적 접근 방식의 사례들을 제공하기를 희망한다.

연구의 기초를 구성하는 이론적, 방법론적 수준이 지속적으로 (재)개념화되고, 새로운 개념들과 다시 돌아온 개념들이 제시됨에 따라, 연구에 대한 혁신적 접근의 가능성과 새로운 종류의 연구 문제들이 다양한 질적 탐구 분야들에서 나타나고 있다(Hart & Hart, 2018). '소년'과 '소녀'의 '환경 행동'을 조사하는 연구를 문제시하지 않고 사용하는 것을 넘어, 연구가 다르게 수행될 수 있도록 개념의 복잡성을 포용하는 것이 필수적이다. 환경교육 분야에서 젠더화된 환경교육 연구에 지나치게 단순하게 접근하는 것을 문제시하는 데 도움이 될 존재-인식론적 틀을 사용하는 가능성이 탐색되고 있는 것으로 보인다. 그러나 질적 연구 접근에서의 변화와 논의의 여지가 있는 진전에 관련된 연구자들은 무엇이 증거, 지식 및 연구 자체로 간주될 수 있을 것인지를 다시 한 번 고려해야만 한다. 우리는 어떤 면에서 환경과 젠더 관점의 주체성 문제에 대한 탐구를 지원하는 포스트휴먼 및 신물질론 프로젝트로 전환한 사회연구와 교육연구의 추세(예: Brown, 2017; Gough, 2015; Hughes & Lury, 2013; Willox, 2012)에 고무되고 있다.

개념을 사용하여 연구의 틀을 짜고 기초를 만드는 일은 연구자들에게 연구가 어떻게 개념화되는지에 대해서뿐만 아니라 실제 '방법'에 대해서도 다르게 사유할 수 있도록 해주는, 혹은 연구를 이해할 수 있기 위하여 (반-)분석적이고 (비-)재현적인 방법을 피할 수 있는 기회를 제공한다. Jackson과 Mazzei(2013)는 '데이터'를 읽기 위해 개념을 사용할 것을 제안하며, 데이터를 보는 렌즈에 근거하여 연구자와 독자가 의미를 만들 수 있는 방법을 설명한다. 연구가 수행되는 방식뿐만 아니라 의미가 만들어지는 방식도 문제시되어야 하며, 명확하게 말해질 수 있는 것과 비판적으로 반성될 수 있는 것을 인정해야 한다.

우리가 환경과 젠더와 관련하여 방법론을 파괴하는 데 핵심이라고 믿는 한 가지 개념은 **주체성** 개념이다. 환경교육 연구에서 젠더화된 주체성을 고려한 경우들은 있지만, 과거의 많은 경우에 그랬듯이, 젠더 개념은 환경 주체성의 개념과 함께 문제의식 없이 다루어졌다(젠더화된 환경교육 연구를 다룬 「환경교육학술지(The Journal of Environmental Education)」 2017, 2018년의 특별호 참조). 대부분, 젠더는 한 범주가 다른 범주에 반대되는 단순한 이분법(여성 대 남성)으로 간주되어 왔다(Gough & Whitehouse, 2003). 또한, 이 분류를 감안할 때, 젠더는 환경교육 프로그램과 개인의 환경 태도와 행동에 영향을 미치는 요인과 관련된 여러 변인들 중 하나로 채택되어왔다. 주체성, 되기, 감응과 같은 이론적 개념을 사용하여 젠더 개념을 더욱 복잡하게 다루는 것은 환경교육 연구에서 젠더 문제를 다룰 때(Bazzul & Santavicca, 2017; Gough & Gough, 2003), 이러한 헤게모니적 규범에 도전하고 새로운 개념적 및 분석적 도구를 제공할 수 있다(Gough & Whitehouse, 2018; Hart, 2017b; Russell, 2013).

3 환경 주체성: 체화된 예

연구자들이 개인들이 누구인지, 그리고 그들이 자신을 어떻게 그렇게 위치시키게 되는지를 발견하고 나타내기 위하여 시도했던 방법들과 관련된 개념을 흔들어 교란시키려는 연구 접근의 한 예는 환경 주체성과 되기의 과정에 대한 최근 박사학위 논문(Hart, 2017a)이다. 이 논문은 발현적인 방법론적 관점과 교육적 적용의 (열려 있거나 닫힌) 가능성이 뒤얽힌 이론과 실천 모두의 함의에 대한 논의를 열고자 하였다. 여기서 Hart는 두 가지 수준에서 도전했다. 첫째, 그녀의 작업 전까지 환경교육 연구 맥락에서 적용되지 않았던 이론적 개념을 사용하여 환경 세계관을 탐색함으로써, 둘째, 참여자들이 연구 내에서 위치하게 된 방식과 '데이터'가 분석되기보다는 제시되는 방식에 대한 전통적인 접근 방식에 도전함으로써, 독자들이 참여자의 내러티브를 읽고 환경적 주체성에 대한 자신의 의미를 만들어갈 책임을 지도록 하였다. 이 두 가지 목표를 모두 고려하여, 우리는 이야기를 다시 말하기보다는, 연구 논문 자체와 그 과정에 대한 비판적 성찰, 그리고 연구가 진행되는 동안과 후에 연구자가 어떻게 그 내부에서, 대항하여, 넘어서서 지속적으로 작업해왔는가에 대한 성찰을 제시한다(Hart & Hart, 2015). 이를 통하여 Hart의 연구와 함께하면서, 우리는 원래의 연구와 병행하여 과정과 결과 모두에서의 성찰을 보여줄 것이다.

Hart(2017a)는 환경 주체성과 환경 담론에 대한 질문을 추구하기 위해 **주체성** 개념을 사용했다. 후기구조주의적, 비판이론적 관점의 요소를 사용하여 이론적 틀을 만든 저자는 연구 문제를 탐구할 수 있는 개념들을 모았다. 후기구조주의 개념들은 사회의 근본적인 가정을 검토하려는 시도를 한다. Baudrillard, Barthes, Derrida, Foucault, Irigaray, Kristeva, Lacan 및 Lyotard 등은 모두 포스트 관점을 발전시키는 데 중추적인 역할을 했다(McKenzie, 2004). 후기구조주의에 기여한 개념들은 Althusser의 이데올로기 이론, Lacan의 정신분석 재작업, 페미니즘, 프랑스의 새로운 페미니스트(Kristeva, Cixous, Irigaray), Derrida, Barthes와 Foucault의 작업(Gavey, 1997), 그리고 최근에는 Lather(2007), Hekman(2008), St. Pierre(2013), Davies(2013)에게서 영향을 받은 이론적 입장들로부터 비롯된 것이다. 동시에, 환경교육의 목적과 함께하면서, 비판적 관점들은 중요한 관심사인 변화로의 방향성을 주도한다. 더욱이 비판적 환경교육은 미래 세대에게 중요하다고 여겨지는 **내용**(*what*)에 대해 토론하며, 가치에 의하여 추동되고 사회적으로 구성된 본질을 다룰 수 있는 접근을 사용하여 수행되어야 하며, 끊임없이 변화하는 성격을 수용하면서 지속되어야 한다(Stevenson, 2007). 구체적으로 젠더 문제를 직접 다루려고 시도하지는 않지만, 이러한 틀은 참여자들이 자신의 존재와 되기에 중요한 것으로 선택한다면 환경 주체성(젠더 포함)과 함께 주체성의 측면에 포함될 수 있는 기회를 제시했다.

박사 과정에서 구축될 수 있는 초기 요소 중 하나로서, 박사논문의 이론적 틀 짓기(framing)는 연구를 다시 한다면 아마도 가장 많이 재검토할 부분일 것이다. Hart는 근본적인 이론적 틀이 바뀔 수 있다고 주장하지는 않지만, 포스트 이론들에 영향을 받은 관점의 뉘앙스, 진보 및 진화는 환경과 젠더에 있어서 전반적인 주체성 개념의 복잡성이 가지는 의미를 만드는 데 도움이 될 수 있는 추가적인 개념 적용을 지원할 수 있다. 생태와 환경에 직접 연결되는 보다 최근의 사례들(Brown, 2017; Hughes & Lury, 2013)뿐만 아니라, 특히 신물질론 페미니즘의 개념은 참여자들의 데이터 읽기를 더 심화시킬 수 있다(예: Grosz, 2010; Hird, 2009; Lenz Taguchi, 2013 참조). Weedon(1987)의 다양체로서 주체성에 대한 설명과 주체화의 지속적 과정이 Hart의 논문에 채택되었지만, 이러한 아이디어들은 최근 더욱 확장되어 분열적(schizoid) 주체성 개념을 제안하고 있어 개인의 존재(being), 지속적 되기, 탈영토화와 재영토화의 중첩(Renold & Ringrose, 2011) 과정을 이해하는 작업의 복잡성에 깊이를 더해주고 있다. 마찬가지로, 포스트비판이론(post-critical theory)을 버리지 않으면서, 물질, 인간 및 인간-이상-인간-아닌 것들(more-than-other-than-human)에 대한 비판적 고려는 보다 언어에 초점을 맞춘 것에서부터 물질적 환경에 얽힌 신체까지의 개념들에 기초하면서 더욱 확장하게 해준다. 그렇지만 강조된 이론적 관점에 따라 사용된 개념은 세계에서 진화하며 존재하는 인간의 복잡성에 대한 더 복잡하고 미묘한 이해와 실례를 고려할 수 있는 방법들을 보여준다.

Hart(2017a)의 작업은 연구 참여자들의 기여를 설명하기 위하여 내러티브 방법론과 배치 개념을 사용한다. 연구를 표현하는 방법으로서의 **배치**는 "그럼에도 불구하고 질서 잡힌 사회적 삶에서 발현, 이질성, 탈중심화되고 일시적인 것들에 대해 말할 수 있는 일종의 반(anti-)구조적 개념"(Marcus & Saka, 2006: 101)으로 기술된다. Hart는 배치가 또한 참여자들을 표상하는 데 사용되는 다른 개념들보다 자신이 조합한 이론적 틀과 더 밀접한 연관성을 보여준다고 주장한다. 마찬가지로, 참여자들과 **함께** 연구할 때, Hart는 대화에 주제의 '영역'은 있지만 공식적 질문은 없는 포스트비판이론에 입각한 면담 방법을 사용한다. 참여자들과 함께 공동 구성한 풍부한 내러티브를 사용하는 것은 독자/청자에게 반복적이고 성찰적인 과정을 목격할 수 있는 기회를 제공한다.

Hart(2017a)는 내러티브 방법론 내에서 활용하는 데 적절한 개념으로 **배치**를 사용했지만, 연구방법론의 자명한 속성이라는 것에 도전하면서 반-방법론(anti-methodology) 연구를 요구하는 주장이 증가하고 있다(Jackson, 2017). 면담은 특히 이론적으로나 방법론적으로 채택된 존재-인식론을 고려함에 따라 훨씬 더 복잡해지고, 연구에서 참여자들과 얽히는 도구로서 계속 진화하고 있다. Roulston(2010)은 연구와 질문의 이론적 고려 사항에 따라 면담 방법에서의 몇 가지 차이점을 예시하면서, 전통적 면담의 종종 지나치게 단순하고 가정들로 가득 찬 개념을 문제시한다. Jackson(2017)은 방법이 없는 연구 접근 방식을 보여주며, 발현적인 상호작용의 가능성과 연구에서 참여자들과 함께 참여할 수 있는 새로운 가능성을 제시한다. 개인의 요구와 목소리에 경청해야 한다는 인식이 증가하고 있는 상황에서, '방법'을 다시 사유할 수 있는 잠재력, 연구를 비롯하여 사유와 존재에 대한 기존의 확립된 '규범들'을 균열시키는 틈새는 연구에서 이루어지는 선택들을 비판적으로 숙고할 것을 요청한다.

Hart(2017a)는 박사 과정 전반에 걸쳐 해석과 분석이 독자에게 맡겨지는 방식으로 공동 구성된 내러티브로부터 얻은 데이터로 들어가 빈번하게 질문하였다. 관습적으로 데이터 분석 기법으로 받아들여지는 재현과 실제의 고정되고 위계적인 논리(MacLure, 2013)를 거부하였다. Kuntz(2010)가 기술했듯이, Hart는 자신의 이론적 틀과의 정합성과 응집력 있는 참여자 내러티브를 만들려는 결심 모두에 주목하면서 도전에 직면했다. 참여자들이 대화를 읽고 내러티브에 다시 참여하는 것이 각자 공유하고 싶었던 의도와 의미를 가능한 한 온전하게 포착하는 데 필수적이었다. 내러티브를 읽으면서 분명해진 환경교육에 대한 담론들이 있었지만, 이론적 틀에 따라, 목표는 담론들을 '드러내기' 위하여 추출하고 코딩하는 것이 아니었다. 주체성과 주체화 과정에서의 차이에 대한 가치화가 가장 중요했음에도 불구하고, 참여자들의 위치와 세계관에서의 유사성은 특정한 관심사가 여러 참여자로부터 다양한 방식으로 표현되었음을 의미했다. 예를 들어, 환경 개념을 명확하게 하는 것이 특별한 관심사였고, 더 진전된 토론을 위한 토대를 마련할 수 있기에 종종 대화의 출발점이었다. **어떤** 담론들이 존재하는가가 아니라 참가자들 사이에 담론들이 존재한다는 것이었다. 이것은 아마도 연구자가 논문심사위원들의 반대에 부딪혔다 하더라도 가장 기뻐했던 논문의 측면일 것이다. Hart는 현재의 연구와 새로운 연구에서 자신의 접근 방식을 지속적으로 지지하며 이에 토대를 두면서, 참여자들이 스스로 보이기를 원했던 대로 참여자들의 비-재현을 연구자의 맥락에서 가능한 최대한으로 창조하려 했다.

4 '규범' 흔들어 교란시키기

Hart(2017a)가 발견했듯이, 틀과 개념화의 어떤 수준에서든 연구의 균열은, 특히 신진 연구자에게, 장애물을 제시할 수 있다. Hart는 이러한 상황을 잘 인지하였다. 세계관과 앎의 방식에 대한 사유에서 더 크게 이루어지고 있는 전회(shifts)의 한 예로서, 질적 연구에서의 해석과 표현이라는 중요한 영역에서 연구 쟁점들을 다루는 것이 관심사였다. 그녀는 교육연구와 사회연구의 변화를 주도하는 이론으로 사회적 쟁점들을 생태학적으로 다시 사유하도록 틈새를 열고자 하였다. Hart는 박사 과정에서 의미 있는 비판적 성찰을 하여 환경 주체성과 주체화 과정에 대한 질문을 채택했다. 그녀는 환경 주체성을 중심으로 한 대화를 통하여 공동으로 구성된 풍부하고 사려 깊은 내러티브에 기여했던 참여자들을 소개했다. 후기구조주의와 비판이론으로부터 정보를 얻어 자신의 연구 개념들을 구축하고서, 이러한 틀 안에서 이론과 실제로서 중요한 것에 관한 다양한 견해들에 대하여 박사논문 심사위원회를 설득하였다. 그녀는 데이터와 분석으로 무엇이 중요한지에 관한 박사논문 심사위원들 간의 견해 차이를 재-교육의 도전으로 설명했다. 그녀는 '결과'를 해석하지 않는 자신의 정당한 접근 방식에 대한 저항에 부딪쳤고, 자신에게 제시되었던 참여자들의 목소리를 그대로 지키고자, 지나치게 해석하지 않고자 싸웠다 – 해석은 독자에게 달려 있는 것이다. 젠더화된 주체성과 구체적으로 관련된 대화에 참여하는 동안, 개별적인 주체성의 '가닥들(threads)'을 분리해내는 것이 아니라 전체를 고려하는 것이 의도였다. 그녀는 전통적인 접근으로는 불가능했을 참여자 내러티브와 표현을 통하여 그려진 차이를 가치화하는 것에 대한 저항들에도 신념을 굽히지 않았다. '다른 쪽'에서 그녀는 이제 이전에 존재하지 않았던 것을 존재하게 하는 도전할 가치가 있는 포이에시스(poiesis)로서 원작의 아우라(aura)를 되돌아본다. 이러한 교란은 필요하지만, 도전이 없는 것은 아니다. 그렇지만 Hart는 '일들이 행해지는 방식'에 너무도 필요한 변화를 가져올 가능성이 있기에, 흔들어 교란하는 접근 방식에 대한 회의적 반응들에 적극 관여할 가치가 있다고 주장한다.

비판적 환경교육은 연구에 참여하는 사람들뿐만 아니라 공공 및 민간 분야에 종사하는 사람들의 책임성을 요구한다. 연구와 정보를 이해하는 책임을 지는 것, 그러한 의미-만들기가 어떻게 실천으로 옮겨지는지에 대하여 비판적 관점과 접근 방식을 지키는 것은 청자/독자에게 달려 있다. 개인은 적극적 역할을 해야 한다. 비판적 환경교육 연구는 그 자체로 실천주의의 한 형태이며, 다른 사람들을 위한 연구에서 얻을 수 있는 것뿐만 아니라 그 과정에 대한 성찰을 필요로 한다. Hart(2017a)의 연구와 '데이터'가 제시되는 방식은 참여자들이 말한 것과 그것이 자신의 주체성과 되기 과정에 어떻게 관련되는지를 이해할 책임을 독자에게 부여한다. 교화(indoctrination)보다는, 관계적인 앎의 방식이 개인들이 자신의 자아 감각과 관계-속의-존재(being-in-relation)를 분명하게 말하고 이해하기 시작할 수 있는 기회와 공간을 창조한다. 환경 주체성, 젠더화된 주체성 또는 주체성 너머의 쟁점들이 무엇이든, 개념과 이러한 개념에 대한 연구 접근을 흔들어 균열을 만드는 것이 필요하다.

5 결론

다른 교육 분야에서 '전통적인' 젠더화된 연구에 대한 의식과 문제제기가 비약적으로 성장한 반면, 환경교육 분야에서는 성장이 느렸지만, 앞에서 언급한 「환경교육학술지」의 두 특별호에서 입증되었듯이 천천히 꽃이 피고 있다. 이 분야의 새로운 흔들기는 환경교육 연구에서 젠더를 다룰 때 헤게모니적 규범에 도전하고 새로운 개념 및 분석의 도구를 제공할 수 있도록 개념적으로 더욱 복잡한 참여를 가능하게 하고 있다.

하지만, 우리가 여기서 주장했듯이, 여전히 논의되어야 할 필요가 있는 이원론 – 특히 인간/자연의 이원론 – 이라는 더 큰 문제가 있다.

Hart(2017a)의 연구에서 젠더는 논의된 주체성의 고유한 일부였지만, 이론적 틀이 젠더와 환경 주체성의 상호 접속성을 인정하는 공간을 만들었고, 따라서 젠더 환경교육 연구에 더 구체적으로 관심이 있는 사람들이 어떻게 이론적으로, 방법론적으로, 심지어 존재론적으로 연구의 틀을 구성할 수 있는지에 대한 하나의 모델이 될 수 있다. 포스트휴머니즘과 인간-이상의 것에 관련된 연구는 인간과 자연/포스트자연 사이의 상호 관계가 갖는 복잡성을 강조하고 있다. 이러한 이원론을 흔들어 교란하고 주체성과 행위주체성에 참여하는 것은 여전히 환경교육 연구 분야가 직면하고 있는 도전적 과제다. Irving Berlin(1936)은 거의 한 세기 전에 “앞에 트러블이 있을 수 있지만, 그러나 (중략) 우리에게는 여전히 기회가 있기에, 음악과 춤을 직면하자.”라고 썼다. 도전을 제기할 필요성과 기회는 있다. 용기는 실제로 그 도전을 받아들이고 앞으로 나아가는 데 필요한 하나의 열쇠다.

주요용어

배치(Assemblage)
“그럼에도 불구하고 질서 잡힌 사회적 삶에서 발현, 이질성, 탈중심화되고 일시적인 것들에 대해 말할 수 있는 일종의 반(anti-)구조적 개념”(Marcus & Saka, 2006: 101)을 말함.

에코페미니즘(Ecofeminism)
이 용어는 “지구상에서 인간의 생존을 보장하기 위하여 생태 혁명을 일으킬 수 있는 여성의 잠재력을 나타내기 위한 것. 이러한 생태 혁명은 여성과 남성, 그리고 인간과 자연 사이의 새로운 젠더 관계를 필요로 할 것이다.”(Merchant, 1990: 100)라고 봄.

주체성(Subjectivity)

'주체성'은 개인의 의식적, 무의식적 생각과 감정, 자신에 대한 감각, 그리고 자신의 세상과의 관계를 이해하는 방식을 지칭하는 데 사용됨. 휴머니즘 담론은 독특하고 고정되어 있으며 일관성 있고 자신을 자신으로 만드는 개인을 중심에 두는 본질을 전제함. 후기구조주의는 우리가 생각하고 말할 때마다 담론에서 끊임없이 재구성되는, 불안정하고 모순적이며 과정 중에 있는 주체성을 제안함(Weedon, 1987: 32-33).

참고문헌

Alaimo, S. (1994), 'Cyborg and ecofeminist interventions: Challenges for an environmental feminism', *Feminist Studies*, 20 (1): 133–52.

Alaimo, S. (2010), *Bodily Natures: Science, Environment, and the Material Self*, Bloomington, IN: Indiana University Press.

Alaimo, S. and Hekman, S. (2008), 'Introduction: Emerging models of materiality in feminist theory', in S. Alaimo and S. J. Hekman (eds), *Material Feminisms*, 1–19, Bloomington, IN: Indiana University Press.

Barad, K. (2007), *Meeting the Universe Halfway: Quantum Physics and the Entanglement of Matter and Meaning*, London: Duke University Press.

Bazzul, J. and Santavicca, N. (2017), 'Diagramming assemblages of sex/gender and sexuality as environmental education', *The Journal of Environmental Education*, 48 (1): 56–66.

Berlin, I. (1936), 'Let's face the music and dance', in the musical film *Follow the Fleet*.

Brown, K. (2017), 'Global environmental change II: Planetary boundaries – A safe operating space for human geographers?', *Progress in Human Geography*, 41 (1): 118–30.

Davies, B. (2013), 'A feminist poststructural approach to environmental education research', in R. B. Stevenson, M. Brody, J. Dillon and A. E. J. Wals (eds), *International Handbook of Research on Environmental Education*, 480–6, New York, NY: Routledge.

d'Eaubonne, F. (1974), *Le feminisme ou la mort*, Paris: Pierre Horay.

Foster, E. (2011), 'Sustainable development: Problematising normative constructions of gender within global environmental governmentality', *Globalizations*, 11 (2): 135–49.

Gaard, G. (2011), 'Ecofeminism revisited: Rejecting essentialism and re-placing species in a material feminist environmentalism', *Feminist Formations*, 23 (2): 26–53.

Gaard, G. (2015), 'Ecofeminism and climate change', *Women's Studies International Forum*, 49: 20–33.

Gavey, N. (1997), 'Feminist poststructuralism and discourse analysis', in M. Gergen and S. Davis (eds), *Toward a New Psychology of Gender: A Reader*, 49–64, New York, NY: Routledge.

Gough, A. (1999a), 'Recognising women in environmental education pedagogy and research: Toward an ecofeminist poststructuralist perspective', *Environmental Education Research*, 5 (2): 143–61.

Gough, A. (1999b), 'The power and promise of feminist research in environmental education', *Southern African Journal of Environmental Education*, 19: 28–39.

Gough, A. (2013), 'Researching differently: Generating a gender agenda for research in environmental education', in R. B. Stevenson, M. Brody, J. Dillon and A. Wals (eds), *International Handbook of Research on Environmental Education*, 375–83, New York, NY: Routledge.

Gough, A. (2015), 'Resisting becoming a Glomus Body within posthuman theorizing: *Mondialisation* and embodied agency in educational research', in N. Snaza and J. Weaver (eds), *Posthumanism and Educational Research*, 254–75, New York: Routledge.

Gough, A. and Whitehouse, H. (2003), 'The "nature" of environmental education from a feminist poststructuralist viewpoint', *Canadian Journal of Environmental Education*, 8: 31–43.

Gough, A. and Whitehouse, H. (2018), 'New vintages and new bottles: The "Nature" of environmental education from new material feminist and ecofeminist viewpoints', *The Journal of Environmental Education*, 49 (4): 336–49.

Gough, N. and Gough, A. (2003), 'Tales from Camp Wilde: Queer(y)ing environmental education research', *Canadian Journal of Environmental Education*, 8 (1): 44–66.

Grosz, E. (2010), 'Feminism, materialism, and freedom', in D. Coole and S. Frost (eds), *New Materialisms: Ontology, Agency and Politics*, 139–57, Durham, NC: Duke University Press.

Harding, S. (1998), *Is Science Multicultural? Postcolonialisms, Feminisms, and Epistemologies*, Bloomington, IN: Indiana University Press.

Hart, C. (2017a), 'Exploring subjectification processes in environmental education: How environmental education researchers come to construct their environmental

Hart, C. (2017b), 'En-gendering the material in environmental education research: Reassembling otherwise', *The Journal of Environmental Education*, 48 (1): 46–55.

Hart, C. and Hart, P. (2018), 'On seeing ones self being seen: Reconceptualizing EE research', Paper presentation at the American Educational Research Association Annual Meeting, New York, NY.

Hart, P. and Hart, C. (2015), 'Within, against … beyond? Exploring emerging methodologies in post-qualitative environmental education research', Research Workshop Presentation at the North American Association for Environmental Education Research Symposium, San Diego, CA.

Hart, P. and Hart, C. (2017), 'Activism, action and becoming: Taking action to learn what it means to embrace an activist/agentic research identity', in B. Shapiro (ed.), *Actions of their Own to Learn: Studies in Knowing, Acting and Being*, 17–40, Leiden, The Netherlands: Brill | Sense.

Hekman, S. (2008), 'Constructing the ballast: An ontology for feminism', in S. Alaimo and S. Hekman (eds), *Material Feminisms*, 85–119, Bloomington, IN: Indiana University Press.

Hird, M. (2009), 'Feminist engagements with matter', *Feminist Studies*, 35 (2): 329–46.

Hughes, C. and Lury, C. (2013), 'Re-turning feminist methodologies: From a social to an ecological epistemology', *Gender and Education*, 25 (6): 786–99.

Jackson, A. (2017), 'Thinking without method'. Paper presented at the American Educational Research Association Annual Meeting, San Antonio, TX.

Jackson, A. and Mazzei, L. (2013), *Thinking with Theory in Qualitative Research: Viewing Data across Multiple Perspectives*, New York: Routledge.

Kheel, M. (2008), *Nature Ethics: An Ecofeminist Perspective*, Lanham, MD: Rowman & Littlefield.

Koro-Ljungberg, M. and Mazzei, L. (2012), 'Problematizing methodological simplicity in qualitative research: Editors' introduction', *Qualitative Inquiry*, 18 (9): 728–31.

Kuntz, A. (2010), 'Representing representation', *International Journal of Qualitative Studies in Education*, 23 (4): 423–33.

Lather, P. (2007), *Getting Lost: Feminist Efforts toward a Double(d) Science*, Albany, NY: SUNY Press.

Lenz Taguchi, H. (2013), 'Images of thinking in feminist materialisms: Ontological divergences and the production of researcher subjectivities', *International Journal of Qualitative Studies in Education*, 26 (6): 706–16.

MacLure, M. (2013), 'Researching without representation? Language and materiality in post-qualitative methodology', *International Journal of Qualitative Studies in Education*, 26 (6): 658–67.

Marcus, G. E. and Saka, E. (2006), 'Assemblage', *Theory, Culture & Society*, 23 (2–3): 101–6.

McCoy, K. (2012), 'Towards a methodology of encounters: Opening to complexity in qualitative research', *Qualitative Inquiry*, 18 (9): 762–72.

McKenzie, M. (2004), 'The "willful contradiction" of poststructural socio-ecological education', *Canadian Journal of Environmental Education*, 9: 177–90.

Merchant, C. (1990), 'Ecofeminism and feminist theory', in I. Diamond and G. F. Orenstein (eds), *Reweaving the World: The Emergence of Ecofeminism*, 100–5, San Francisco: Sierra Club Books.

Merchant, C. (1992), *Radical Ecology: The Search for a Livable World*, New York, NY: Routledge.

Merchant, C. (2016), *Autonomous Nature: Problems of Prediction and Control from Ancient Times to the Scientific Revolution*. New York, NY: Routledge.

Phillips, M. (2016), 'Developing ecofeminist corporeality: Writing the body as activist poetics', in M. Phillips and N. Rumens (eds), *Contemporary Perspectives on Ecofeminism*, 57–75, London: Routledge.

Phillips, M. and Rumens, N., eds (2016a), *Contemporary Perspectives on Ecofeminism*, London: Routledge.

Phillips, M. and Rumens, N. (2016b), 'Introducing contemporary ecofeminism', in M. Phillips and N. Rumens (eds), *Contemporary Perspectives on Ecofeminism*, 1–16, London: Routledge.

Renold, E. and Ringrose, J. (2011), 'Schizoid subjectivities? Re-theorizing teen girls' sexual cultures in an era of "sexualization"', *Journal of Sociology*, 47 (4): 389–409.

Roulston, K. (2010), 'Considering quality in qualitative interviewing', *Qualitative Research*, 10 (2): 199–228.

Russell, J. (2013), 'Whose better? (Re) orientating a queer ecopedagogy', *Canadian Journal of Environmental Education*, 18: 11–26.

Seager, J. (1993), *Earth Follies: Coming to Feminist Terms with the Global Environmental Srisis*, New York: Routledge.

St Pierre, E. A. (2013), 'The posts continue: Becoming', *International Journal of Qualitative Studies in Education*, 26 (6): 646–57.

Stevenson, R. B. (2007), 'Schooling and environmental/sustainability education: From discourses of policy and practice to discourses of professional learning', *Environmental Education Research*, 13 (2): 265–85.

Sturgeon, N. (2009), *Environmentalism in Popular Culture: Gender, Race, Sexuality, and the Politics of the Natural*, Tucson, AZ: University of Arizona Press.

Taylor, C. A. (In Press), 'Diffracting the curriculum: Putting "new" material feminist theory to work to reconfigure knowledge-making practices in undergraduate higher education', in K. Scantlebury, C. A. Taylor and A. Lund (eds), *Turning Feminist Theory into Practice: Enacting Material Change in Education*, Leiden: Sense Publishers.

Taylor, C. and Ivinson, G. (2013), 'Editorial – Material feminisms: New directions for education', *Gender and Education*, 25 (6): 665–70.

Thompson, C. (2006), 'Back to nature? Resurrecting ecofeminism after poststructuralist and third-wave feminisms', *Isis*, 97 (3): 505–12.

United Nations (1992), 'Rio Declaration on Environment and Development. Annex 1 in report of the United Nations conference on environment development, Rio de Janeiro, 3–14 June'. Retrieved from: http://www.un.org/documents/ga/conf151/aconf15126-1annex1.htm.

United Nations (2012), *The Future We Want: Outcomes document adopted at Rio + 20*. United Nations, Rio de Janeiro.

United Nations (2016), 'Sustainable development goals'. Retrieved from: https://sustainabledevelopment.un.org/sdgs.

Warren, K., ed. (1994), *Ecological Feminism*, New York: Routledge.

Warren, K. J. and Cheney, J. (1991), 'Ecological feminism and ecosystem ecology', *Hypatia*, 6 (1): 179–97.

Weedon, C. (1987), *Feminist Practice and Poststructuralist Theory*, Cambridge, MA: Basil Blackwell.

Willox, A. (2012), 'Climate change as the work of mourning', *Ethics and the Environment*, 17 (2): 137–64.

CHAPTER 5

참여의 수치심:

말 더듬는 순간으로 참여의 존재론 다시 사유하기

Eve Mayes

이 장에서는 참여의 존재론에 대한 재이론화(Springgay, 2016), 수치심의 감응(Deleuze & Gattari, 1994, 2009; Mayes & Wolfe, 2018; Tomkins, 1995)과 학교 환경에서 경험적 '참여' 연구(Mayes, 2016b)를 연결하고자 한다. 연구 **참여**(*participation*)는 일반적으로 사전 동의 절차를 따라 연구에 참여하기로 선택한 자율적인 인간 주체를 가정한다(Springgay, 2016: 73). 기존의 질적 연구와 참여적 연구에서의 참여에 대한 이해는 경계-긋기(boundary-making) 안에서/통하여 정의된다. 즉 연구 '참여자'는 연구에 참여하도록 초대한 연구자들과는 별개로 주권적, 이성적, 자기-현존적 인간 주체로 가정된다(Mayes & Wolfe, 2018). 참여는 보통 합의된 경계-긋기와 '목소리 갖기'라는 자유민주주의 개념에 따라 틀이 짜여 있다. 학교 교육의 맥락에서, '학생의 목소리'는 학생과 교사의 상호 관여를 촉진하고(예: Lodge, 2005), 학교에서 민주주의를 '살고'(예: Fielding & Moss, 2011), 학생/교사 파트너십을 통해 제도를 변화시키기 위해(예: Beattie, 2012) 학교에서 채택하는 광범위한 전략이 되었다.

이 장에서 나는 학생의 목소리를 격려하기 위해 학교의 노력뿐 아니라 연구에의 참여라는 개념에 대해 다시 생각해보려 한다. **수치심**

(*shame*)이라는 자율적인 인간 주체들 사이의 (가정되어 있는) 경계를 교란하는 알기 힘든 감응의 하나가 물질화되는 교란의 순간(Mayes & Wolfe, 2018; Wolfe & Mayes, 2019)에 주목하여, 기존 참여 개념의 경계-긋기가 재작업된다. 수치심은 연구자가 말을 더듬는 특정 순간에, 그 순간을 통해 끼어든다.

> 이브: [*머뭇거림*] 너희들은 - 그러니까 - 그때처럼 - 음, 음, - 그 - [*머뭇거림*]. 다시 시작할게 … 그런 일이 여러분들로 하여금 사람들과 [*머뭇거림*] 어떻게 대화할 것인지에 대해 깊게 생각해보게 만들었나요? [*머뭇거림*] 아니면 [*머뭇거림*] 그게 그냥 마치 [*머뭇거림*] 화난 것 같은 기분이 든 건가요? 그럼, 어떻게, 어떻게 -

이러한 체화된 말 더듬기는 연구자의 얽힘, 공모, 응답-능력을 신체화하고(Mayes & Wolfe, 2018), 그리고 관심사인 연구자의 수치심을 에둘러 말해준다. 나는 '수치심'이라는 용어를 교육과 관련하여 관습적으로 사용되어 온 의미로 사용하지 않는다. 지금까지 수치심이란 용어는 사회적, 문화적, 종교적, 제도적 규범에 대한 도덕적 위반(그리고 실제 남용)과 얽혀있고, 심지어 제도적 부패와 얽혀있더라도, 개별화되고 자아에 내재되어 있는 것으로 사용되어 왔다(예를 들면 Benade, 2015; Stearns & Stearns, 2017; 그리고 Mayes & Wolfe, 2018; Wolfe & Mayes, 2019 참조). 오히려, 이 장에서는 참여의 경계, 즉 '참여자'를 '비참여자'와 구분하는 경계를 불안정하게 할 잠재력을 고려하기 위하여 수치심 이론을 관심과 분리될 수 없는 것으로 받아들인다(Probyn, 2004; Tomkins, 1995). 이 장에서는 몸이 '목소리 내는' 구체적인 공동형상화, 즉 "권리를 제공받은 사람들의 내재적 존재 양식"(Deleuze & Gattari, 1994/2009: 107)에서의 관심과 수치심의 특정한 흐름을 검토한다.

나는 연구에서 일어나는 사건과 과거의 교실 사건이 얽히는 가운데 연구자의 말 더듬기 **안에**, 그리고 말 더듬기**의**(*in and of*) 수치심에 관심이 있다. 이러한 수치심의 끼어듦을 탐구하는 것은, Miessen(2011)이 합의 없는 참여를 위한 제안에서 '초대받지 않은 참여'라고 부른 바로 그것이 된다. 나는 수치심의 구성에서 연구자들의 방법론적 참여를 관심(이 있는 것)으로 간주하고(Deleuze & Gattari, 1994/2009: 107-108; Mayes & Wolfe, 2018), 참여의 "살아있는 관계(성)"(Springgay, 2016: 72)에 대해 다시 생각해본다. 체화된 말 더듬기, 다른 '데이터'와 이론의 관계를 분석함으로써 참여 자체의 존재론을 더 깊이 재고할 것이다.

연구에서의 감응과 수치심에 대한 설명을 구성하기에 앞서, 다음 절에서는 참여에 대한 이전의 비판들을 소개하고 (내가 학생 목소리 주도권을 중시하는) 학교에서 학생이 참여하는 경험적 연구를 맥락에 따라 설명하고자 한다. 연구에서의 감응과 수치심에 대한 이러한 설명에서, 나는 학생의 목소리 작업에 참여하는 것의 파괴적인 효과/감응에 대한 이 연구에서 참여적 마주침 중에 사용된 단어들을 포함시킬 것이다. '데이터'와 이론은 그들 사이에 가정되어 있는 경계를 재-형성하는 데 참여한다. 참여에 대한 다시 쓰기 작업은 St. Pierre(2008)의 '목소리의 우위'에 대한 거부(즉, 참여자들의 목소리를 연구 텍스트에 인용된 다른 이론가 및 연구자들의 목소리와 구별하여 별도의 데이터 섹션으로 분리하는 것)로부터 영향을 받았다. 나는 데이터를 현장, 연구자, 데이터에 대해 쓰인 텍스트와 분리된 것으로 보지 않는다. 따라서 이 장에서 참여 '데이터'는 내가 참여에 대한 대안적인 설명을 정리하기 위해 읽고 사용했던 다른(연구자와 이론가들) 목소리들 중의 목소리들로서 이 장에 포함된다.

1 수치스러운 참여?

참여의 논리, 특히 참여적 노력의 권력 관계가 필연적으로 더 '공정'하다는 가정은 이미 신자유주의적 통치 관행에서 온정주의적이고 도구적으로 동원된다는 비판을 받아왔다. 개발 연구(예: Cooke & Kothari, 2001)에서, 참여적 접근에 대한 비판은 참여 작업의 고유한 권한과 지배를 추적했다. 이러한 비판은 어린이와 청소년들이 참여하는 연구에까지 확장되었다. 예컨대 Gallacher와 Gallagher(2008)는 참여 연구가 반드시 참여자들에게 **권한을 부여하게 될 것**(*empower*)이라는 주장의 지나친 열의에 대해 경고했다. 청소년 연구에서, 참여가 권력 관계를 중립화하거나 평등하게 한다는 주장은 청소년 그룹 간의 불평등과 차이(Wierenga et al., 2003)가 증가하는 것의 의미를 간과하는 것으로 비판되어 왔다. 참여는 심지어 새로운 불평등을 만들 수도 있다(Black, 2011).

이러한 비판은 '참여'로의 초대가 갖는, 어리석게 보이도록 만들 수 있는 잠재력을 시사한다. 참여 작업의 표면상 호의적인 목표는 예상치 못한 양가적 감응을 일으킬 수 있다. 참여 예술에서의 '강제적인 참여'를 연상시키는 묘사에서 Brian Massumi[1)](2011: 42)는 해삼에게

1) 역자 주: Brian Massumi(1956~)는 캐나다 출신 정치 철학자이자 사회·미디어 이론가이며, 들뢰즈와 가타리의 「천 개의 고원」 등 프랑스 철학 사상을 영어로 번역하여 미국에 소개해온 학자이다. 감각론과 미학, 정치철학 등 다양한 분야에 걸친 학제 연구를 해 왔으며, 몬트리올에서 결성된 〈감각실험실〉(SenseLab)을 거점으로 하는 다양한 분야 저자들과의 공동 작업도 활발하다. 위의 내용은 다음의 그의 저서 참조 – Massumi, B.(2016). 가상과 사건: 행동주의 철학과 사건발생적 예술 [*Semblance and event: Activist philosophy and the occurrent arts*]. 정유경(역). 서울: 갈무리. (원저 2011 출판)

자신을 '진실하게' 또는 '진정으로', '표현'하라는 명령을 기술하는데, "쿡 찔려서 내장을 뱉어낸 해삼"은 "속속들이 노출"되고, [그것의] "가장 민감한 주름에까지, [그것으로 하여금] 그것을 [그것이게] 만드는 바로 그 연동 리듬에까지 노출된다"(Massumi, 2011: 42). Massumi의 노출된 해삼의 감응적 힘과 더불어 생각하면서, 나는 참여의 존재론, 즉 참여의 **존재**와 **관계성**(*being* and *relationality*)을 고찰하기 위하여 참여 연구에서 권력의 개념화에 대한 이전의 비판을 확장한다.

이 장에서는 참여가 아직 정착되지 않은 순간을 검토함으로써 그러한 참여 개념에 대한 **감응적 교란**에 주목한다. **감응적 교란**은 감응의 결과일 수도 있지만, 정서적 혼란을 말하는 것이 아니다. 내가 사용하는 '감응'이라는 용어는 Spinoza의 감응에 관한 Deleuze(1988)의 연구로부터 나온다. 따라서 감응시키고 감응을 받는 인간, 그리고 인간-이상의 신체적 역능을 의미한다. 감응은 '정서'와는 다르다. 왜냐하면 정서는 감하는, 빼기의 언어적 표식이다(Clow, 2007: 2). 거기에는 항상 참여자와 연구자의 의식 또는 포착을 초과하거나 피한 나머지 부분이 존재한다(Massumi, 2002: 30). 참여자는 자신의 '두려움', '분노' 또는 '즐거움'에 대해 말할 수 있다. 그러나 그들이 이야기하는 순간의 강도를 충분히 설명할 수는 없다. 감응의 강도는 사회적이고 유동적이며 신체와 세계에 붙박여있는 것이다(Seigworth & Gregg, 2010). 따라서 학생과 교사, 참여자와 연구자 등 얽힌 실체 간의 관계는 감응이 파악되고 설명되는 방식으로, 그리고 그런 방식을 통해서 구성된다. 감응은 역동적인 공동-구성 현상(예를 들면, '학생', '교사', '연구자', '참여자'의 주체적 위치를 포함)이다.

2 연구에 있어서 참여 교란하기

이 장에서는 한 중등학교에서 학생 목소리를 학교 개혁 전략으로 채택한 것과 관련된 연구 과정에서 어떤 일이 일어났는지 생각해본다. 이 연구가 진행된 학교는 시드니 남서부에 위치한 공립 남녀공학 중등학교로, 영어 이외의 언어 배경을 가진 학생이 약 87%에 달한다. 이 학교는 호주 연방 및 주 정부가 재정지원을 하는 '사회경제적으로 불리한 학교를 위한 국가 파트너십'(Australian Government[DEEWR], National Partnership for Smarter Schools, & NSW Department of Education and Communities, 2012)을 통해 4년 동안의 학교 개혁 과정에 학생 목소리의 주도권(initiative)을 통합했다. 2010년과 2013년 사이에 매년 9학년 약 20명 학생들로 구성된 그룹이 공동 연구자로서 교사-조정자 및 학술 전문가와 함께 작업하면서 그들 자신의 연구를 구상, 설계, 수행했다(Mayes, 2016a, 2016b 참조). 이 그룹은 학교에서 '운영위원회'로 알려져 있었다. 학생들은 면담, 포커스 그룹과 참여자 관찰, 설문 조사의 개발과 분석, 시각적 방법과 체화된 방법, 참여 데이터 분석 등 질적이고 참여적인 연구방법에 익숙해졌다. 매년 일반적인 연구 주제가 학생들의 조사를 안내했는데, 내가 원하는 학교(2010), 내가 원하는 교사(2011), 내가 되고 싶은 학습자(2012), 그리고 내가 배우고 싶은 것(2013)이다. 나는 2007년부터 2011년까지 이 학교에서 교사로 재직했으며, 2010년과 2011년에는 학생 목소리 그룹을 제안하고 활성화하는 역할을 했다. 2013년에 나는 연구자로서 학교에 돌아왔는데, 시간이 흐르면서 학생들, 교사들, 학부모들이 학생 목소리 작업과 참여 연구에 대한 경험들에 어떻게 의미를 부여했는지에 관심이 있었다.

1년 동안 현장연구를 하면서 교사들과 학생들은 참여연구에서 자신들이 수행했던 부분(예: 다른 학생과 교사를 면담한 경험), 학생들이 연구결과를 교직원들에게 보고하는 학생 연구 발표 행사(예: 교직원 회의), 그리고 이러한 마주침의 후속 경험(예: 개별 교실로 돌아와서)에 대해 설명해주었다. 참여 사건들, 예를 들어 학생들이 교사들의 경험에 대해 교사들을 면담하는 사건 등은 학생들과 교사들에 의해 때로는 '감사한', '편안한', '서로를 이해하는' 느낌으로 받아들여졌지만 또한 '이상하다'는 느낌이나 교사들을 '신경질적'이라고 해석하는 것과 관련되기도 했다. 학생 연구 발표 행사도 비슷하게 불협화음으로 기술되었다. 학교 교장단[2] 팀의 구성원 중 한 명은 소름이 돋았다고 말했다. 일부 교사들에게는 학생들의 발표가 "오, 예, 예"와 "오, 예, 정말 좋아요"라는 반응을 유발했다. "내 눈을 뜨게 했다", "나를 똑바로 앉아 경청하게 했다", "나를 일깨웠고 아름다웠다"라고도 했다.

한편 또 다른 교사들은 '상호 존중'이 학생들에게 가지는 중요성에 대한 학생들의 연구 발표를 들었을 때 "화가 나서 반박하고 싶었던" 다른 교사들의 '기분'에 대해 말했다. 이러한 참여 사건들과 연구 발표 행사 이후, 개별 교실과 학교의 더 넓은 공간에 돌아와서, 어떤 일이 일어나는지에 대해서도 다양하게 설명되었다. 학생들과 교사들의 몇몇 설명은 새로워진 관계, 예컨대 학생과 교사 사이의 더 큰 의미의 '이해'를 중시했다. 다른 이들은 특정 교사와 특정 학생들 사이에서 이후에 일어날 갈등을 중시했다. 과거 사건에 대한 서로 다른 설명과 그

2) 나는 이 용어를 학교 교장과 3명의 교감을 포함하는 데 사용한다. 익명성을 보장하기 위해 교장인지 교감인지는 밝히지 않는다. 이러한 진술이 고위 리더십 팀의 구성원에 의해 만들어졌다는 것을 알림으로써 나는 이러한 진술이 학교 내에서 상대적인 권한을 가진 위치에서 발언되었음을 중시한다.

에 수반되는 감정 사이의 불협화음이 두드러졌다. 과거 사건에 대한 설명이 현대의 책무성 요구 사항들이 교사와 학교에 건설하도록 강요하는 일종의 학교 개혁 발전 내러티브에 쉽게 들어맞지 않았기 때문이다(Lingard, Sellar, & Lewis, 2017).

나는 특히 학생과 교사가 학생 목소리 작업뿐 아니라 참여적 연구 만남에 관여하는 동안이나 그 이후에 교실에서 학생들과 교사들의 만남과 관련된 양가적 감응 강도의 교란적인 끼어들기에 놀랐다. 학교 개혁 전략이 보통 대화적 이해, 권한 부여, 학교 개선을 촉진하는 것으로 칭송하는 '학생 목소리'는 양가감정과 관련이 있었다. 나는 과거의 학생 목소리 마주침에 대해 이야기할 때 학생들이 만든 그림과 인형들로 인해 마음이 편치 않았다. 나는 연구에 참여한 학생들을 가르쳤던 전 교사, 학생 목소리 그룹의 전 조력자, 그리고 연구에 참여한 교사들의 동료이자 친구로서, 연구에서의 나의 위치를 어떻게 잡아야 할지 확신이 없었다. 이러한 의미-만들기 노력에서 수치심과 관심에 대한 이론들(다음 절 참조)은 참여자가 되었다.

3 참여 연구에서의 느낌 - 그리고 수치심

참여에 대한 자유주의적 인본주의자들의 이해는 전통적으로 긍정적인 감정과 관련이 있다. 예를 들어, 타인의 '권리'를 존중하고 대화에 참여할 때 오는 인정, 상호성 및 즐거움(예: Cook-Sather, 2002; Fielding & Moss, 2011)을 말한다. 긍정적인 느낌에 대한 기술과 함께, 불확실성과 불안감에 대한 기술(Rudduck & Fielding, 2006: 225), 그리고 "'목소리'의 오용에 대한 두려움"(Bragg, 2007a: 516)도 있다. 그러나 이러한 설명에서 느낌은 개별 교사나 학생의 특성(정서)으로 국지화되어 있다. Bragg(2007b)는 참여 연구에서의 느낌에 대한 그러한 설명이 "지나치게 심리학적"(p. 344)이라는 우려를 이전에 제기하였는데, 즉 느껴진 반응이 광범위하고 제도적인 맥락에 위치하기보다는 개인화된 채로 남아있다는 것이다.

Bragg(2007b)의 비평을 확장해보면, 느낌에 대한 참여자들의 광범위한 설명, 그리고 이러한 설명에 대한 연구자들의 해석은 그들이 만들 수 있는 어떠한 설명도 상회하는 관계적 마주침의 유동적인 강도를 감소시키고 배반하는 것이다.

> 교사: 다른 사람들과 함께 일할 때, 그들이 무엇을 하고 무엇을 생각하고 있는지에 대해 실제로 그렇게 많이 통제하지 못합니다. 하지만 교사로서 당신은 이런 수준의 통제력을 가져야 한다는 말을 듣습니다. (중략) 그리고 확신하건대, 아이들은 당신의 감정을 알아챌 수 있을 거예요.

참여자들이 특정한 참여적 마주침에서의 느낌(예: '기쁨', '두려움')에 이름을 붙이는 것은 자신에게 일어난 일의 감응적 중요성을 시사한다(Ducey, 2007: 192-193). 그러나 통제할 수 없는 느낌은 계속해서 밀려왔다가 사라지며, 파악하기 어렵고, 분석을 위해서 중지하거나 잠시 멈출 수 없다(Thrift, 2008: 206). 참여자가 움직이는 느낌에 대해 어떻게 설명하는가는 또한 다른 사람들의 행동과 반응에 달려있다. "우리는 그러한 되받는-행위(re-actions)를 통해서 우리가 무엇을 하고 있는지 가장 자주 볼 수 있다"(Thrift, 2008: 176).

이브: 학생들이 교직원들 앞에서 발표했을 때 일부 선생님들이 느꼈던 분노에 대해 다른 사람들이 말하는 것을 들었어요.

교사: 난 확실히 느꼈어요… 애들이-그 당시에-미안해했거든요…

이브: 괜찮아요.

교사: 그들은 사실 어떤 면에서는, 그런 말들로 나를 괴롭히고 있었거든요.

이브: 맞아요.

교사: [큰 소리로] "존중. 우리는 존중을 원한다."

이브: 아이들이 여기[교실]로 돌아와서요?

교사: 음, 중요한 건, 제가 "난 너희들한테서 존중을 본 적이 없어"라고 생각하고 있다는 거죠. 저는 마음속으로 생각했어요. '존중이 뭔지 모르는 이 아이들'. 그들은 이제 그것을 무기처럼 던지고, 이리저리 던져요. "우리는 무기를 가지고 있다, 우리는 그것을 당신에게 던지고 있다." (중략) 우린 절대 존중을 받지 못했는데, 그들은 와서 자신들이 간절히 원하는 걸 그들에게 주지 않았다고 우리를 비난했어요.

참여자는 연구자의 미소와 고개 끄덕임에 고무되어 그들이 느낀 것에 대해 계속해서 말할 수도 있다. 연구자의 얼굴을 가로지르는 어둡고 이해할 수 없는 그림자를 포착하면, 참여자는 단어 선택을 후회하고 문장 중간에 멈출 수도 있다.

때때로, 피부의 경계를 무너뜨리는 무언가가 솟구친다. 참여적 마주침에 신체의 내부 장기들이 힘차게 관여된다. 얼굴이 빨개지고, 눈물이 쏟아지고, 분노가 치솟고, 웃음이 터지고, 말 더듬기가 끼어들게 된다(Katz, 2000: 322). "소통 행위의 신체적 감각"(Thrift, 2008: 208), 이러한 감각을 묘사하기 위해 사용된 언어, 말해진 것에 대해 다른 사람으로부터 감각된 반응은 잠재적으로 무한한 방향으로 움직이는 한참 동안의 느낌을 불러일으킨다.

Probyn(2004), Deleuze와 Guattari(1994/2009)의 수치심 이론은 이러한 양가적 감응을 가진 생산적인 대화자가 되었다.[3] Tomkins(1995)에 이어 Probyn에게 수치심은 관심과 얽혀있다. Probyn(2004)에 따르면, 관심은 "접속에의 욕망"(p. x)을 포함한다. 자신의 관심을 지속하는 것은 취약함을 수반한다. 즉 자신을 위험에 빠뜨리는 방식으로 자신의 욕망을 드러내는 것이다. "관심은 **만일**(*if*)이라는 조건에 의해 제약을 받는다"(Probyn, 2004: xi)라고 말한다.

> 만일 당신이 자신의 경험과 아이디어와 열망을 이야기하는 것을 즐기고,
> 내가 다른 사람들의 경험, 아이디어, 열망을 알게 되는 것을 즐긴다면,
> 우리는 서로를 즐길 수 있다. (Tomkins, 1995: 5)

관심이 펼쳐지는 순간에 교감, 참여, 우정을 위한 씨앗이 있다. 그러나 조건부적인 만일은 "수치심의 씨앗을 포함하고 있다"(Probyn, 2004: xi). 만일 관심, 취약성이 보답되지 않는다면, 사람들은 느슨해졌다고, 나사가 풀렸다고, 가공되지 않았다고, 즉 수치스럽다고 느낄 수 있다.

---

3) 감응 이론화에 대한 Silvan Tomkins와 Deleuze의 접근 방식은 Tomkins의 연구에서 영향을 받아, 감응은 신체의 욕망에서 시작한다고 기술했다. 그러한 주장은 생물학이 사회적 관계와 상호작용하는 것처럼, "내부에서-외부로(inside-out)"(Coleman, 2013: 31), 유사-다윈주의자의 '생득-주의자 (innate-ist)'의 노출된 전선처럼 작동한다는 이론을 따른 것이다. Spinoza 이후 Deleuze의 영향을 받은 감응 이론화는 "사물과 관계 속에서(내재적으로)", "신체와 세계를 동시에 구성하게 되는 복잡한 배치 속에서"(Seigworth & Gregg, 2010: 6) 감응을 분석한다.

사바나 스미스[4]: 당신이 무언가를 하려고 할 때, 그리고 그때 누군가가 -
해그리드: - 너를 무시하지.
사바나 스미스: - 그래, 넌 희망이 없고 쓸모없다고 느껴, 너는 최선을 다하지만 누군가가 너에게 네가 충분하지 않다고 말하는 것처럼. 그건 너를 괴롭히지.
해그리드: 으아아 [*숨이 거칠다*]. 아멘.
존 시티즌 스미스: 네가 '도대체 요점이 뭐지? 그냥 관둬.'라고 생각하기 때문에 그건 너를 포기하게 만들지.
에이맨: 때때로 너는 계속 나아갈 힘이 없어. 가끔은 다음번이 없을 때가 있어 … 더 이상 없어.
존 시티즌 스미스: 돌아갈 수 없어. 한 번 떠나면 끝장이야. 넌 관심이 없게 되지.

"접속에의 욕망"(Probyn, 2004: x)이 유지되는 순간은 불안정하다. 멍한 시선을 받거나 비난을 받을 때, "아주 짧은 실망의 순간 – '아, 하지만 나는 관심이 있었는데' –"은 "확장"될 수 있다(Probyn, 2004: 13). 당신은 "넌 희망이 없고 쓸모없다고 느껴, (중략) 너를 괴롭히지 (중략) 너는 계속 나아갈 힘이 없어."라고 느낀다. Deleuze(1988)의 표현처럼, 당신의 몸이 행동하는 역능은 "축소되거나 막힌다. 즉 당신의 몸은 행동할 수 있는 역능으로부터 분리된다"(p. 27). Probyn(2004)은 수치심이 "느낌, 정서, 감응의 모호한 상태", "더 많은 관심을 끌기 위해 앞으로 나아가거나 굴욕에 빠지는 것 사이의 미세한 선 혹은 경계"(p. xii)라고 한다. 그 신체적 표현(얼굴 붉힘, 감각의 홍수, 말 더듬기)에서 수치심은 우리가 무엇에 관심을 갖는지를 "보이게" 한다(Probyn, 2004:

4) 학생 이름은 모두 가명임.

xi). 그것은 "우리가 함께하기를 원하는지조차 깨닫지 못했던 사물, 사람, 아이디어로 주의를 환기시킨다"(p. 14).

나는 Tomkins와 Probyn의 수치심에 대한 연구를 민주주의 국가와 인권에 대한 비판의 맥락에서 표현된 Deleuze와 Guattari의 수치심에 대한 관심으로 확장한다. 그 논의의 맥락은 특히 학생들이 자기들에게 감응하는 것들에 대해 "목소리를 가질" 권리를 존중하는 것에 관심을 가지는 운동으로서, 학생 목소리에 참여하는 것을 고려하는 데 적절해 보인다. Deleuze와 Guattari (1994/2009)에게 "인간이라는 수치심"은 "단지 (중략) 극한 상황"[5]에서뿐 아니라 "하찮은 조건"에서도, "민주주의에 늘 붙어 다니는 존재의 비열함과 천박함 이전에 (중략) 그리고 우리 시대의 가치, 이상, 의견 이전에"(pp. 107-108) 경험된다. Deleuze와 Guattari를 따라서, 나는 수치심을 복합적인 느낌으로 본다. "인간이 이런 일을 할 수 있었다는 수치심, 우리가 그것을 막을 수 없었다는 수치심, 살아남은 것에 대한 수치심, 그리고 품위가 떨어졌거나 왜소해졌다는 수치심"(각주 17, 1994/2009: 225)으로 본다. Probyn(2004)으로 돌아가면, 수치심은 "숨겨 없어지거나", "수정되거나", "부정되거나"(p. 13) 할 수도 있지만, 또한 "자기 평가적 역할에서 긍정적"(p. xii)일 수도 있다. 미시정치적 운동에서 관심은 특정한 공동형상화 안에서 배치된 것에 대한 반응에 따라 알기 힘든 감응의 방향들로 흐를 수 있다.

5) Deleuze와 Guattari는 나치즘 이후의 삶에 대해 논의하고 있다. 그들은 "우리가 인간이라는 수치심을 경험"(1994/2009: 107)하는 것이 나치즘과 관련된 "극단적인 상황에서만이 아니다"라고 강조한다.

4 말 더듬기

말 더듬기와 얼굴 붉어짐(아마도 수치심?)은 11학년 학생 4명으로 구성된 포커스그룹의 참여 경험에 대한 연구에 끼어들었다. 이 포커스그룹 이전에 나는 다수의 교사들 및 교장단과 이야기를 나누었는데, 이들은 학교 개혁 과정에서 학생 '참여'가 어떻게 교사들이 학생들로 하여금 자신들의 '행동'에 책임을 지도록 격려하는 기회가 되었는지에 대해 설명했다. 교장단의 한 구성원은 면담에서 다음과 같이 말했다.

> 교장단: 이[운영위원회]는 아이들의 행동에 대한 책임을 아이들에게 되돌렸기 때문에 아이들에게도 좋습니다.
>
> 이브: 음.
>
> 교장단: 그때서야 교사들이 터닝 포인트를 갖기 시작했다고 생각합니다.
>
> 이브: 그럼 그게 언제였다고 생각하세요? 언제 그런 일이 일어났나요?
>
> 교장단: … 처음에는 힘들었고, 그들[교사들]이 그것에 대해 토론했을 때였어요. "그래, 그건 괜찮아. 난 너희들이 무슨 말을 하는지 알아. 하지만 아이들은?"라고, 교사들이 아이들에게 "그렇다면 너희들의 책임은 무엇일까?"라고 말할 기회를 가졌다고 느꼈을 때였어요. 왜냐하면 우리는 항상 사람들의 권리와 아이들의 권리에 대해 이야기하지만, 거기에는 책임이 수반되기 때문이죠.

이 진술은 학생 목소리가 "학생들을 스스로 적극적이고 책임감 있으며 선택하는 주체로 구성되도록"(Bragg, 2007b: 355) 선동하는 한 사례로 나를 괴롭혔다. 내가 다른 곳에서 기술했던 것처럼, 참여가 어떻게 "학생을 통치하는 도구적 전략이 되어 성인과 청소년들이 포함되는 변화의 과정보다는 학생들의 학습과 행동에 개입하는 데 곧바로 초점이 맞춰지게 되는지”(Mayes, 2018: 3)에 당혹스러웠다.

9학년 때 운영위원회의 일원이었던 네 명의 11학년 학생들로 구성된 포커스그룹은 천 인형을 사용하여 시나리오를 만들었다. 이 시나리오는 특정 교사와 학생 그룹 사이의 교실 대화를 공연으로 옮긴 것이었다. 시나리오의 사건들은 교장단의 구성원이 묘사했던 상호작용 상황과 유사했는데, 즉 한 학생이 교사에게 질문을 하자, 교사는 그 학생에게 학생들의 행동을 ‘바꾸어야 할’ 책임에 대해 말함으로써 응답하는 것이다. 학생들이 인형극 시나리오를 만든 후, 우리의 대화는 이 시나리오와 연결된 특정한 교실 사례로 향했다.

> 아이만: [*특정 수업에서*] 모든 수업마다 수다스러움이나 뭐 그런 것이 있다면, 선생님은 항상 운영위원회를 언급하셔요. 선생님은 “이것은 내가 운영위원회 아이들에게서 얻은 것이야.”라고 말씀하시죠. 우리가 뭐든 말한다면 일어나는 모든 일은 “운영위원회가 너희들에게 한 일이야.”로 되돌아가고, 혹은 우리가 “선생님, 제가 생각하기에는 우리가 이렇게 해야 할 것 같아요.”라고 말하면 “이건 운영위원회가 너희에게…” 라고 하신다니까요.
>
> 헤그리드: 저런. 뭐라고?
>
> 존 시티즌 스미스: 그래서 선생님들은 모든 것을 운영위원회 탓으로 돌려요. 심지어 무언가를 어떻게 할 수 있다면 모든 사람이 즐길 수 있을지 조언을 드리려고 할지라도 –
>
> 해그리드: 진심이야? [*속삭이듯이*] 와우.
>
> 존 시티즌 스미스: 그것은 마치 – “오, 운영위원회가 너희를 그렇게 만들었어, – 더 낫거나 더 나쁘거나 하는 것이 아니라 어떤 종류의 – [*판독 불가*]”
>
> 아이만: 그들이 너희를 그렇게 만들었어, 그들이 너희들을 질문하게 만들었어 –

존 시티즌 스미스: 생각해 봐.

아이만: 어떻게 배우는지, 어떻게 해야 하는지, 아니면 다른 방식으로 무언가를 하려고 노력하는지에 대해 질문해 봐. "오, 그것이 운영위원회가 너희에게 한 일이야. 그들은 너희들에게 큰 자의식(big ego)을 주었지." 아니면 뭐 그런 비슷한 거.

[*중첩*] 존 시티즌 스미스: 큰 자의식.

[*중첩*] 이브: 정말? "큰 자의식."

[*중첩*] 해그리드: 그게 - [*속삭이듯이*] 뭐라는 거야?

존 시티즌 스미스: 또 몇몇 선생님들은, 우리가 어떻게 무언가를 할 수 있는지에 대해 조언을 해 드리려고 하면, 우리가 선생님의 일을 어떻게 해야 하는지 가르치려 든다고 생각하셔요.

아이만: 항상.

이브: 그래.

존 시티즌 스미스: 그리고 선생님들은 정말 방어적으로 되죠.

이브: [*머뭇거림*] 너희들은 - 그러니까 - 그때처럼 - 음, 음, - 그 - [*머뭇거림*] 다시 시작할게. 그래서 그런 일이 여러분들로 하여금 사람들과 [*머뭇거림*] 어떻게 대화할 것인지에 대해 깊이 생각해보게 만들었나요? [*머뭇거림*] 아니면 [*머뭇거림*] 그게 그냥 마치 [*머뭇거림*] 화난 것 같은 기분이 든 건가요? 그럼, 어떻게. 어떻게-

해그리드: [*조용히*] 만약 나에게 그런 일이 일어난다면, 나는 화를 낼 거고, 아마도 정학이나 퇴학을 당할 거예요. 나는 따질 거예요. [*이브가 웃는다. 다른 사람은 아무도 웃지 않는다*] 나는 설득할 거예요. 하지만 어, 난 학교에 다녀야 하는데. [*이브 웃는다*]

아이만: 난 그렇게 해. 선생님이 지금 나한테 그런다면 나는 그렇게 해. 그냥 거기 앉아서 마음대로 하라고 할 순 없어요. 아니 - 난 "아뇨, 그건 사실이 아니에요. 그건 불공평해요."라고 말할 거예요.

이브: 정말? 그러니까 가끔은 약간-

아이만: 대결 같은 거죠.

나는 말을 더듬는다.[6)]

연구자는 미세하게 감지되는 참여 마비의 순간들에 사로잡혀 있다.

연구자가 묻는 최종적인 질문은 이 학생 그룹이 "사람들과 어떻게 대화할 것인지"에 대해 "깊이 생각했는가"의 여부에 대한 것이다. 연구자의 질문은 자신이 조용히 질문하고 있는 상식적인 용어로 표현된다(Mayes & Wolfe, 2018과 비교). 연구자는 다른 사람들이 학생들에게 말한 것을 들은 것을 (재-)생산한다. "그럼 여러분의 책임은 무엇일까요?", "그것이 사람들에게 어떻게 대화할 것인지 깊이 생각하게 했나요?", "혀로 말하는 하나의 목소리, 중얼거림들 안에 [모든] 종류의 목소리들"(Deleuze & Guattari, 1980/1987: 76-77)은 이 질문 주변에서 속삭인다. 이 질문에서 아마도 연구자는 학생들이 자기가 할 말을 생각하고 좀 더 외교적으로 자신을 표현하려고 시도해야 한다고 제안하는 것일지도 모른다. 아마도 학생들이 사과해야 할 것이라고 생각하는지도 모른다. 학생들은 상황이 더 좋아질 수 있는 방법을 제안하기보다는 침묵해야 한다고. 연구자는, '화를 낼 것'이며 '아마도 정학이나 퇴학을 당할 것'이라고 한 해그리드의 조용한 반응에 웃는다.

그 연구자는 강제로 이러한 배치들에 대한 자신의 **포괄적 참여**(*comprehensive participation*)에 조응하고 있으며, 그로부터 벗어날 수 없다. 이브는 '참여'를 권유하고 '데이터'를 작성하기 위해 한 발짝 물러서는, 친절하지만 거리를 두는 연구자가 아니다. 또한 이전의 역할, 소속, 감응에서 벗어나 있는 전직 교사가 아니다. 연구자는 참여자들과 분리되어 있지 않으며, 자신의 연구방법, 이러한 '참여적' 연구 마주침

6) 나는 이 말 더듬기가 여전히 일어나고 있기 때문에 일부러 여기서 현재 시제를 사용한다. 나는 또한 뒤에 나오는 단락에서 의도적으로 1인칭 대명사에서 3인칭으로 바꾼다.

에서 생성된 데이터와도 분리되지 않는다.

미세한 취약성의 순간에 맡겨진 동료들의 수치심이 이 말 더듬기 속에 존재한다. 도서관에 있는 조용한 방에서 포커스그룹 학생들이 공유했던 상처가 다시 벌어진다. 교사로 존재하는 것의 수치심. 학생으로 존재하는 것의 수치심. 그걸 다 듣는 연구자로 존재하는 것의 수치심. 말을 너무 많이 한 것에 대한 수치심. 아니면 너무 적게 말하거나. 충분히 행동하지 않거나 너무 많이 행동하는 것의 수치심. 우리는 우리가 “[이] 시대를 벗어나 있다”고 느끼지 않으며 오히려 계속하여 시대와 더불어 “수치스러운 타협을 견디고 있다”(Deleuze & Gattari 1994/2009: 107-108). 감응하고 감응을 받고, 감싸지고, 주름 잡히게 된다. 참여하기.

5 말 더듬는 참여

Have you tho – *다른 사람들과 함께 일할 때, 그들이 무엇을 하고 무엇을 생각하고 있는지에 대해 실제로 그렇게 많이 통제하지 못합니다.* [이건 누구 말인가? 연구자와 대화한 교사? 아니면 연구자의 말?]

like have you – *하지만 교사*[연구자?]*로서 당신은 이런 수준의 통제력을 가져야 한다는 말을 듣습니다.* [누가 그녀에게 말했는가? 아니면 스스로에게/그녀에게 말하는가? 그것은 어디에서 온 것일까?]

like then – *그들*[교사들?]*은 와서 자신들이 간절히 원하고 있는 걸 그들에게 주지 않았다고 우리*[학생들?]*를 비난했어요.*

---

have you –	*그럼, 여러분의 책임은 무엇일까요?*
an, an –	*그들은 사실 어떤 면에서는, 그런 말들로 나를 괴롭히고 있었거든요.*
has tha tha –	*너를 무시하지.*
has [일시 중지]*.*	*그래서 그런 일이 여러분들로 하여금 사람들과 어떻게 대화해야 할 것인지에 대해 깊이 생각해보게 만들었나요?* [그리고 '연구'는?]

여러 전사 자료들로부터 인용된 문장들이 전사된 말 더듬기의 순간에 배치될 때 이 파열은 학생들 그리고/또는 교사들을 위한 동정이나 연민의 수행이 아니다. 이러한 단어들을 연결하는 것은 장소를 대신하는 것, 마치 연구자가 다른 사람의 입장이 되어 그들의 관점을 파악하였음을 제안하는 것이 아니다. 그것은 또한 학생들과 교사들의 말을 전유하는 모방적인 것이 아니다. 이 파열은 학생들과 연구자, 또는 교사들과 연구자, 또는 교사들과 학생들이 서로 이해하는 순간이 아니다. 이 파열은 연구자가 다른 사람으로 하여금 '원래의 목소리'로 '자기 생각을 말하도록' 함으로써 '권한을 부여하는' 순간이 아니다.

독자의 과제는 이 말 더듬기가 무엇을 **의미**(*means*)하는지 궁금해하는 것이 아니다. 오히려 단어 사이의 균열을 넓히고 학생들과 교사들을 주체화하는 상식 논리를 증폭시키는 것이 과제다. 전사된 말 더듬기를 학생들과 교사들의 다른 발언과 리좀적으로 연결하는 것은 "[학생들, 교사들, 연구자] 사이의 교환 영역의 산물로, 그 곳에서 무언가가 다른 사람에게로 옮겨가는 것이다"(Deleuze & Gattari, 1994/2009: 109). 틈새로 지그재그로 움직이기.

> **이것은 연민의 느낌이 아니다**[더구나 동일시도 아니다]. 그것은 완전히 다른 개인들을 포함하는 속도와 감응의 구성, 공산(symbiosis)이다. 그것은 [학생]이 [교사/연구자] 내부에서 하나의 사유, 열띤 생각이 되며, 동시에 [교사/연구자]가 [학생]이 된다. (중략) [학생]과 [교사/연구자]는 결코 같은 것이 아니지만, 존재는 더 이상 단어들의 의미가 아닌 하나의 언어에서의 의미, 더 이상 형식이 아닌 물질, 더 이상 주체의 것이 아닌 감응능력 모두를 표현한다. **부자연스러운 참여**. (Deleuze & Guattari, 1980/1987: 248, 원전에서의 강조)

이는 우리 시대의 집단적 수치심, 학교 안팎에서 경험되는 "인간이라는 수치심"에의 참여다.

> … 이러한 존재 양식과 시장을-위한-사유(thought-for-the-market)의 전파 앞에, 그리고 우리 시대의 가치, 이상, 의견 앞에, 우리에게 주어진 삶의 가능성의 치욕은 내부로부터 나타난다. 우리는 우리 시대를 벗어나 있다고 느끼지 않으며, 계속하여 수치스러운 타협을 견디고 있다. (Deleuze & Guattari, 1994/2009: 107-108)

Deleuze와 Guattari(1994/2009)는 인간의 수치심에 대하여 "우리는 [다른 사람들]을 위한(for) 책임이 있는 것이 아니라 그들 앞에(before) 책임이 있다"(p. 108)라고 쓴다. 전치사를 'for'(원래 프랑스어의 pour)에서 'before'(devant)로 바꾸면서 책임의 개념을 바꾼다. 즉 다른 사람이 자율적이고 분리된 주체로 구별되어 있다고 가정하는 방식으로 다른 사람을 위하는 것처럼 혹은 다른 사람인 것처럼 행동하지 않는다. 대신, "다른 사람들 앞에, 그들과 마주하고, 그들과 관계 맺으며 책임을 진다"(Gilson, 2011: 79). 「차이와 반복」에서 Deleuze(1968/1994)는

"앞에 존재하는 상황"을 "차이의 떼, 자유로운 차이의 다원주의"(p. 55)를 가정하여 설명한다. Lawlor(2008)에 따르면, *devant*의 사용은 "과하거나 반대되는 경험이나 주제-객체 관계"(pp. 175-176)를 의미하지 않는다. 이것은 '교사'나 '연구자'가 아닌, 학생들과 교사들과 '근접해 있는' 무언가가 되는 것이다. "다른 사람들 사이에 있으며 그들은 내 안에 있다"(Lawlor, 2008: 178). **참여**. Springgay(2016)는 참여란 항상 어떤 관계의 일부이며, 공동-구성으로서 "감응적 용어로 만들어진다."(p. 75)라고 쓰고 있다. 이것은 신체들 간의 "교환 구역"에 대한 **응답**-능력-되기(becoming-response-able)이다(Deleuze & Gattari, 1994/2009: 109).

이러한 방식으로 **참여**를 생각하는 것은 타자(학생 또는 교사 또는 연구자)의 결핍을 판단하고 교정하고자 하는 관계를 깨고, 그 대신 **되기**의 조건과 과정에 참여하는 것이다. 신체는 교환의 구역에서 감응시키고 감응 받으며, 학교와 연구에서의 수치(그리고 관심)의 구성에 감싸이고, 얽히고, 공동으로 연루된다. 이러한 운동은 권리를 가진 주체로서 학교 개혁 과정에 참여할 때의 자유민주주의적인 '책임'이 아니다. 신자유주의 교육개혁 논리의 개인 책임도 아니다. 오히려 "권력관계를 통하여 차이생성적으로 배치되며 서로 감응하고 감응 받는, 상호의존적이고 상호 관련 있는 신체들 간의 '**응답**능력'이다"(Mayes & Wolfe, 2018: 13). 따라서 참여는 **"피할 수 없다"**(Springgay, 2016: 73, 원전에서의 강조). 연구의 마주침이 만들어내는 특정한 관계의 양식에 대한 윤리적 질문들 또한 피할 수 없다.

감사의 글

익명의 동료 연구자들과 편저자들이 이 장의 초안에 대해 지지적이면서 건설적인 피드백을 해주신 데 대해 감사드린다. Melissa Wolfe와의 대화와 이전 협업이 이 장에서 감응, 수치심-관심, 윤리에 대한 논의를 활기차고 풍부하게 하였다.

주요 용어

감응(Affect)
감응은 관계이며, 곧 감응을 주고받는 역능임. 감응은 '정서(emotion)'와는 다름. 왜냐하면 정서는 이해될 수 있는 것, 빼기의 언어적 표식이며, 그 나머지는 참가자와 연구자의 의식이나 포획을 초과하거나 피하는 것이기 때문임.

참여(Participation)
자유민주주의 개념화에 따르면, 참여는 전통적으로 주체적 행동으로 이해됨. 따라서 (연구와 같은) 활동에 참여하는 것으로 간주되곤 함. 주권적이고 이성적이며 자기-현존적인 인간 주체들은 참여적 노력에 초대한 연구자들과는 구별되는 것으로 가정됨. Mayes의 장은 참여의 존재론을 살아있는 관계로서 재사유함. 상호의존적이고 상호관련된 신체들은 '참여적'으로 기술된 것들을 포함한 모든 관계에서 서로 감응하고 감응 받는 것임.

수치심-관심(Shame-interest)
수치심에 대한 통념은 이를 개인화된 정서로 개념화함. Mayes는 이 글에서 수치심이 관심으로부터 분리될 수 없는 것임을 재사유하기 위하여 Silvan Tomkins, Elsbeth Probyn, Gilles Deleuze와 Felix Guattari의 저작을 끌어왔음. 수치심은 여러분이 관계를 구축하거나 유지하는 데 관심이 있을 때 물질화됨. 예를 들어, 어떤 사람이 당신에게 미소를 지었다고 생각했을 때, 그리고 당신이 그에게 미소를 지었지만, 그 사람은 여러분 너머의 누군가를 보고 미소 짓고 있었다는 것을 깨달았을 때처럼.

참고문헌

Australian Government [DEEWR], National Partnership for Smarter Schools, & NSW Department of Education and Communities. (2012), *National Partnerships for Low Socio-Economic Schools: Information Package for Schools*. Available at: http://www.lowsesschools.nsw.edu.au/Portals/0/upload/resfile/Low:Socio-economic_Status_School_Communities_National_Partnership_Information_package_for_National_Partnership_schools.pdf (Accessed 17 September 2018).

Beattie, H. (2012), 'Amplifying student voice: The missing link in school transformation', *Management in Education*, 26 (3): 158–60.

Benade, L. (2015), 'Shame: Does it have a place in an education for democratic citizenship?' *Educational Philosophy and Theory*, 47 (7): 661–74. doi:10.1080/00131857.2014.880644.

Black, R. (2011), 'Student participation and disadvantage: Limitations in policy and practice', *Journal of Youth Studies*, 14 (4): 463–74.

Bragg, S. (2007a), '"But I listen to children anyway!" – teacher perspectives on pupil voice', *Educational Action Research*, 15 (4): 505–18.

Bragg, S. (2007b), '"Student voice" and governmentality: The production of enterprising subjects?' *Discourse: Studies in the Cultural Politics of Education*, 28 (3): 343–58.

Clough, P. T. (2007), 'Introduction', in P. T. Clough with J. Halley (eds), *The Affective Turn: Theorizing the Social*, 1–33, Durham and London: Duke University Press.

Coleman, R. (2013), *Transforming Images: Screens, Affects, Futures*, Oxon and New York: Routledge.

Cook-Sather, A. (2002), 'Authorizing students' perspectives: Towards trust, dialogue, and change in education', *Educational Researcher*, 31 (4): 3–14.

Cooke, B. and Kothari, U., eds (2001), *Participation: The New Tyranny?* London: Zed Books.

Deleuze, G. (1968/1994), *Difference and Repetition*, Columbia: Columbia University Press.

Deleuze, G. (1988), *Spinoza: Practical Philosophy*, San Francisco: City Lights Books.

Deleuze, G. and Guattari, F. (1980/1987), *A Thousand Plateaus: Capitalism and Schizophrenia*, Minneapolis: University of Minnesota Press.

Deleuze, G. and Guattari, F. (1994/2009), *What Is Philosophy?* London and New York: Verso.

Ducey, A. (2007), 'More than a job: Meaning, affect, and training health care workers', in P. T. Clough with J. Halley (eds), *The Affective Turn: Theorizing the Social*, 187–208, Durham and London: Duke University Press.

Gallacher, L. A. and Gallagher, M. (2008), 'Methodological immaturity in childhood research? Thinking through "participatory methods"', *Childhood*, 15 (4): 499–516.

Gilson, E. C. (2011), 'Responsive becoming: Ethics between Deleuze and feminism', in N. Jun and D. W. Smith (eds), *Deleuze and Ethics*, 63–88, Edinburgh: Edinburgh University Press.

Fielding, M. and Moss, P. (2011), *Radical Education and the Common School: A Democratic Alternative*, London and New York: Routledge.

Katz, J. (2000), *How Emotions Work*, Chicago: University of Chicago Press.

Lawlor, L. (2008), 'Following the rats: Becoming-animal in Deleuze and Guattari', *SubStance*, 37 (3): 169–87. Available from Project MUSE: https://muse.jhu.edu/ (Accessed 17 September 2018).

Lingard, B., Sellar, S. and Lewis, S. (2017), 'Accountabilities in schools and school systems', *Oxford Research Encyclopedia of Education*, 1–27. doi:10.1093/acrefore/9780190264093.013.74.

Lodge, C. (2005), 'From hearing voices to engaging in dialogue: Problematising student participation in school improvement', *Journal of Educational Change*, 6 (2): 125–46.

Massumi, B. (2002), *Parables for the Virtual: Movement, Affect, Sensation*, Durham, NC: Duke University Press.

Massumi, B. (2011), *Semblance and Event: Activist Philosophy and the Occurrent Arts*, Cambridge, MA and London: MIT Press.

Mayes, E. (2016a), 'Shifting research methods with a becoming-child ontology: Co-theorising puppet production with high school students', *Childhood*, 23 (1): 105–22. doi:10.1177/0907568215576526.

Mayes, E. (2016b), *The Lines of the Voice: An Ethnography of the Ambivalent Affects of Student Voice*, PhD thesis, University of Sydney. Available at: https://ses.library.usyd.edu.au/handle/2123/15274?mode=simple (Accessed 17 September 2018).

Mayes, E. (2018), 'Student voice in school reform? Desiring simultaneous critique and affirmation', *Discourse: Studies in the Cultural Politics of Education*. doi:10.1080/01596306.2018.1492517.

Mayes, E. and Wolfe, M. (2018), 'Shameful interest in educational research', *Critical Studies in Education*. doi:10.1080/17508487.2018.1489871.

Miessen, M. (2011), *The Nightmare of Participation*, Berlin: Sternberg Press.

Probyn, E. (2004), *Blush: Faces of Shame*, Sydney: University of NSW Press.

Rudduck, J. and Fielding, M. (2006), 'Student voice and the perils of popularity', *Educational Review*, 58 (2): 219–31. doi:10.1080/00131910600584207.

Seigworth, G. J. and Gregg, M. (2010), 'An inventory of shimmers', in M. Gregg and G. J. Seigworth (eds), *The Affect Theory Reader*, 1–25, Durham and London: Duke University Press.

Springgay, S. (2016), 'Towards a rhythmic account of working together and taking part', *Research in Education*, 96 (1): 71–7. doi:10.1177/0034523716664603.

St. Pierre, E. A. (2008), 'Decentering voice in qualitative inquiry', *International Review of Qualitative Research*, 1 (3): 319–36.

Stearns, P. N. and Stearns, C. (2017), 'American schools and the uses of shame: An ambiguous history', *History of Education*, 46 (1): 58–75. doi:10.1080/00467 60X.2016.1185671.

Thrift, N. (2008), *Non-representational Theory: Space | Politics | Affect*, Oxon and New York: Routledge.

Tomkins, S. (1995), *Exploring Affect: The Selected Writings of Silvan S. Tomkins*, edited by E. V. Demos, Cambridge, New York, Melbourne and Paris: Cambridge University Press & Editions de la Maison des Sciences de l'Homme.

Wierenga, A., Trenbath, G., Kelly, J. and Vikakovic, O. (2003), 'Sharing a new story: Young people in decision-making', A report for the Foundation for Young Australians, Australian Youth Research Centre, The University of Melbourne, Melbourne.

Wolfe, M. J. and Mayes, E. (2019), 'Response-ability: Re-e-valuing shameful measuring processes within the Australian Academy', in M. Breeze, C. Costa and Y. Taylor (eds), *Educational Futures and Fractures: Time and Space in the Neoliberal University*, 277–98, London: Palgrave Macmillan.

Ⅱ부

미개척지:
가능성, 시간-공간과 물질성

CHAPTER 6

포스트휴먼 포에틱스[1)]와 횡단하는 신체, 초월하는 신체의 크로노토프

Robin Bellingham

1 들어가는 말

'포스트휴머니즘'이라는 용어에 대한 나의 접근 방식을 간략하지만 의미 있게 소개하기 위하여 Braidotti(2018)의 포스트휴머니즘 논의를 제시하고자 한다. 포스트휴머니즘은 휴머니즘과 인간중심주의(anthropocentrism)를 가로지르는 비판의 생성력을 가지는 초학문적 분야이자 개념적 도구다. 이는 인간과 인간-아닌 것의 연결을 포함하여 실재를 만들어가는 되기(becoming)의 과정을 더 잘 이해할 수 있도록 돕는 것을 목적으로 한다. 이 목적은 Braidotti의 표현처럼 "모든 살아있는 것의 기회주의적 상품화, (중략) 진보된 자본주의의 정치경제"(Braidotti, 2018: 5)라는 우리 시대의 가장 큰 문제에 대항하기 위한 것이다.

1) 역자 주: Poetics는 시의 본질, 형식, 종류, 시작 원칙 등을 담은 아리스토텔레스의 「시학」에서 유래되었지만 문예학의 발전에 따라 문학의 형태와 담론, 독자에게 영향을 주는 텍스트 요소 등을 포괄하는 이론이 되어왔다. 이 장에서는 후기질적 연구의 글쓰기에 관한 이론을 중점적으로 다루기에 포에틱스로 음역하였음을 밝혀둔다.

연구자들은 수년 동안 다양한 접근 방식으로 포스트휴머니즘의 개념을 사용하여 사회과학연구(예컨대 Fox & Alldred, 2015; Ulmer, 2017)와 교육연구(예컨대 Lenz Taguchi & Palmer, 2013; Rosiek, 2018; Rousell, 2016; Snaza et al., 2014)를 새롭게 그려내고 있다. 이 장에서는 특히 연구에서의 포에틱스, 즉 현상과 감응을 공동-구성하기 위하여 글로 적힌 텍스트의 다양한 요소와 기법을 모으는 방식을 다르게 이미지화하고자 한다. 언어의 역능에 매료된 나의 경험은 어린 시절에 읽었던 헬렌 켈러 이야기(Keller, 1903/1996)에서 기호와 세계의 내장-존재론적(visceral-ontological) 접속으로 존재와 실재를 명백하게 변형시켰던 물 펌프 일화를 통하여 처음 일어났다. 이후에 학교를 다니고 고등학교와 대학 수준에서 가르치는 경험을 거치면서, 나는 인간 존재에서 진리이고 정상적이라는 것에 내포된 함축, 그 사용과 오용에 대해서 우려하게 되었고 사유, 정의, 존재, 관계의 고유한 잠재성을 닫기도 하고 열어주기도 하는 담론과 언어의 기능 및 행위주체성에 대한 관심을 키우게 되었다.

이 장에서는 이러한 관심사를 따라가면서 새로운 교육 내러티브, 존재론적 이해와 존재의 펼쳐짐이 가능하도록 작동할 수 있는 기술과학 실천으로서 Barad의 이론(Barad, 2007)을 통하여 연구 글쓰기 포에틱스를 읽어내고자 한다. 연구 글쓰기 방법은 교육에서 공동으로 구성될 수 있는 무엇인가에 차이를 생성할 수 있는 물질적-담론적 얽힘의 일부이다. 나는 교육에서 정상화된 환원주의와 관리주의가 가지는 진부한 평범성(banality)의 위험을 인지하고, 이를 흔들어 교란하기 위해서는 불확정성(uncertainty)보다는 비결정성(indeterminacy)[2]을 취하는

---

2) 역자 주: Barad(2007)는 양자물리학자 Heisenberg가 주장한 불확정성(역자는 '불확실성'이 더 명료한 의미를 전달한다고 생각하지만 과학계를 비롯하여 여

존재-인식론이 요구된다고 주장한다. 평범성을 거스르고 가로막기 위해서는 이론화 작업이 필요하다는 MacLure(2010)의 주장과 SF[3] 장르(과학픽션, 초자연주의적 사변소설과 판타지)가 철학, 실험적 사유, 연구의 실행일 수 있다고 한 Haraway(1999, 2016)의 제안을 수용한다.

회절적 읽기(diffractive reading)는 관점들을 서로 대립시켜 하나의 관점을 다른 관점으로 비판하는 것이 아니라, "차이에 있어 관계들의 세밀한 내용과 구체성, 그리고 이들이 어떻게 물질화 되고 의미화 되는지"(Barad, 2007: 24)에 주목하고 반응하며 통찰하여 읽는 방식이다. 이는 각 텍스트를 개별적이고 안정된 것으로 간주하고서 서로 비교하기 위하여 교차하여 읽는 것이 아니다. 텍스트들은 다른 현상과의/내부에서의(with/in) 얽힘으로 되어가는 것이며, 여기에서 주요 텍스트들은 회절적 읽기를 통하여 함께 발현되는 과정에 참여한다. 이는 사

러 분야에서 불확정성으로 번역되어 왔기에 불확정성으로 번역하였다) 원리와 Niels Bohr가 주장한 비결정성(미결정성으로도 번역될 수 있으나 잠정적, 행위주체적 절단에 따른 현상일뿐 결코 결정되지 않음을 강조하기 위하여 비결정성으로 번역하였음) 원리의 근본적인 차이를 강조한다. 즉, 관찰 장치의 불완전성이나 관찰자의 의도치 않은 상호작용, 예상치 못한 오염 등으로 인하여 확실하게 인식할 수 없다고 주장하는 불확정성의 원리와 달리, 비결정성 원리에서는 존재성 자체가 결정지어질 수 있는 것이 결코 아니며 관찰 장치의 배치에 따라서 비로소 현상으로 존재하게 되고 인식된다고 강조한다. Niels Bohr의 비결정성 개념에 기초하여, Barad는 관찰자를 포함한 관찰 장치의 구체적 현상 속에서 물질과 의미가 얽혀 복잡하게 역동적으로 관계를 맺으면서 내부작용과 회절을 통하여 그 존재가능성이 현실태로 체화된다는 점을 강조하면서 관계적 존재-인식론으로 도약시킨다.

3) 역자 주: Haraway는 SF를 Science Fiction, Science Facts, Speculative Fabulation, Situated Feminism, String Figures, So Far 등을 중층적으로 표현하기 위하여 사용한다. 이 장에서 저자인 Bellingham은 앎과 인식, 표현을 낯설고 기이하게 하고 교란하는 글쓰기 방식으로서의 SF 장르에 초점을 두고 있다.

실상 텍스트들, 아이디어들, 그리고 다른 텍스트들이 **이미**(*already*) 참여하고 있는 얽힘에 주목하는 것이며, 새로운 불협화음과 공명음을 함께 내며, 갑작스럽게 기억을 소환하고 다른 물질들을 표면으로 올리는 방식들을 포착하는 것을 의미한다(Van der Tuin, 2016). 여기에서의 회절적 읽기는 「우주와 중간에서 만나기(Meeting the Universe Halfway)」(Barad, 2007)의 5장, 6장, Bakhtin의 「대화적 상상력(The Dialogic Imagination)」(1981), SF소설 「네이키드 런치(Naked Lunch)」(Burroughs, 1959)를 참여시킴으로써 이들이 포스트휴먼 세계에서 교육연구 글쓰기와의 얽힘에 주는 시사점을 고려하고자 한다.

2 불확정성과 비결정성의 이야기

> *어떤 사유가 사유를 사유하는지, 어떤 설명이 설명을 설명하는지, 어떤 묶기가 묶기를 묶는가가 중요하다. 어떤 이야기가 세계를 만들고 어떤 세계가 이야기를 만드는가가 중요하다.*
>
> (Haraway, 2016: 12)

Haraway는 우리가 세계에 대하여 말하는 이야기와 지식이 물질적 방식으로 그 가능성을 좌우한다고 수차례 강조해왔다(Haraway, 1999, 2016; Haraway et al., 2016). '인간'을 '자연'으로부터 분리시킨 것이 서구식 존재론과 인식론의 심각한 문제점이라고 주장한 Haraway를 비롯하여 Barad(2007), Braidotti(2013) 등의 폭넓은 이론은 포스트휴머니스트의 대화에서 친숙하다. 휴머니즘적인 '영웅의 여정'(Campbell, 1993)이나 성장소설 유형의 내러티브들이 서구적 지식과 연구에서 견고한 지반을 구축하고 있어(Smethurst, 2000), 개인화되고 주요 사건에 의해 선형적으로 전개되는 전형적 방식으로 인간의 역능, 변형과 성장을 드러내기 위하여 세계와 사물은 그저 수동적인 배경이자 자원으로서만 간주되는 물질-담론 형식을 수행해 왔다(Smethurst, 2000). 이러한 가정들은 전통적인 과학연구와 관습적인 질적 사회과학연구 모두에 공통되는 메타내러티브의 역사성을 보여준다(Fox & Alldred, 2015). 휴머니즘, 그리고 그 부산물인 자본주의(Haraway, 2016)는 휴머니티를 위한 수동적인 경제적 자원으로 자연을 규정짓는 지배적 관점과 식민주의적, 제국주의적 권력 논리를 철옹성처럼 지켜왔다. 존재론과 인식론, 그리고 정치경제는 인간의 경쟁적 사리사욕, 자본주의와 소비를 특징으로 하는 실재를 공동-구성하는 장치와 연결되어, 특정한 방식으로 다양한 인간과 인간-아닌 현상들에 가능한 행위주체성을 차별하고 제한시켜왔다(Barad, 2007). 인류세(Anthropocene)(Haraway et al., 2016)라고도 불리는 이러한 실재는 인간이라는 종이 지구 행성에 끼친 영향력의 정도가 역사적으로 그 어떤 종과도 비교가 되지 않을 정도로 막대한 시기다(Crutzen, 2006). 이러한 실재가 함축하는 바를 더 이상 무시할 수 없게 되었고, 글로벌 불확실성의 위기가 세계에 유령처럼 출몰한다는 이야기도 발현되어 도처에서 회자되고 있다(Clough, 2009).

이러한 맥락에서 도출된 교육의 정당성 논리는 이렇게 점점 더 불확실하고 혼란스러워지는 세계에서 우리가 경쟁력을 가지고 생존하는 데 있어서 교육이 중요한 도구라고 말한다. 서구의 많은 국가에서 교육연구의 주요 의제는 교육에서 "무엇이 효과적인가"(Biesta, 2016: 6)이며, 이를 알려주는 신실증주의 연구실제로 '황금 기준'(Lather, 2006: 48)을 개발하도록 강요한다. 여기에는 투자 대비 산출을 극대화하도록 학교를 관리하는 방법, 지식과 교수학습방법을 상품화하는 방법이 포함된다(Biesta, 2016; Connell, 2013). 이러한 내러티브에서 강력한 힘을 가진 것은 세계가 불확실하고 불확정성이 도전이라면, 확실성으로 향하는 운동으로 반격할 수 있다는 존재론이다.

그러나 Barad(2007)는 불확정성의 존재론이 매우 중대한 오류를 가지고 있다고 주장한다. Barad는 물리학자 Bohr에 기초하여, 양자물리학 이론의 두 개념인 불확정성 원리와 비결정성 원리의 차이를 설명한다. 양자물리학을 대표하는 이중틈새 실험(double-slit experiment)에서 증명된 것은 본질과 법칙이 무작위적이라서 세계가 존재론적으로 불확실한 것도 아니고 우리가 그 객관적 진리에 온전히 접근할 수 있는 방법을 아직 몰라서 인식론적으로 불확실한 것도 아니라는 사실이다. 오히려 실재란 미리 결정되어 있지 않고 오직 관계 속의 실체(entities), 그리고 이러한 관계가 불러일으키는 (인간과 인간-아닌) 구체적인 앎의 방식을 경유해서 발생하는 것이라는 점에서 **비결정적인**(*indeterminate*) 것이다.

이러한 방식으로 교육연구의 장치는 이해하고자 하는 현상에 이미 정치적으로, 윤리적으로 연루되어 있다. 이성주의와 자본주의의 발전을 위한 장치들은 확정성을 가정하고 이를 원자화하여 측정하고 경제성장과 권력을 상품화하고 정량화하는 데 전념한다. 글로벌 위기라는 절박성 속에서 경쟁을 최적화하고 불확정성을 최소화하는 방법에 전념하라는 강제성을 지닌 요구가 교육과 교육연구를 더욱 압박해오고 있다. 페다고지와 교육과정을 첨단기술로 통치하려는 테크노크라시 모형의 논리와 수사학, 예컨대 객관적이고 잘 정의된 지식분야, 정상적인 인간학습 단계, 표준화검사, 교수방법의 '효과크기' 측정(Hattie, 2012), 순위, 여러 형태의 평가 과정, 성취결과와 성공 등이 불확실성의 시대에 상식적인 행위라는 요구에 대한 도덕적인 반응이라고 자처하고 있는 것이다.

3 윤리성으로 평범성에 저항하기

세계의 사물들을 정의하고 측정하고 관리하는 데 정교하게 맞춰진 장치로는 그 자체의 존재론적, 구조적, 가치론적 얽힘, 혹은 더 풍부하고 불확실한 형태의 다양한 지식을 동시에 제대로 다룰 수 없다. 환원주의와 경쟁을 강화하는 교육담론의 팽배는 사회적 연대, 정치적 행위주체성, 사회정의를 통한 앎의 역량(Apple, 2001; Biesta, 2016; Freire, 2000; Giroux, 2011) 잠식을 공동-생산해왔다. 예술적 경험, 위험을 감수하는 도전, 창의적 경험을 통한 앎의 기회 역시 축소되어왔다(Connell, 2013). 교육과 학습은 경험의 새로운 잠재성보다는 편협하게 규정된 성취결과를 달성하는 도구로 전락하였다. 이러한 교육내러티브에 내재된 객관화에 대한 문제 제기가 이루어지지 않은 채, 윤리적 담론, 연대, 상상력, 원더(wonder)[4]를 상실시켰다. 이 모든 것이 승인된 인종주의, 인간과 동물 학대, 지구상의, 그리고 지구에 대한 폭력 등을 포함하는 위험스러운 일상의 평범성(Deleuze, 1989)이 이루어지는 조건이다.

---

4) 역자 주: MacLure(2013)는 "The wonder of data"라는 논문을 통하여 데이터를 전통적인 질적 연구방법론에 따라 코딩하여 범주화하며 주제를 찾는 것에 대비하여 후기구조주의에서 강조하는 배치의 욕망과 감응, 포스트휴머니즘에서 강조하는 얽힘과 내부작용과 공명하는 'wonder' 개념을 제안한 바 있다. Wonder는 데이터와 연구자의 얽힌 관계 속에서 발현되어 빛나는 호기심, 궁금함, 놀라움, 감탄, 매혹 등의 긍정적 감응뿐만 아니라 의아함, 공포감, 불편함, 기괴함 등에 주목하게 한다. Wonder는 관계이며 물질이자 담론이며, 알려진 것과 알려지지 않은 것 사이의 리미널 공간에서 새로운 무언가를 열어갈 수 있게 해준다. 이렇듯 다층적 의미를 담은 'wonder'를 하나의 번역어로 옮길 때 다양체로서의 그 의미를 잃게 될 수 있어 '원더'로 음역하여 표기함을 밝혀둔다.

교육 분야에서의 연구, 정책, 실제는 수많은 표준화된 범주화와 정상성 개념에 얽혀있는데, 이는 장애, 젠더, 섹슈얼리티, 인종, 토착성, 역사, 지식, 교육과정 등에 대한 비판적 교육연구를 통하여 도전 받고 있다. 포스트휴머니즘은 이러한 용어들과 연관된 범주와 이분법에 대한 도전을 더욱 진전시켜 물질적인 것, 생태적인 것, 지오정치적인(geopolitical) 것(Ulmer, 2017) 등 인간관계 이상의 것을 포함시키면서 이러한 구성개념의 윤리적 함의를 재고하고 있다. 관계 속에서 발현되는 놀라운 가능성에 주목하고 구성개념과 규범을 새롭게 이미지화하는 연구 내러티브는 복잡하고 심각한 지역 및 국제 문제에 윤리적이면서도 새로운 상상력을 가지고 응답할 수 있는 역량을 발달시키는 데 매우 중요한 역할을 할 것이다(Barad, 2007).

SF 작가 Le Guin은 "우리가 지각, 열정, 희망을 얻을 수 있는 것은 그 무엇보다 상상력이다"(1979: 58)라고 주장한다. 이 장에서의 회절적 읽기에 사용한 텍스트들은 확정성과 비결정성, 평범성과 상상력 및 희망의 장치들에 대한 우려 어린 반응으로 선정되었다. Barad의 저서 5장, '현실 직시하기: 기술과학 실제와 실재의 물질화[5]'에서는 관찰도구가 어떻게 담론과의 관계에 얽히면서 신체와 실재를 공동-생산하는지를 다룬다. 6장, '시공간 재(공동)형상화(re[con]figurings): 자연문화적(naturalcultural) 힘과 권력의 변화하는 토폴로지'에서는 공간, 시간,

5) 역자 주: 저자들이 참조하고 있는 Barad(2007)의 관점에서 'mattering'이라는 단어는 언제나 물질화와 의미화를 동시에 내포한다. 물질화는 우리가 중요하게 여기며 깊이 사유하며 담론화 하는 의미가 되고 이는 동시에 사물, 장치, 제도 등으로 물질화된다. 따라서 물질과 의미, 즉 자연적 속성과 사회적 담론은 결코 분리할 수 없이 얽혀있다고 보는 Barad의 강조점을 잃지 않기 위하여, '물질화'를 읽을 때마다 물질화와 의미화, 실체로서의 현상과 그 중요성의 얽힘을 염두에 두기 바란다.

사회가 이미 결정되어 주어진 소여가 아니기에 실재를 펼쳐감에 있어서 서로를 구성하며 변화의 행위주체가 되는 방식에 초점을 맞춘다.

나의 회절적 읽기에 사용된 두 번째 텍스트는 Bakhtin의 「대화적 상상력」(1981)이다. Bakhtin의 크로노토프 개념은 존재의 얽힘이 스스로를 표현해가는 물질-담론에 주목함으로써, 공간과 시간을 포함하여 얽혀있는 인간과 인간-아닌 현상에 대해서가(about) 아니라 이를 통하여(through) 사유하는 방식으로 나아가는 하나의 생성적 도구를 제공한다. 크로노토프란 문학텍스트 안에서 내러티브, 플롯, 대화, 존재, 인식론, 시간성과 공간성이라는 특정한 관계를 경유하여 떠올라 응고되는 시간과 공간의 공동형상화를 의미한다(Bakhtin, 1981). 즉 "공간과 시간의 지표는 하나의 세심하게 사유하여 구체화된 전체(whole)로 녹아든다. 시간은 늘 그러했듯이 점점 짙어지고 살을 붙여 예술적으로 가시화되며, 마찬가지로 공간은 시간, 플롯, 역사의 운동에 따라 변화하며 반응한다."(Bakhtin, 1981: 84)는 것이다. 크로노토프는 그 텍스트의 세계 안에서 무엇이 가능한지, 실재가 어떻게, 누구에 의해 혹은 무엇으로 경험되는지, 시간이 어떻게 형성되고 어떤 유형의 상호작용이 사람들, 동물들, 공간들, 사물들 사이에서 가능한지를 결정한다. 더 나아가 Bakhtin은 텍스트와 세계의 관계란 한 방향으로 흐르지 않고 상보적이라는 관점을 가지고 있다. 이 관점은 사회적 세계를 중심으로 하지만, 얽힌 존재로서의 인간과 인간-아닌 세계 안에서 텍스트를 고려하는 관계의 측면에서도 공명음을 낸다(Bakhtin, 1981). 크로노토프는 세계 자체와 한 방향의 관계가 아니라 서로 얽혀있으며 행위주체성을 가진다.

앞의 텍스트들을 「네이키드 런치」를 통하여 읽으면서 어떻게 텍스트가 실재에 대한 관찰을 묘사하는 실천인 동시에 그 같은 실재를 공동-생산하는 도구인지를 상상하여 주목하고, 서로 다른 텍스트들이 작동시키는 실재와 행위주체성의 다양한 가능성에 대하여 궁금해하며 알아보고자 한다. Burroughs의 SF소설 「네이키드 런치」(1959)는 Gomel(2012)이 던진, 인간이 어떻게 포스트/비인간 주체성을 표현/구성하는 내러티브 목소리를 생성할 수 있는가라는 질문에 대한 실험으로 주목할 만하다. 회고적으로 돌아보면 Burroughs는 포스트휴먼 전통을 개척한 초기 작가라 평가할 수 있다. Burroughs는 인간, 세계, 언어, 기계 간의 경계 없음을 탐구하였다. Burroughs는 텍스트를 '절단(cut-up)'하고 임의적으로 재배치하여(McHale, 2004) 변이를 가능하게 하며 "새겨 넣음의 물질성(materiality of inscription"(Land, 2005: 451)에 주목하게 한다. 「네이키드 런치」에서 마약(헤로인) 중독자인 윌리엄 리의 경험과 약물 사용 및 섹스의 극도로 자세한 묘사를 포함시킨 글쓰기는 텍스트, 신체, 세계에 집중하게 하는 동시에, 이를 용해시켜 목소리 사이를 이동하면서 경계를 흐리게 한다. 공동의 목소리는 급진적으로 타자(Other)(Gomel, 2012)인 어떤 것을 생성하는 휴머니스트 담론을 통하여 존재하면서도, 이를 전복시켜 세계를, 세계와의/내에서의 관계를 교란하여 새롭게 이미지화하게 한다.

나는 "만약 텍스트가 사변적인 것, 급진적인 것, 혹은 마음만 간질이고 마는 것으로 간단히 폄하된다면, 이는 안전하게 훔쳐보는 허구로만 남아, 독자로 하여금 이미 존재하는 주체성의 포스트휴먼 공동형상화를 의식적으로 인식하도록 설득하지 못하고 제한된다."(Lovell, 2018: 58)라고 한 Lovell의 견해를 이해할 수 있다. 그럼에도 불구하고 나는 「네이키드 런치」 같은 텍스트가 지금까지 연구 텍스트로 적합하다고 관습적으로 생각해온 장르인 객관적 사실주의의 평범성을 거스르는 바로 그 힘 때문에 중요한 가치가 있다고 생각한다. 「네이키드 런치」에 차용된 것과 같은 철학의 SF 양식은 신실증주의와 휴머니즘 모두에 대안을 제공한다. SF는 텍스트의 외부에 서서 발견되고 재현되기를 기다리는, 소위 고정되고 객관적인 경험적 진리를 전제하지 않는다. 또한 진리의 근원으로 주관적이고 개체화된 인간의 경험을 전제로 하지도 않는데(Gomel, 2012; Le Guin, 1979), 왜냐하면 그러한 관점은 종으로서의 인간을 원거리에서 바라보곤 하기 때문이다. 이는 급진적인 것과 정상적인 것, 실재하는 것과 실재하지 않는 것에 대한 이분법적 이해를 흔들어 교란시키는 것을 도울 수 있다. 휴머니즘과 포스트휴머니즘은 세계의 형태로, 그리고 세계와의 관계 내에서 **이미 거기에**(*already there*) 존재한다(Lovell, 2018). 장르의 선택이 공동-구성, 상황적 위험, 그리고/혹은 가능한 생성성으로 '반짝임(glow)' (MacLure, 2013)을 빛나게 할 수 있는 다양한 방식을 연구자가 열어두는 것은 윤리성의 문제이다.

이 장을 통하여 드러날 포에틱스의 측면들인 횡단신체성(transcorporeality)과 초월신체성(hypercorporeality)은 비결정성에 주목하면서 원더를 가능하게 하여 평범성에 저항한다. 이러한 원칙에 이름을 붙이기 위하여 나는 Alaimo의 횡단신체성을 차용하여 이론-물질의 뒤섞음이 이루어지는 곳, "인간의 신체성이 (중략) '자연' 혹은 '환경'과 분리 불가능한 시간-공간"(2008: 238)을 나타내고자 한다. 횡단신체성은 물질과 지식이 인간과 인간-아닌 신체, 아이디어, 형태를 횡단하며 움직이는 방식에 관한 것이다. 이러한 회절적 읽기에서 횡단신체성은 인간과 인간-아닌 것, 실재하는 것과 실재하지 않는 것, 실재와 텍스트의 표상 사이에서 녹아내린 경계들로 나타난다. 또한 회절적 읽기는 체화성(embodiedness)을 열정적으로 포옹하는 포에틱스로 초월신체성의 중요성을 제안한다. 여기서 초월신체성이란 유기체와 무기물, 심미적인 것과 혐오스러운 것, 내부와 외부, 살아있는 것과 죽은 것 등과 같이 어느 한쪽을 질병으로 간주하는 유형적 범주화를 와해시키는 데서 발현된다. 이러한 회절적 읽기는 포에틱스에서 횡단신체성과 초월신체성이 텍스트, 세계, 인간 주체의 뒤엉킨 응집, 인간과 인간-아닌 경계의 혼돈, 실재를 무한한 가능성으로 열어주기 같은 포스트휴먼 개념이 현실화되도록 돕는 생각을 표면으로 끌어올린다. 횡단신체성과 초월신체성은 담론의 물질성, 그리고 물질성의 담론을 작동하게 한다. 이 장의 나머지 부분에서는 이러한 회절적 사유를 다룰 것이며, 환원주의적이고 도구주의적인 교육 이야기들에 도전하고 변형시킬 수 있는 연구 글쓰기를 위한 함의를 제시하고자 한다.

4 횡단하는 신체, 초월하는 신체의 크로노토프

나는 배제되어 온 것들, 이에 달려있으면서 미래의 재작업하기에 열려있는 것들을 고려하여 실재를 이해할 것을 제안한다.

(Barad, 2007: 205)

Barad(2007)가 말하는 바는 실재란 뚜렷한 경계를 가지고 미리 존재하는 개체화된 현상으로 이루어져있는 것이 아니라, 서로 떼어놓을 수 없는 현상의 얽힘이며 지속적이고 변화하는 관계를 통하여 끊임없이 발현한다는 것이다. 따라서 실재는 그 창조에 포함되는 특정한 관계들의 가능성에 의하여 틀이 지어진다. 그러나 관계 속의 실체가 고정되거나 개체화된 것이 아니라 그 자체로 발현하고 우연적으로 수반되는 것이기에, 그리고 관계는 우주 속에서의 지속적이고 편재하는 행위주체성을 가지기 때문에 실재는 가능성에 열려있기도 하다. 포스트휴먼 포에틱스가 어떻게 실재라는 특정한 관계 속에서 창조되는 포함과 배제 요인에 달려있으면서 동시에 미래를 재작업하는 문을 열어줄 수 있을 것인가? 나의 회절적 읽기에서는 횡단하는 신체와 초월하는 신체의 크로노토프(Bakhtin, 1981)가 이러한 실행을 위한 형식으로 발현된다.

크로노토프(Bakhtin, 1981), 즉 텍스트 내에서 구성되는 시간과 공간의 공동형상화에 주목하는 것은 물질성의 담론, 담론의 물질성의 얽힌 관계, 그것이 함께 무엇을 하며 무엇을 생성할 수 있는지에 주목하게 한다. 「네이키드 런치」에서 실행된 특정한 크로노토프는 공간, 사물, 장소, 시간의 생기론(vitalism)과 다이너미즘(dynamism)으로 특징지어질 수 있다. 아래의 발췌문에서 살아있는/죽은 물질성, 그리고 감각, 상상, 환각, 테크놀로지의 풍경, 느슨하게 연결되는 비선형적 일화들의 배치가 소환된다.

> 시카고: 껍질 벗겨진 이탈리아인들의 보이지 않는 위계, 한물간 갱단의 냄새, 노스와 할스테드 거리에서 마주친 이승을 못 떠나는 유령들, 시서로 거리, 링컨 공원, 꿈속의 걸인, 현재를 침범하는 과거, 슬롯머신과 너절한 여관의 불쾌한 마술. (Burroughs, 1959: 24)

공간, 시간, 비/물질성의 혼란은 구체적이면서도 유동적인 헤테로글로시아(heteroglossia)를 경유하여 도달된다. 헤테로글로시아는 Bakhtin의 용어로, 작가의 선호 없이 이질적으로 공존하는 다원적 이야기들로 이루어진 텍스트 표현을 의미한다(Bakhtin, 1981). Burroughs의 이야기는 특정한 인간 주체에 묶여있지 않다. 텍스트 배치에서 오히려 작가, 화자, 주인공, 시공간, 텍스트의 목소리, 행위주체성, 생명력 등의 요소가 서로 분화되지 않고 유동적으로 흐른다. 연구에서 횡단하는 신체, 초월하는 신체의 크로노토프에 유사하게 접근한 예는 Snaza 등(2014)의 학교 배치에 대한 묘사이다. 전통적인 교육개념에서 학교는 인간이 관리하는 장소이고 지식은 개념을 주로 다루며, 이로 인하여 물질성과 물리적 신체로부터 분리된 것으로 간주된다. Snaza 등(2014)의 글쓰기에서 인간은 내러티브의 중심에서 물러서게 되고, 사소한 혹은 종종 간과되어온 물질적 사물과의 연결, 그리고 서로 간의 관계 전반에 관심을 갖게 된다.

> 전선과 파이프 망이 건축물을 도시 지하의 기반시설로, 그리고 그 너머로 이어진 바다의 소용돌이, 발굴되어 정련되기를 기다리는 선사시대의 죽은 유기체들로 이루어진 지구상의 퇴적물들, 학교 식당의 식판 위에 죽어 있는 인간-아닌 동물들, 인간 신체들, 운동 기구, 생물학 해부 트레이로 연결시킨다. (Snaza et al., 2014: 40)

이러한 배치는 신체성과 그 경계의 유동성에 호기심 어린 관심을 갖게 한다는 점에서 포스트휴먼 글쓰기에 가깝다. 학교의 익숙한 평범성이 낯설게 되어, 학교의 의미, 신체, 경계, 지식, 권력이 어떻게 생산되는지에 대한 궁금증을 자아낼 틈새를 만든다(Snaza et al., 2014).

「네이키드 런치」에서 실행되는 초월신체성은 정상적이고 안전하고 청결하고 관리된 신체라는 개념을 사회적 통제 형태(Land, 2005)로 침전시킨다. 그 대신, 사회적으로 승인된 실재의 대안이 되는 광범위하게 체화된 실재에 대한 표현을 자유롭게 만듦으로써 비정상적인 신체의 위반, 폭력, 오염, 외설, 패러디, 신체 내부/위에 바늘의 관통과

새김에 흠뻑 빠져든다. 여기에는 병리학적 범주화를 해체하는 것, 예컨대 살아있는 것과 죽은 것의 경계를 흐리게 하는 것이 포함된다. 마약중독자가 자신의 습관이라는 신체의 요구에 항복하는 것은 신체의 경계들이 흐려져 용해되는 것을 동시적이고 역설적으로 의미한다.

> 나는 지저분한 내 바지를 내려다본다. 몇 달이나 갈아입지 않았다. 피 묻은 주사기에 매달린 채로 나날들이 흘러간다 … 나는 섹스와 모든 날카로운 육체의 쾌락을 잊어버리고서 – 회색의, 마약에 중독된 유령이 되어간다. 스페인 소년들은 나를 보이지 않는 사람(El Hombre Invisible)이라 부른다. (Burroughs, 1959: 63)

크로노토프는 죽음 및 부패와 삶의 경계가 흐리다는 사실을 급진적이고 불편하게 직면하게 한다. Braidotti(2010)는 포스트휴머니즘이 던지는 의미 있는 도전은 특정한 관계의 결과를 생산적 혹은 병리적이라고 부르는 이분법적 분류 표식에 문제가 있으며 퇴화가 항상 생명과 관계에서 빼놓을 수 없는 것임을 이해하지 못하기 때문이라는 사실을 인식하게 하는 것이라고 말한다. 생식 차원의 이득이라는 개념은 항상 문제가 있으며 사실상 맥락과 관점에 달려있어, 결코 온전하게 평가될 수 없다(Colebrook, 2006). Fox와 Alldred(20017)의 거식증(신경성 무식욕증) 소셜미디어그룹 연구는 연구 글쓰기 장치에서 병리학적 범주화가 탈중심화될 때 일어날 수 있는 가능성들을 잘 보여준다. 거식증 집단의 참여자들에게 있어 사회적으로 승인된 체화 개념과 자신들을 유해하다고 분류하는 명칭들로부터 벗어날 수 있는 자유는 신체, 학교, 패션, 배고픔, 정체성, 소셜미디어, 진단, 섹슈얼리티를 포함하는 새로운 횡단신체적 배치를 통하여 가능해졌다. 횡단하는 신체, 초월하는 신체의 크로노토프는 신체에 대한 관습적인 범주를 파괴하고 새롭게 열 수 있다. 이는 물질적 경계, 좋거나 나쁜 신체, 삶과 죽음에 대하여 깊게 파여 견고하게 자리 잡았던 사유를 균열시킬 수 있는 힘을 가진 개념화가 누군가에게는 급진적이고 교란적으로 여겨질 수밖에 없다는 사실을 상기시킨다.

연구의 시간과 공간이 가진 역동성과 물질성을 통하여 사유하는 글쓰기의 가치는 평범성에서 벗어나 행위주체적이고 도발적인 것, 삶과 죽음의 끊임없는 공동-생산(co-production)에 관여하는 것에 주목하고 깨닫게 하는 것임을 제안한다. 이러한 포에틱스는 그 창조에 관련되는 특정한 물질적-담론적 관계의 가능성에 한정되면서도 동시에 변형에 열려있을 수 있는 포스트휴먼 실재를 향해 나아간다. 다음 절에서는 새롭게 부각되는 포에틱스에서 언어의 행위주체성을 강조하고자 한다.

5 바이러스로서의 언어

행위주체적 실재론은 신체의 물질화에 작동하는 힘들은 사회적인 것만이 아니며 생성되는 신체가 모두 인간의 것만이 아니라는 사실을 진지하게 다룬다.

(Barad, 2007: 225)

Barad(2007)는 인간만이 지식을 생산할 수 있는 지능과 행위주체성을 가진 유일한 종이라고 보는 가정을 거부한다. 행위주체성은 특정한 주체가 소유하며 객체를 대상으로 실행하는 것이 아니라, 우주 전반에 내재된 역능이다. 모든 실체는 다른 실체와 내부작용할 능력을 가지고 있으며(Barad, 2007) 감응, 즉 경험의 물질적 혹은 비물질적 강도 혹은 변화(Fox & Alldred, 2015)를 공동-생산한다. 이에 따라 포스트휴먼 글쓰기를 위한 포에틱스에서는 어떻게 사물이 관계를 통하여 존재하게 되는지에 관심을 가지며, 이러한 관계의 얽힘 속에서 이루어지는 새로운 유형의 행위주체성과 앎에 주목한다.

Burroughs의 작품은 언어가 인간에게만 속한다고 말하는 이분법을 깨뜨린다. Burroughs의 언어는 인간의, 사회적 도구 혹은 구성물이 아니라 바이러스, 즉 자신을 복제하려는 목적을 가진 행위주체적 유기체이다(Land, 2005). 「네이키드 런치」는 이야기, 인간, 세상의 사물이 가지는 초월신체적 관계, 교접하여 감염시키는 관계를 강조하는데, 여기에서 다음과 같이 언어의 행위주체성이 명확히 표현된다.

> 언어는 단위로 나뉘는데 모두 한 조각이며 그렇게 받아들여져야 하되, 그 조각들은 어떤 순서로든, 마치 'intraresting[6)]'한 성교에서처럼 앞뒤로, 안팎으로, 가로질러 연결될 수 있다… .
> 점잖은 독자들이여, 그 언어는 강철 발톱을 지닌 표범 사나이(leopard man iron claws)와 함께 당신에게 덤벼들어, 기회주의적인 땅개처럼 손가락과 발가락을 잘라내고 당신을 목매달고, 암호를 해독할 줄 아는 개처럼 당신의 정액을 핥고, 독사처럼 당신의 허벅지를 휘감고 올라와 부패한 원형질 주사를 당신에게 주입할 것이다. (Burroughs, 1999: 181)

언어는 "유효한[7)] 제안(efficacious propositions)"(p. 40)을 위해 사용되

---

6) 역자 주: Burroughs의 소설에서 주인공 윌리엄 리가 사용하는 단어로, interesting과 (in)arresting을 조합하여 새롭게 만든 용어이다(Lane, 2019). (「The French Genealogy of the Beat Generation: Burroughs, Ginsberg and Kerouac's Appropriations of Modern Literature, from Rimbaud to Michaux」 참조)

7) 역자 주: 후기구조주의, 포스트휴머니즘 등의 사유에서 인간 주체는 효과를 만드는 근원적이거나 단일한 원인이 아니다. 유효성(efficacy)은 Bennett가 제

어야 한다고 주장한 Stengers(2008)처럼, Burroughs의 언어는 물질적 힘이다. 언어는 인간에게 속해 있지 않다. 언어는 그 자체의 생명력을 가지고서 세계에 참여하고 도발한다. 언어, 유기체, 풍경이 눈길을 사로잡고, 성적이며 외설적인 행위를 하고, 독자와 주인공과 장면을 움켜잡고 누설하고 오염시킨다. 바이러스로서 언어의 잠재성에는 재현의 담론을 문제 삼는 것, 말과 인간-아닌 표현의 행위주체성 및 물질성을 강조하는 것, 아이러니한 의미를 적절하게 포착하는 것, 새롭고 복잡하고 역동적인 형상을 가진 실재의 가능성을 열어주는 것이 포함된다. 앞의 인용문에서 '언어'는 생생하게 살아있으며, 언어 그 자체가 환원주의적이고 재현적인 평범성을 떨쳐내고 낯설게 된다. 수동적인 것과 행위주체적인 것, 재현과 실재, 주체와 객체, 물질과 개념, 인간과 인간-아닌 것의 이분법을 곤경에 처하게 된다. 신실증주의 교육에서 측정대상이란 '알려질(known)' 수 있는 수동적 실체로, 텍스트에 객관적으로 기술되어 교육적 개입을 받게 된다. 그러나 포스트휴먼 글쓰기에서는 모든 현상이 언어에 관여하며 언어는 현상에 관여한다. 다원적 아이러니가 가능해지고 소통은 훨씬 더 수행적인 속성을 취하게 된다.

Burroughs는 자신의 공격적이고 행위주체적인 언어 배치를 옹호하기 위하여 다시금 헤테로글로시아를 차용한다. 헤테로글로시아, 즉 저자의 선호 없이 이질적으로 공존하는 다원적 이야기의 사용은 텍스트가 그 자체에서 멀어지면서 바깥으로 나아갈 수 있는 역능을 생성하는데(Bakhtin, 1981), 의미가 결정되어 있지 않은 것은 세계 및 독자와의 상호작용을 기대하기 때문이다. Burroughs의 텍스트에서 마약중독

안하듯이 관계 속에 분산된(혹은 편재된) 행위주체성(distributed agency)으로 새로운 무엇인가를 발현시킬 수 있는 창조적 역능을 뜻한다.

자 윌리엄 리와 흐릿한 풍경, 기계, 마약 딜러와 사용자, 경찰, 밀고자, 구경꾼 등의 다원적 주인공들은 체계화된 기준, 제도화된 실제와 정상적인 신체를 전복시키고 문제를 제기한다(McHale, 2004). 그들의 이야기는 도발적이고 대화적이다. 반응을 기대하면서 논쟁적인 아이디어, 신체, 실재에 주목하게 한다. 패러디는 하나의 예시다. '이성애의 정상성(straight)'이라는 규범, 담론, 삶의 방식(McHale, 2004)을 내려다보며 분화된 대항문화(counterculture)의 어휘로 옮겨낸다. 일상의 평범성(Deleuze, 1989)에 숨어있는 미묘한 제도적 억압 형태 또한 패러디로 다루어진다. 이 예에서 시민들을 관리하는 '자유의 땅 공화국(Freeland Republic)'의 자문관인 벤웨이 박사는 제도들이 어떻게 미묘한 수단으로써 '완전한 의욕 상실'을 이룰 수 있는지를 다음과 같이 설명한다.

> 육체적 폭력에 약간 못 미치는, 지속적인 학대를 기술적으로 사용했을 경우 불안과 죄의식을 불러일으키지. 몇 가지 규칙 또는 그보다는 지도 지침을 마음에 새겨둬야 하지. 환자들은 학대가 자신의 인격적 정체성에 대한 반인간적인(anti-human) 적들의 교묘한 공격이라는 사실을 알아채서는 안 돼. 그저 자신에게 무엇인가(그것이 무엇인지는 결코 구체적으로 밝혀서는 안 될 것) 매우 잘못된 것이 있기 때문에 자신이 당하는 어떤 대우도 마땅하다고 느끼도록 만들어야만 하지. (Burroughs, 1959: 31)

바이러스로서의 언어는 다음에서 보듯이 기괴하고 마음을 어지럽히는 사건이나 평범한 일상의 세밀한 부분들을 묘사하는 데 동일하게 무표정하고 단조로운 목소리를 배치한다.

> 몇몇 육식주의자들은 움직이지도 못할 만큼 약해져서 토사물 속에 누워있다(검은 고깃덩이는 썩은 치즈 같아서, 말할 수 없을 정도로 맛있으면서도 구토를 일으키기 때문에 그 고기를 먹은 사람들은 기진맥진할 때까지 먹으면서 토하고 또 다시 먹는다). (Burroughs, 1959: 55)

이는 독자에게 불편한 존재론적 머뭇거림(hesitancy)(Todorov, 1975)을 야기한다. 다른 장르 규범들을 위반하면서, 무표정한 목소리는 메타포를 어떻게 이해하는 것이 안전한지, 무엇이 '현실'을 표상하는 것인지, '판타지' 영토에 무엇이 있어야 하는지에 대하여 아무런 제안도 하지 않는다. 내러티브를 해석할 방법에 대한 작가의 안내 없이, 텍스트의 실재는 다양체이고 비결정적이다(Klapcsik, 2012; Mendlesohn, 2008). 세계는 아이러니로 가득하게 보이고 균열된 틈새로 새롭고 복잡하고 역동적이며 환원주의적이지 않은, 궁극적으로 알 수 없는 형태의 실재가 가능하도록 열어준다.

위와 같이 언어와 장르를 낯설게 하는 유형들의 사례와 이를 지지하는 주장이 후기구조주의 이론들(예컨대 Deleuze & Guattari, 1987; Latour, 1993)에 존재한다. Haraway는 자신의 「사이보그 선언문」(1999)에서 정치적 목적을 위한 유희, 유머, 역설의 언어 사용이라는 개념을 진지하게 받아들인다. MacLure는 Latour의 이론을 토대로, 객체가 낯설게 될 때 일어나는 "객체의 반항(the recalcitrance of the object)"(2006: 734)을 이론화한 바 있다. '객체'로서의 언어가 저항하며 생명력을 가지게 된다면, 이를 지켜보는 이는 "**움켜잡히게**(*gripped*)" (MacLure, 2006: 734) 된다. 텍스트는 뒤돌아보면서 언어 그리고 가정된 지식에 대한 우리의 믿음을 의심하게 하고 실재에 내재된 아이러니로 주의를 이끈다. 「네이키드 런치」에서 언어는 스스로를 낯설게 하고 반응을 도발하고 관습들, 규범들, 이분법들을 부조리하게 만들면서 반항적으로 시위한다.

교육연구에서 이러한 낯설게 하기, 패러디, 아이러니의 사용은 수많은 학습자, 교육자, 연구자가 점점 더 관리되고 감시 받는 환경 속에서 느끼는 좌절과 우려를 행위주체적 힘으로 견인하여, 불합리성과 인지되지 않은 위험을 강조하고 크로노토프를 다시 상상하며 변형시킬 수 있는 "유효한 제안하기"(Stengers, 2008: 40)로 이어진다. '안전한 학교'와 '안전한 공간'이라는 수사학과 실제, '학습에의 참여' 개념, 수행 회계감사, '탈가치적 교육과정', 병리학적으로 다루어지는 청소년의 경험, 시민이 아니라 앞으로 시민이 될 존재(citizens-to-be)로 어린이를 위치시키는 것(Murris, 2016), 어린이, 동물, 식물, 사물의 '타자화' 등을 표적으로 삼는 것이 유용할 것이다.

체제와 사회적 통제의 행위주체성을 문제 삼기 위하여 패러디를 차용하는 반면, 「네이키드 런치」에서처럼 헤테로글로시아에 주목하는 것이 관습적인 연구 글쓰기 장르에서 종종 드러나는 일방향적 권력 모형에 비하여 권력과 행위주체성을 훨씬 더 섬세하게 이해할 수 있게 한다는 사실이 의미심장하다. 헤테로글로시아가 소설 속에서 이야기들이 역동적으로 분포되고 내부작용하며 현상에 당연하게 속하지 않음을 의미하듯이, 행위주체성과 권력도 마찬가지로 유동적임을 의미한다. 헤테로글로시아의 이러한 특징은 윌리엄 리가 마약 시장에서 자신의 착취와 비인간화를 포함하여 자본주의 흐름 속의 다양한 행위주체성에 주목할 수 있게 해준다.

> 마약 판매상은 소비자에게 자기 상품을 파는 것이 아니라 자기 상품에게 소비자를 판다. 그는 자신의 상품을 개량하거나 단순화시키지 않는다. 그는 자신의 고객을 퇴화시키고 단순하게 만든다. (Burroughs, 1959: 8)

권력이란 권력을 지닌 거시적(macro) 행위주체로부터 일방향적으로 아래로 내려가 권력을 결핍한 미시적(micro) 수준들에 행사되는 것이 아니라, 장치 내에서/장치와 함께 발현되는 모든 현상에 의하여 만들어지는 역동적 관계다(Barad, 2007). 교육과 연구에서 신실증주의나 자본주의의 1순위 혹은 2순위 행위주체나 효과란 없다. 오히려 지리, 동물, 식물, 사물, 에코시스템, 지식, 욕망, 법, 역사, 존재-인식론 등이 그 다층적이고 변화하는 현현 속에서 이러한 물질-담론의 현상을 만들어낸다. 이를 나타내기 위하여 Barad는 캘커타의 황마 가공공장에서의 권력관계를 알아본 Fernandes의 연구를 논한 바 있다.

> Fernandes는 자본주의의 공간성이 그저 생산 과정을 나누는 관리자의 행위를 통해서만 생성되는 것이 아니라, 노동자들의 배타적인 실천에 의해서도 생성된다고 본다. 즉, 공장이란 어쩌면 가장 명백하게 자본을 지속적으로 물질화하는 과정이지만, 공장의 반복적인 물질화는 노동자 자신들의 배타적 실천의 결과이기도 하며, 그 역동성은 선형적으로 더해지는 것이 아니다. 노동자의 배타적 실천은 오히려 자본주의 테크놀로지의 일부로 이해되어야 한다. (Barad, 2007: 237)

하나의 담론 형태로서 합리주의의 주장은 휴머니즘, 선형성, 원인과 결과, 안정되고 최종적인 결론과 현상에 대한 정적인 이해를 전제로 하기에, 권력의 이러한 복잡성에 주목하는 데는 그다지 적합하지 못하다. 횡단하는 신체, 초월하는 신체의 크로노토프에서 바이러스로서의 언어는 권력의 작동을 글로 옮김에 있어서 더 섬세한 차이를 담아낼 수 있게 하며, 연구자가 계급, 폭력, 착취, 신자유주의, 소비주의, 자본주의의 표식과 실재의 공동-생산에 의해 깊게 표식 되는 동시에 참여할 방안, 따라서 진부하고 도전을 혐오하며 불평등하고 인간중심적으로 되어버릴 수도 있는 연구의 이야기와 구조에 공동으로 책임을 질 수 있는 길을 열어준다.

6 어떤 결론적 사유

Barad의 행위주체적 실재론과 그 정수라 할 수 있는 비결정성 개념은 서구의 존재론과 인식론을 뿌리째 흔들어 교란시킨다. 이 장에서는 비결정성의 존재론과 원더의 인식론이 어떻게 관습적인 질적 연구의 장르로는 쉽게 얻을 수 없는 방식으로 나타날 수 있을지 알아보기 위하여 회절적 읽기로 실험하였다. 이러한 회절적 읽기를 통하여 떠오른 횡단하는 신체와 초월하는 신체의 크로노토프를 위한 포에틱스에는 특정한 인식론이 얽혀있는데, 바로 환원주의적 평범성을 무너뜨리고, 비결정성과 세상과 함께/세계 내에서의 원더를 열어주는 것을 원칙으로 하는 인식론이다. MacLure(2006)의 용어인 '원더'는 세상의 신체들과의 상호작용, 그 속에서의 혼란과 공포감을 포함하는 신체적 경험을 내포한다(Daston & Park, 2001). 동시에 새로운 리미널(liminal)[8)]아이디어의 발현과 희미한 대안적 가능성의 감지를 포함하는, 경계 지어지지 않은 무한한 경험이기도 하다. 이 새로운 포에틱스는 테크노크라시와 환원주의적 객관화라는 교육 담론에 저항하는 창의적인 실천 운동을 가능하게 해주며, 비규범적이고 놀랍고 역동적인 것으로 세계,

---

8) 역자 주: 'liminal'은 경계의, 임계의, 문턱의, 리미널 등으로 다양하게 혼용되고 있는데 경계를 넘어서 새로운 영토로 움직이는, 경계 사이에서의 운동성을 담기 위하여 '리미널'로 음역하였음을 밝혀둔다.

언어, 연구, 교육을 새롭게 상상하고 참여할 수 있게 하는 데 도움이 될 것이다.

주요 용어

낯설게 하기(Defamiliarization)
낯선 것을 익숙하게 만들고 익숙한 것을 낯설게 만들어, 실재, 아이디어, 관습, 실제, 도덕성에 대하여 달라진 관점을 제공하는 효과를 가지는 문학적 기법을 말함.

초월신체성(Hypercorporeality)
신체성의 열정적 포용이자, 유기체와 비유기체, 심미적인 것과 혐오스러운 것, 내부의 것과 외부의 것, 살아 있는 것과 죽어 있는 것과 같은 병리학적이며 체화된 범주화의 해체임.

바이러스로서의 언어(Language as virus)
바이러스 같은 생명체와의 공생과 그 행위주체성을 강조하기 위한 담론 및 언어사용 낯설게 하기.

횡단신체적, 초월신체적 크로노토프(Transcorporeal, hypercorporeal chronotope)
다원적 주체성, 비/물질성, 공간과 시간의 경계를 흐리고 혼돈스럽게 만드는 텍스트의 시간-공간을 의미함.

횡단신체성(Transcorporeality)
'신체'란 그를 통하여 물질성과 지식이 운동하는 복잡한 실체의 망이라는 개념. 인간과 인간-아닌 물질, 실재인 것, 재현된 것, 실재가 아닌 것 간의 경계는 우발적인 것임.

참고문헌

Alaimo, S. (2008), 'Trans-corporeal feminisms and the ethical space of nature', in S. Alaimo and S. Hekman (eds), *Material Feminisms*, 237–64, Bloomington, IN: Indiana University Press.

Apple, M. W. (2001), *Educating the "Right" Way: Markets, Standards, God, and Inequality*, New York, NY; London: RoutledgeFalmer.

Bakhtin, M. (1981), *The Dialogic Imagination*, Austin, TX: University of Texas Press.

Barad, K. (2007), *Meeting the Universe Halfway: Quantum Physics and the Entanglement of Matter and Meaning*, Durham, NC: Duke University Press.

Biesta, G. (2016), *Good Education in an Age of Measurement: Ethics, Politics, Democracy*, New York: Routledge.

Braidotti, R. (2010), 'The politics of "Life Itself"', in D. Coole and S. Frost (eds), *New Materialisms: Ontology, Agency, and Politics*, 201–18, Durham and London, UK: Duke University Press.

Braidotti, R. (2013), *The Posthuman*, Cambridge, MA: Polity.

Braidotti, R. (2018), 'A theoretical framework for the critical posthumanities', *Theory, Culture & Society*, 1–31.

Burroughs, W. (1959), *Naked Lunch*, Paris: Olympia Press.

Campbell, J. (1993), *The Hero with a Thousand Faces*, London: HarperCollins.

Clough, P. (2009), 'The new empiricism: Affect and sociological method', *European Journal of Social Theory*, 12 (1): 43–61.

Colebrook, C. (2006), *Deleuze: A Guide for the Perplexed*, London: Continuum.

Connell, R. (2013), 'The neoliberal cascade and education: An essay on the market agenda and its consequences', *Critical Studies in Education*, 54 (2): 99–112.

Crutzen, P. J. (2006), 'The "Anthropocene"', in E. Ehlers and T. Krafft (eds), *Earth System Science in the Anthropocene*, 13–18, Berlin, Heidelberg: Springer Berlin Heidelberg.

Daston, L. and Park, K. (2001), *Wonders and the Order of Nature*, New York, NY: *Zone Books*.

Deleuze, G. (1989), *Cinema II*, Minneapolis, MN: University of Minnesota Press.

Deleuze, G. and Guattari, F. (1987), *A Thousand Plateaus: Capitalism and Schizophrenia*, Minneapolis, MN: University of Minnesota Press.

Fox, N. J. and Alldred, P. (2015), 'New materialist social inquiry: Designs, methods and the research-assemblage', *International Journal of Social Research Methodology*, 18 (4): 399–414.

Fox, N. J. and Alldred, P. (2017), *Sociology and the New Materialism*, Los Angeles, CA: Sage.

Freire, P. (2000), *Pedagogy of the Oppressed*, 30th anniversary edition edn, New York: Continuum.

Giroux, H. (2011), *Education and the Crisis of Public Values: Challenging the Assault on Teachers, Students, & Public Education*, New York: Peter Lang Publishing.

Gomel, E. (2012), 'Posthuman voices: Alien infestation and the poetics of subjectivity', *Science Fiction Studies* 2: 177.

Haraway, D. (1999), 'A cyborg manifesto: Science, technology, and socilaist-feminism in the late twentieth century', in *Simians, Cyborgs and Women: The Reinvention of Nature*, London: Free Association Books.

Haraway, D. (2016), *Staying with the Trouble: Making Kin in the Chthulucene*, Durham, NC: Duke University Press.

Haraway, D., Ishikawa, N., Gilbert, S. F., Olwig, K., Tsing, A. L. and Bubandt, N. (2016), 'Anthropologists are talking – about the Anthropocene', *Ethnos*, 81 (3): 535–64.

Hattie, J. (2012), *Visible Learning for Teachers: Maximizing Impact on Learning*, London: Routledge.

Keller, H. (1903/1996), *The Story of My Life*, New York: DoubleDay, Page & Co/Dover Publications.

Klapcsik, S. (2012), *Liminality in Fantastic Fiction: A Poststructralist Approach*, e-book edn, Jefferson, NC: McFarland & Company.

Land, C. (2005), 'Apomorphine silence: Cutting-up Burroughs' theory of language and control', *Ephemera: Theory and Politics in Organisation*, 5 (3): 450–71.

Lather, P. (2006), 'Paradigm proliferation as a good thing to think with: Teaching research in education as a wild profusion', *International Journal of Qualitative Studies in Education (QSE)*, 19 (1): 35–57.

Latour, B. (1993), *Aramis: Or the Love of Technology*, Cambridge, MA: Harvard University Press.

Le Guin, U. (1979), *The Language of the Night: Essays on Fantasy and Science Fiction*, New York: G.P. Putnam's Sons.

Lenz Taguchi, H. and Palmer, A. (2013), 'A more "livable" school? A diffractive analysis of the performative enactments of girls' ill-/well-being with(in) school environments', *Gender & Education*, 25 (6): 671–87.

Lovell, S. (2018), 'Toward a poetics of posthumanist narrative using Ruth Ozeki's a tale for the time being', *Critique: Studies in Contemporary Fiction*, 59 (1): 57–74.

MacLure, M. (2006), 'The bone in the throat: Some uncertain thoughts on baroque method', *International Journal of Qualitative Studies in Education*, 19 (6): 729–45.

MacLure, M. (2010), 'The offence of theory', *Journal of Education Policy*, 25 (2): 277–86.

MacLure, M. (2013), 'Researching without representation? Language and materiality in post-qualitative methodology', *International Journal of Qualitative Studies in Education*, 26 (6): 658–67.

McHale, B. (2004), *Postmodernist Fiction*, London: Methuen.

Mendlesohn, F. (2008), *The Rhetorics of Fantasy*, Middletown, CT: Wesleyan University Press.

Murris, K. (2016), *The Posthuman Child*, London: Routledge.

Riddle, S. and Apple, M. (2019), 'Education and democracy in dangerous times', in S. Riddle and M. Apple (eds), *Re-imagining Education for Democracy*, 1–9, New York: Routledge.

Rosiek, J. L. (2018), 'Agential realism and educational ethnography', in D. Beach, C. Bagley and S. Marques da Silva (eds), *The Wiley Handbook of Ethnography of Education*, 547–69, John Wiley & Sons, Proquest Ebook.

Rousell, D. (2016), 'Dwelling in the anthropocene: Reimagining university learning environments in response to social and ecological change', *Australian Journal of Environmental Education*, 32 (2): 137–53.

Smethurst, P. (2000), *The Postmodern Chronotope: Reading Space and Time in Contemporary Fiction*, Atlanta, GA: Postmodern Studies, Rodopi.

Snaza, N., Appelbaum, P., Bayne, S., Carlson, D., Morris, M., Rotas, N., Sandlin, J., Wallin, J. and Weaver, J. (2014), 'Toward a posthumanist education', *Journal of Curriculum Theorizing*, 30 (2): 39–55.

Stengers, I. (2008), 'Experimenting with refrains: Subjectivity and the challenge of escaping modern dualism', *Subjectivity*, 1: 38.

Todorov, T. (1975), *The Fantastic: A Structural Approach to a Literary Genre*, New York: Cornell University Press.

Ulmer, J. (2017), 'Posthumanism as research methodology: Inquiry in the anthropocene', *International Journal of Qualitative Studies in Education*, 30 (9): 832–48.

Van der Tuin, I. (2016), 'Reading diffractive reading: Where and when does diffraction happen?' *Journal of Electronic Publishing*, 19 (2). doi:10.3998/3336451.0019.205.

CHAPTER 7

내 연구실에 누가 있으며 우리는 어떤 세기/들에 존재하는가? 어떤 교육학적 마주침

Mary Dixon

나는 내 연구실에서 창을 등지고 앉아, 컴퓨터 책상 너머의 문 쪽을 바라보고 있다. 오늘 하루 동안 이 문은 세 번의 박사논문 미팅을 위해 열릴 것이다. 레베카(Rebecca)의 논문주제는 중등교사의 페다고지 위치성에 대한 것이다. 레베카는 지금 세미나 발표 자료를 최종적으로 살펴보고 있지만, 여전히 이론적 틀을 찾아 고군분투하고 있다. 톰(Tom)은 온라인으로 대학과정을 이수하는 학생들의 교육네트워크에 대한 논문을 마무리하고 있다. 톰은 Dewey를 Van Manen과 Maggie MacLure와 연결 짓고 있다. 마지막으로, 조야(Zoya)는 오늘 늦게 올 것이다. 그녀의 연구는 멜버른의 신개발 지역에 사는 십대 소녀들의 교육기회에 관한 것이다. 조야는 Foucault와 Bourdieu, 그리고 Butler를 연결 지어야겠다고 주장하고 있다. 각 미팅은 최소한 한 시간 동안 지속될 것이며 다른 한 명의 조력 슈퍼바이저[1]도 포함될 것이다.

1) 역자 주: 호주를 비롯하여 대학에 따라서는 박사논문지도에 책임 슈퍼바이저(principal supervisor)인 지도교수 한 명과 박사학위를 취득한 지 얼마 되지 않은 신진 연구자인 조력 슈퍼바이저(associate supervisor) 한 명 이상을 배정하기도 한다.

1 교육학적 마주침 연구하기

교육학적 마주침에서 두 단계의 분석적 실험을 이어서 소개한다. 이러한 마주침에서 이루어지는 배움의 '사건'(Deleuze, 2003)을 찾아내기 위한 분석도구로서 여기에서는 '블랙홀' 개념을 도입한다. 이어서 블랙홀 시점으로 찾게 된 것을 교육적 지도 그리기(mapping)로 옮기는 실험을 한다. 나는 교육학적 마주침을 이렇게 탐색하여 찾아내기 위하여 박사논문지도를 선택하였다. 이 장은 박사학위를 위한 연구나 박사논문지도라는 공간 안에 위치하며 이에 대하여 일부 언급하기는 하지만, 그 자체에 대한 분석을 제공하려는 의도로 쓰여진 것은 아니다. 여기에서의 마주침들이 실제 연구로부터 이루어진 것도 아니다. 교육적 분석의 새로운 형식을 위한 장소로서 상상의 마주침을 제시한다. 여기에 제시된 교육학적 마주침들을 읽어내기 위하여 Barad와 Deleuze의 중첩하는 개념들을 활용한다. Barad와 Deleuze를 함께 활용하는 문제에 대하여서는 상당한 논쟁이 있어왔다. Hein(2016)은 "Deleuze의 철학은 내재성(immancence)과 차이의 철학인 반면 Barad의 철학은 초월성(transcendence)과 정체성의 철학이다."(p. 132)라고 주장한 바 있다. Hein은 (Deleuze의) 내재성과 (Barad의) 초월성을 구분한다. 이러한 개념은 내면성과 외면성을 쟁점화 하여, 존재론적 관점들을 이분법적으로 읽어버리게 만든다. 몇몇 학자들은 이 문제를 지적해왔는데(Davies, 2016; Sheldon, 2016), 그 중 Deleuze-Guattari의 내재성과 Barad의 행위주체적 실재론 사이의 관계에 대한 Kathrin Thiele(2016)의 주장이 특히 주목할 만하다. Barad와 Deleuze는 공통적으로 사유와 존재를 다르게 이해하는 데 관심을 가진다. Barad의 포스트휴머니즘이 가진 생명력 넘치는 행위주체성은 St. Pierre(2016: 101)가 "Gilles Deleuze의 생기론 경향"이라 부른 것과 중첩한다. 나는 교육학적 마주침을

Barad의 '시간공간물질화(spacetimemattering)'[2](2007)와 Deleuze의 '되기'(2003)를 서로 회절하여 읽는(Barad, 2007: 30; Jackson & Mazzei, 2012: 11) 기회로 이 장을 사용하고자 한다.

교육학은 배움, 학습자, 지식, 장소, 상황, 교사에 대한 연구다. 교육학적 마주침은 그 역동적인 내부작용(Barad, 2007: 141)이다. 그 역동적인 내부작용의 특성이 이러한 마주침을 읽는 데 가장 중요한 요소다. Barad가 주장하듯, 이러한 얽힌 행위주체성, 이 경우에는 학습자, 지식, 장소와 교사는 상호 구성한다. 그 각각은 내부작용을 통하여 발현되는 것이다. 이 연구에서 나는 이러한 마주침에서 배움이라는 '사건'을 보다 온전하게 인지하고 지도 그리기를 하려 한다.

현재의 교육담론들에서는 배움을 일반적으로 심리학과 신경과학 분야 안에서 다루며 특히 뇌 활동과 학습 간의 관계에 주목한다. 또한 사회학자들, 문화이론가들, 그리고 물론 교육학자들은 배움을 자극하는 것들에 특별한 관심을 보인다. 나는 배움을 '사건'으로 읽으며, 배움의 본질 대신에 개별 주체를 넘어서는 글과 말에 주목한다. Deleuze(2003)에게 철학이 그러하듯, 나에게는 배움이 삶의 운동이 되어가는 사건이다. 사건을 이렇게 이해하는 것이 배움과 교육학적 마주침에 대한 개념화를 새롭게 열어준다.

이 장의 앞부분에서는 Deleuze의 사건(2003)을 살펴보고, 배움에 관련된 이러한 사건의 특성을 다룬다. 이어서 분석 작업의 지점으로 박사논문 미팅에 주목한다. 이러한 분석은 그 세 번의 마주침을 엮어

---

2) 역자 주: spacetimemattering은 Barad가 공간과 시간, 물질과 의미의 얽힘, 관계성을 강조하기 위하여 제안한 신조어이다. 신물질론자들 중에서도 특히 Barad가 mattering이라는 용어를 사용할 때는 물질화뿐만 아니라 사회문화적 중요성을 담게 되는 의미화를 함상 동시에 내포한다. (6장의 역자 주 5번을 참조하기 바란다.)

낸 것이다. 교육학적 마주침을 분석하는 방법으로 '블랙홀' 구조가 제시된다. 이러한 블랙홀 마주침에 대한 지도 그리기의 가능성을 살펴본다. 마지막으로 이러한 분석적 실험이 연구자뿐만 아니라 마주침 내부의 모든 이들에게 제공해주는 가능성에 대하여 제안한다.

2 Deleuze의 사건

Deleuze는 「의미의 논리(Logic of Sense)」(2003: 8-9)에서 사건이란 한계지어지지 않은 되기(unlimited becoming)라고 강력하게 말한다. 사건은 다양체의 혼돈(chaos) 속에서 생긴다. 배움의 사건은 지식의 혼돈, 알고 존재하고 되어가고 경험하고 살아가기의 혼돈 속에서 생긴다. 사건은 우리 안에서 현실화된다(Deleuze, 2003).

> 사건(event)은 발생한 것(사고: accident)이 아니라, 오히려 발생한 것 내부에 있는, 순수하게 표현되는 것이다. 사건은 기호를 발산하고 우리를 기다린다. (중략). 이는 발생한 것 내에서 이해되어야 하고 의지를 가져야 하며 표현되어야 하는 것이다. (2003: 149)

여기에서 읽는 사건은 배움이며, 의지와는 상관없으며 심지어 나타나지 않을 수도 있다. 배움은 마주침 속에서 학위논문을 쓰는 박사학위 후보자(candidate)[3], 슈퍼바이저, 지식, 장소, 그 각각의 되기이다. 박

3) 역자 주: 저자의 강조점을 반영하여, 박사학위 논문작성 단계의 박사과정생을 후보자(candidate), 그 지도교수를 슈퍼바이저로 그대로 번역하였음을 밝혀둔다.

사학위 후보자는 배움의 사건을 의지한다(will). 슈퍼바이저는 후보자를 위한 배움의 사건을 의지한다. 지식은 사건을 의지한다. 배움은 우리를, 박사학위 후보자, 지식, 장소, 슈퍼바이저를 기다린다. "사건을 의지한다는 것은 영원한 진리를 방출하는 것"(Deleuze, 2013: 149)이기에, 우리는 사건을 추구/소환/의지한다. 그렇지만 우리는 눈이 멀어 사건을 감각하지 못하고, 그것이 드러내어주는 것, 우리가 견뎌내지 못할 수도 있는 것, 우리가 욕망하는 것을 볼 수 없을지도 모른다. 언제 배움이 발생할지를 확신할 수 없을 것이다.

사건, 그리고 이 경우 배움은 사물의 본질적이거나 단일화되는 특질이 아니다. Deleuze는 사건이란 진정 물질적 실재로 감환할 수 없으며 "사건은 유일한 관념(idealities)이다"(2003: 53)라고 말한다. 사건은 실재하지만, 그 실재성은 물질적인 것이 아니다. 배움은 본질적이거나 단일화되거나 물질로 감환할 수 없는 실재다. 배움의 사건은 강도의 진동, 즉 앎과 이해와 지식의 진동으로서, 학습자, 지식, 장소, 교사를 통하여 미끄러진다. 이들이 함께 모일 때, 사건을 의지할 때, 교육학적 마주침은 사태(state of affairs)가 된다.

3 사건의 구조

배움의 사건은 이중의 구조, 즉 현실화의 순간과 사건이 이루어지고 있는 순간을 가지며 이는 교육학적 마주침이 이루어지는 사건의 사태다. 사건의 공간-시간 실재화는 사태 속에 있다.

> 현실화의 현재 순간, 즉 사건이 사태 속에, 개체, 혹은 한 사람에게 발생하는 순간이 있다. (중략) 사건의 미래와 과거는 이러한 한정된 현재와 관련해서만 평가될 수 있다. (중략) 그러나 반면, 사건의 미래와 과거가 각각의 현재를 옆으로 비켜가, 비인칭적이며 전(前)개체적인 사태의 한계로부터 자유롭게 그 자체로 고려될 수 있는 순간이 있다. (Deleuze, 2003: 151)

Deleuze는 사건이란 한계지어지지 않은 되기(2003: 8-9)이며, 항상 방금 일어난 것이며 곧 일어날 것이지만 결코 일어나고 있는 것은 아닌 것이다. 배움은 과거와 현재의 종합이다. 배움은 관찰 불가능한 공간, 개인의 사적 공간이다. 배움 사건은 한 시간 안에 위치하는 동시에 새로운 시간을 표현한다. Deleuze는 사건을 진술하면서, 배움의 기간은 대피라미드처럼 "1시간, 30분, 5분, 또는 평생의 기간일 수 있다"(Deleuze, 1992: 76)라고 한다. 배움의 이러한 시간 속성은 학습자, 지식, 장소, 슈퍼바이저가 수년간 참여하는 박사과정 속에서 가차 없고 혹독하게 느껴진다. 이러한 관계의 교육적 속성은 그 존재와 주장에 있어 비중이 무거우면서, 배움의 사건을 인지하고 관리하는 측면은 알기 어렵게 모호하다.

Deleuze(1992)에 따르면 배움의 한 요소는 연장(extensions)이다. 연장은 하나의 요소가 이에 이어지는 요소들로 뻗어가는 때를 말하며, 따라서 전체이고, 이어지는 요소들을 그 부분으로 한다. 전체-부분의 이러한 접속은 최종 혹은 한계를 가지지 않는 무한한 계열을 형성한다. 요소는 그저 접속하는 것 이상으로, 뻗어가거나 당겨 늘여지는 것이라는 데 주목하여야 한다. 배움 사건 속에서 연장은 앎, 이해하기, 지식, 되기로 뻗어간다. 이것은 연장 속에서 운동하는 시간과 공간과의 역동적 내부작용이다. "소리 파동, 빛의 파동처럼 무한한 화성 혹은 하부다양체들과의 진동"(Dekeuze, 1992: 77)인 것이다.

사건으로서의 배움은 지식, 학습자, 장소, 교사를 통과하며 나아가는 진동이다. 사건은 직접적으로 무엇인가를 야기하는 것이 아니라, 사태에 문제, 구조 또는 지향점을 제공하며 이를 중심으로 변화한다. Beck과 Gleyzon(2016: 229)은 다음과 같이 말한다.

> Deleuze의 사건은 리좀이며 끊임없이 변화하는, 지속적인 과정의 일부다. (중략) Deleuze의 미시-사건(micro-Events)은 개인들 혹은 소집단 내에서 발생할 수 있다. 그럼에도 이러한 사건들은 변화에 박차를 가한다. 즉 접속성, 관계, 경로, 기관의 개념적, 물질적 구성을 재형성한다.

4 분석 장소 - 박사논문 미팅

이 장의 주제인 교육적 활동은 박사논문지도 안에 위치해있다. 논문지도 미팅은 배움의 사건이 발생하는 교육학적 마주침이 된다. 박사학위 취득과정에서 배움과 이해의 두께와 고르지 않은 운동성은 사회과학 박사논문 후보자에게 공통되는 경험이다. 이 작업은 학업에 전념하는 풀타임 후보자들의 경우 4년에서 파트타임으로 공부하는 후보자들의 경우 8년까지 상당히 오랜 시간이 걸려 이미 강도 높고 긴장된 노력을 더하게 한다. 이 분석적 실험을 위하여 슈퍼바이저와의 마주침을 선택한 것은 이것이 박사논문 작업에서 중요하거나 중추적이거나 결정적인 것으로 여겨져서가 아니다. 어쩌면 그럴 수도 있겠지만, 반드시 그러한 의도로 이루어지거나 그런 방식으로 현실화되지 않는다. 호주에서는 이것이 논문지도의 관계이다. 대학교수는 선생님이나 멘토가 아니라 슈퍼바이저라는 명칭으로 불린다. 후보자는 학생이라는 명칭으로 불리지 않는다. 이 작업은 연구에 관한 일이다. 이 작업, 이 연구는 분명 배움의 프로젝트다. 후보자는 연구하는 것을 배우며 자신의 연구 분야를 배운다. 내가 슈퍼바이저와의 마주침을 선택한 이유는 이것이 대개 동일한 참여자들과 수년 동안 반복하여 이루어지는 마주침이며, 이러한 마주침에서 초점이 되는 후보자의 배움을 체제화하는 주요한 논문작성 과정의 지점들이기 때문이다. 다양한 후보자와 슈퍼바이저 미팅을 상상하여 그 조각들과 작업하려 한다. 이 마주침들은 나의 학문적 경력 동안 있었던 많은 후보자들과의 수많은 논문지도 미팅들로부터 추출된다. 이러한 상상적 표상방법을 차용한 것은 이것이 논문을 써가는 배움에서 슈퍼바이저, 후보자, 이론가, 지식, 시간, 장소의 내부작용을 열어주는 기회를 제공하기 때문이다. 더 나아가, 연구, 그리고 연구에 대한 배움의 시간적 속성을 문제화할 기회를 제공해주기 때문이다.

광범위한 쟁점들로 논문지도에 대한 매우 생산적인 후기구조주의적 읽기가 이루어져 왔다. 예컨대 Fullager, Pavlidis와 Stadler(2017)는 박사논문지도에서 새로운 지식 실제를 창조하기 위하여 논문지도를 리좀적으로 읽어냈다. 논문지도 연구는 학계 내에서의 정체성 형성 작업에도 상당히 주목한다(예컨대, Barnacle, 2005; Green, 2005). 그렇지만 이 장에서는 교육이라는 보다 넓은 개념, 교육학적 마주침으로 알려진 사태에서의 현현을 다룬다. 여기에는 새로운 지식을 생산하기 위하여 소환된 사람들, 공간들, 지식들의 얽힘이 있다. 마주침에는 과거와 미래로부터의 이론가들과 지식들을 다루는 것이 포함된다. 슈퍼바이저와 후보자 사이의 관계, 그리고 교육학적 마주침은 전통적으로 매우 은밀하고 개인적인 것(Lee & Green, 1998), 닫힌 문 뒤에서 이루어지는 것(McWilliam & Palmer, 1998)으로 여겨져 왔다. 나는 기술적 합리성의 관점과 "전통적으로 위계적이고 초월적인 지식 관계의 장막으로 박사논문의 지도교수와 학생을 덮어 가리는 신비한 비법"에 도전했던 Fullager 등(2017: 24)의 입장을 따른다. 나는 이러한 마주침을 살펴보면서, 후보자로서, 그리고 슈퍼바이저로서 우리가 견딜 수 없는 것과 욕망하는 것을 드러내도록 해주는 내부작용 분석을 제시한다. 미팅 장소로서 연구실을 건축학적으로 읽는 것에서 마주침의 드라마와 저항이 표현된다.

> *내 연구실은 책상 하나와 대화용 테이블 하나를 들여놓기에 충분한 크기다. 벽에는 화이트보드와 오랫동안 갖고 있는 작은 책장 하나가 있다. 그렇지만 일반적인 미팅 테이블이나 의자를 앞서가고자 했다. 그래서 이 공간을 위하여 중고로 3인용의, 금빛으로 아름다운 무늬를 넣어 짠, 아주 작은 빅토리아양식의 거실 가구 한 벌을 구입했다. 어두운 빛깔의 목재 팔걸이와 다리는 가늘고 곡선 모양이다. 테이블 세트는 낮아서 바닥과 가깝고 등받이는 수직으로 곧다. 처음 연구실을 방문하는 사람들은 종종 깜짝 놀라며 당황한다. 그렇지만 논문지도에는 박사논문 미팅을 위해 점점 더 많이 오가는 사람들, 길고 때로는 불편한 대화를 위해 머물곤 하는 사람들을 위한 좌석이 필요하다.*

설계가 직업을 재현할 수 있으며 인간의 행동과 공간 간의 정합성을 제공한다고 말하는 모더니스트적인 건축학으로 슈퍼바이저의 연구실을 읽지 않는다(Boys, 2011: 62). 사실, 내 연구실에는 평범한 블라인드, 컴퓨터 책상, 사무용 의자들, 작은 책장 한 개도 포함되어 있다. 반면 대학 측에서 디지털로 된 읽기 자료들과 자원이 널리 보급되고 있다면서 큰 책장들을 치워버렸었다. 연구실을 교수가 책상에 앉아 말하는 공간 상자로 생각하는 것에 저항하면서, 나(슈퍼바이저)는 책장들이 빠져 비어있는 공간을 활용하여 금빛 아름다운 무늬로 직조된 빅토리아양식의 가구 세트를 채웠다. Hannah Arendt가 기대 누울 수 있을 만큼(Arendt, 2013) 크지는 않지만, 오랫동안 편안히 대화할 만큼은 크고, 들어오는 모든 이들을 위한 자리가 있다. 이 도발적인 가구는 정말로 유럽의 문학 살롱 같은 활동을 가능하게 하는 것처럼 보였다. 배움의 공간을 만드는 것은 행위를 통하여 이루어지며(Mulcahy, Cleveland, & Alberton, 2015), 이는 배움이라는 행위의 배경이 아니라 배움을 공동으로 구성하는 것이다.

5 분석을 위한 '블랙홀'

박사논문은 지식과 학습자(후보자) 사이의 강도 높은 관계로 수년 동안 연장되는 뜨거운 교수학습의 장소다. 이러한 박사논문 마주침은 우리를 소환하여 교육의 두터움을 보도록 한다. 또한 깊은 관점주의적인 구성체다. 가르침과 배움의 관계가 가지는 복잡성에 직면하여, Roy는 "교육적 관계에서는 가장 작은 간격으로 이루어지는 감각작용도 면밀하게 살펴보아야 한다."(2003: 174)라고 주장한다. 신체들(여기에 인간들, 인간-아닌 것들, 사물들, 공간들을 포함시킴) 사이의 문제는 교육적 문제다. 각각의 신체는 그 물질적 경계를 넘어 연장된다. 이러한 연장들에서 신체는 서로를 향해 손발을 뻗으며, 이러한 연장은 다른 사람들에 의하여 느껴지고 보여질 수 있다. 교육학적 읽기는 Ellsworth가 제안한 자아와 타자 간의 "불안정한 공간"(Ellsworth, 1997: 16), 신체의 사이 공간에 초점을 맞추게 한다. Deleuze에게 있어 배치 안에 있는 신체들의 물리적 연장은 "물질-에너지"(Deleuze & Guattari, 1987: 408)로 체화된다. '에너지'에 대한 Deleuze식의 이해를 통하여 Zembylas(2007: 20)는 이것이 "감응적이고 체화된 새로운 접속을 생산한다."라고 주장한다. 교육학적 마주침은 신체 사이에서 물질 에너지 현현으로 체화된다.

나는 박사논문 미팅이 교육학적 마주침일 때를 '분석'하려고 한다. 나는 사유할 수 없는 것을 표현하여, 익숙한 것을 새롭게 바라보고, 이 익숙한 것을 사용하여 익숙한 것을 낯설게 만들고 싶다. 나는 블랙홀 읽기로 제공될 수 있는 것을 통하여 이러한 마주침에서 배움의 사건에 대한 지도를 제작하고자 한다. 이를 위하여 이러한 교육학적 마주침을 열어감에 있어 블랙홀이 제공할 수 있는 구조를 작동시킨다. 우화(fabulation)는 마술적 리얼리즘 양식의 이야기다(Haraway, 2016; Scoles, 1967; Truman, 2018). 이 절에서는 모든 질량을 포함하지만 부피가 없고 공간-시간 곡선이 무한하게 펼쳐지는, 오늘날에는 볼 수 있게 된 블랙홀의 우화를 탐색함으로써 슈퍼바이저 연구실에서의 교육적 마주침을 구현하고자 한다.

블랙홀은 소설가들의 주제였으며, 스타트랙 보이저 시리즈(Wertheim, 1999) 등에서 스크린으로 옮겨져 왔다. 블랙홀은 과학자들의 관심사이기도 하다. 이론물리학자 Rovelli(2015: 8)가 주장하듯, "오늘날 그것들[블랙홀들] 수백 개가 하늘에서 관측되며 천문학자들에 의하여 매우 상세하게 연구되고 있다." 블랙홀에 가까이 가면 공간-시간이 뒤틀리기 시작한다. 교육학적 블랙홀로부터 멀어져가는 경로보다 이를 향해 나아가는 경로가 더 많다. 교육학적 마주침을 이해함에 있어서 공간-시간 곡선이 무한하게 되는 지대가 있는 블랙홀의 중심부가 중요하다. 이 지대는 모든 질량을 가지되, 부피는 제로다. 그 시간과 공간이 와해되는데 이 점이 여기에서의 읽기에 매우 중요하다. 그 경계는 수학적으로 정의된 표면으로, 물질과 빛이 블랙홀의 질량을 향하여 안쪽으로만 지나갈 수 있는 사건 지평선(event horizon)이다. 그 어떤 것도, 심지어 빛이나 정보조차도 사건의 지평선 안으로부터 탈출할 수 없기에, 관찰자가 어떤 일이 일어나기는 했는지조차 확인할 수 없게 된다. 이 블랙홀에서 배움의 확실성은 명백하지 않으며 심지어 발생하지 않았을지도 모른다. 이것은 시간의 문제다. 와해된 시간과 공간에서, 블랙홀 안에 있는 것들, 슈퍼바이저와 학습자, 지식과 공간은 현재, 과거들, 가능한 미래들로 둘러싸인다. 멀리 떨어져 있는 관찰자에게는 블랙홀 주변의 시계가 블랙홀에서 더 멀리 있는 시계에 비하여 더 느리게 움직이는 것으로 보인다. 중력 시간 팽창으로 알려져 있는 이러한 효과로 인하여, 블랙홀로 떨어지는 물체는 사건의 지평선에 가까워질수록 느려져 여기에 닿을 때까지 무한대의 시간이 걸리는 것으로 보인다. 동시에, 이 물체에 대한 모든 과정들이 느려져, 방출되는 빛이 고정된 외부 관찰자에게는 더 붉고 흐릿하게 보이는데, 이 효과는 중력 적색편이(redshift)로 알려져 있다. 궁극적으로, 사건의 지평선에 닿기 직전에 낙하 물체는 너무도 어렴풋해져서 더 이상 보이지 않게 된다. Deleuze와 Guattari(1987: 40)에게 블랙홀은 사회 구성의 규범, 이를 둘러싸고 구조가 조직되는 지점으로 작동한다. Deleuze와 Guattari는 「천 개의 고원」(1987)에서 블랙홀을 달아날 수 없는 공간으로 작동시킨다. 블랙홀은 지대한 약속과 지대한 위험을 모두 가지고 있다. 블랙홀 내부에서는 모든 것이 다른 모든 것들과 공명한다.

6 교육학적 마주침

미팅 시간이 가까워짐에 따라 나는 혼자가 아니다. 나는 슈퍼바이저 역할을 알려주는 이들의 존재를 느낀다. Elizabeth St. Pierre(2016)가 경고하는 말이 들린다. 나는 Barad(2007)를 읽으며 지식의 물질화를 감지한다. 레베카는 흥분해 있다. 박사과정에 입학하기 이전의 실제로부터 확고하게 자리 잡은, 그녀의 연구에 대한 답을 통제할 수 있는 자신의 지식을 확신하면서 들어왔다. 레베카는 교사개혁을 지지하는 주창자로, 자신의 지식이 기록되어 현장에 활발하게 기여하기를 원하기에, 박사과정에 대해 조바심을 내고 있다. 레베카는 어떤 유형의 이론가들과도 연루되고 싶어 하지 않는다. 레베카는 그들이 자신에게 무어라 말할 것인지를 이미 안다.

잠시 후 톰이 온다. 톰은 급하게 Dewey를 등장시킨다. 톰은 소파를 거절하고 등을 세워 앉는 사무용 의자에 앉는다. 톰은 자신의 디지털 네트워크와 Dewey, Van Manen, MacLure의 얽힘을 확신한다.

조야가 연구실에 들어온다. 그녀의 얼굴에는 자신이 불러들인 이론가들을 통제하려는 결심의 빛이 역력하다. 조야는 소파에 앉아 자신의 공책과 컴퓨터를 펼친다. 조력 슈퍼바이저가 들어와 내 건너편에 있는 편안한 의자에 앉는다. 우리는 모두 배움이 일어나기를 의지하고(willing) 있다. Foucault, Bourdieu, Butler가 조야에 의하여 소환된다. 연구 프로젝트에서 여자청소년들에 대한 이론 작업 역시 이들을 소환한다.

블랙홀의 구조를 가진 배움의 사건이 기다리고 있다. 이 마주침에 슈퍼바이저, 후보자, 지식, 배움의 대상, 배움의 공간의 신체들이 있어 이 블랙홀이 나타나게 한다. "블랙홀 내부에서, 공간은 너무도 심층적으로 왜곡(곡선화)되어, '사건의 지평선'으로 불리는 문턱을 지나가는 그 어떤 것이든 아래의 구멍으로 빨아들여져 사라진다."(Wertheim, 1999: 179). 질량만 있고 부피는 없는 이 공간에 후보자/슈퍼바이저/지식, 과거와 미래로부터 소환되거나 취소된 신체들, 사물들, 공간들이 있다. 여기에서 시간은 와해되고, 소환되거나 취소된 지식들로부터 나온 신체들이 있다. 철학자, 방법론학자, 교육학자, 교육과정 이론가, 정체성 이론가, 문화 이론가 등이 모두 와서 이 구멍에서 만난다. 이 교육학적 마주침에는 학습자와 교수자의 역사가 현존한다. 어린이들과의 교육학적 마주침에서는 종종 학습자의 역사를 구성하는 사람들 – 가족들, 지역사회, 예전 선생님들, 또래 친구들 – 이 즉시 명료해지고 '눈에 보인다.' 박사논문 작업에서 이루어지는 성인들의 마주침에는 후보자와 슈퍼바이저의 역사가 현존하지만 이름 붙여지거나 말해지는 일이 드물다. 이 장소는 서로에게 주름 접혀진 신체들로 붐빈다. 과거, 현재와 미래, 가까이와 멀리로부터의 모든 신체들이 그 신체성으로 가득한 충만함으로 인지되어야 하며, 이는 그 존재의 원자들을, 또한 신체성을 넘어서는 존재의 충만함을 포함한다. 자아와 타자 사이의 교육학적 관계는 은유적인 것이 아니다. 이는 배움과 가르침이 신체적이라는 것뿐만 아니라, 관계의 형식이 신체적이라는 것이기도 하다. Barad(2007)는 「우주와 중간에서 만나기」에서 Bohr를 통하여 신체들의 경계에 대한 시각적 단서는 그릇되게 인도할 수 있다고 주장한다. Bohr에게 있어 사물은 경계를 가지지 않는다. 그는 우리가 '가장자리'를 자세히 들여다보면, 예리한 경계가 보이는 것이 아니라 밝음과 어두움이 회절 패턴으로 줄무늬를 이루는 것, 즉 내부의 외재성을 허용하거나 드러내어주는 것(Barad, 2007: 97)을 볼 수 있다고 강조한다. Barad에게 있어 인간과 인간-아닌 것들의 신체적 경계 만들기의 본질은 존재론적 쟁점이다. 이는 어떻게 신체들이 세계에서 물질적으로 그리고 담론적으로 위치하는가의 문제일 뿐만 아니라, 이들이 어떻게 세계-의-존재(being-of-the-world)로서 구성되는가의 문제다. 독립적인 존재란 없다. Barad는 "물질을 이후 물질화 과정의 능동적 요인이 아니라 단순히 최종 산물로 형상화하는 것은 그 역능의 충만함을 기만하는 것"(2007: 66)이라고 말한다. Barad는 내부작용으로 이루어지는 세계의 되기에서 물질의 능동적 수행을 강조한다. 물질은 수동적이지 않다. 오히려 물질은 내부작용적 되기의 실체로, 사물(a thing)이 아니라 행하기(a doing), 즉 행위주체성을 응집하는 것이다.

배움의 사건에 의하여 블랙홀이 생긴다. 슈퍼바이저와 후보자는 새로운 지식과 오래 알아온 Foucault/Deleuze/MacLure/Dewey/Bourdieu/Butler 등과의 마주침 속으로 들어간다. 이들 모두는 여기에서 새로운 공동형상화로 소환되어, 서로를 향해 뻗어나가 접촉하고, 현존에 저항하고, 얽혀, 되어가고 되어간다. 마주침에서 지식은 발견되기를 기다리는 어떤 비활성 상태의 안정된 사물이 아니라, 존재하는 모든 물질과 물질-아닌 것들과 얽히는 문제다. 과거로부터의 그리고 현재의 이러한 신체들(인간과 인간-아닌 것)은 서로서로 얽힌다. 각 신체는 자신의 물질적 경계를 넘어서 연장된다. 이러한 연장에서 신체의 물질성은 서로를 향해 뻗어나간다. 이러한 얽힌 교육학적 신체들은 그저 사물들을 엮어둔 것이 아니다. 얽힌 신체들은 항상 역동적인 관계에 있다(Barad, 2007).

7 지도 그리기

블랙홀 관점은 배움이라는 사건의 복잡성과 생성적 되기를 열어준다. 이렇게 읽어가려면 시간-공간 붕괴와 내부작용하는 신체성의 존재에 반응하는 지도 그리기가 요구된다.

레베카는 큰 종이에 자신이 추구하는 데이터 과정을 벤다이어그램으로 그려 왔다. 그녀는 이미 참여자와 데이터수집 과정을 결정했던 것이다. 나는 그녀가 속해 있는 교육학 분야로 그녀를 다시 데리고 간다. 레베카는 그 분야를 다원적으로 읽는 것에 저항한다. 대안적 읽기들을 멀리하려고 한다. 레베카는 조력 슈퍼바이저가 방법들에서 방법론으로 다시 데려가자 멈칫거린다. 자신의 연구 장소에 대하여 무엇을 모르는가라는 질문을 받았을 때 그녀는 되돌아간다. 이 대화는 수차례의 미팅에 걸쳐 반복되었다.

톰과의 미팅은 사실의 문제, 거의 절차적인 문제다. 그는 논문에서 주장하려는 바를 결말지으려는 계획을 가지고 미팅을 주도한다. 논문 작업의 더 초기에 그는 MacLure와, 그리고 MacLure가 포스트휴머니즘으로 읽은 Deleuze와 짧은 마주침을 가졌었다. 나는 Dewey와 Van Manen이 체화된 작업을 연결 짓는 다리로 MacLure를 경유하여 Deleuze를 테이블로 데려왔었다. 매번의 미팅마다 Dewey와 Van Manen은 연구실에 있어왔다. 톰은 이들을 연구 초기에 데려왔다. 나는 이러한 디지털 이전 시대의 교육학자들을 충족시킬 수 있도록 디지털 네트워크를 읽을 수 있는 방법을 찾으려고 노력했다.

이 날의 마지막 미팅은 조야가 소파에 Butler와 Bourdieu를 앉히면서 급발진한다. 조야는 여자청소년들의 교육적 세계를 읽는 데 있어 Bourdieu가 제공하는 구조를 원한다. 또한 이 청소년 여성들의 수행에

대하여 Butler가 제공할 수 있는 것을 원한다. 그녀는 이들 둘을 서로 대화하게 하려고 고군분투하고 있다.

블랙홀에서 우리의 관심사는 이제 완전히 '배움'에 있다. 배움은 이러한 마주침의 심장이라 할 수 있다. 내부작용 분석은 참여자들, 지식, 장소에 의하여 의지되고 소환되는 것들에 주목하여야 한다. 이러한 배움 환경의 교육학적 지도 그리기는 우리에게 가장 작은 간격 또는 서로를 향해 뻗치는 신체들의 순간들에서부터 더 넓은 연구실의 표면, 대학의 복도, 후보자의 책상까지 읽어낼 것을 요구한다. 이 블랙홀에서의 마주침에 대한 우리의 지도 그리기는 신체 사이를 포착하는 이러한 흐름을 따라가야 한다. 후보자의 논문 작성에서 연구실에 있는 사람들과 바깥 상상의 세계 사이의 이러한 흐름을 따라가면서, 우리는 교육학적 지도를 그리기 시작한다. Deleuze와 Guattari는 행위의 본뜨기(tracing)에 반대되는 지도 그리기를 강력히 촉구한다.

> 서양란은 말벌의 본뜨기를 재생산하지 않는다. 서양란은 리좀 속에서 말벌과 더불어 지도를 형성한다. 지도를 본뜨기와 확연히 구분하는 점은 지도는 온전히 실재에 접촉하는 실험을 지향한다는 것이다. (1987: 12)

Deleuze와 Guattari에 따르면, 알아차려지고 불러내어진 지도는 "언제나 떼어낼 수 있고 접속할 수 있고 반대로 뒤집을 수 있고 수정할 수 있으며, 다원적인 입구와 출구, 고유한 탈주선을 가진다."(1987: 21). 연구자로서 나는 체화된 교육학의 모양 혹은 윤곽을 지도로 만들면서 환경의, 반사되고, 방사하는(Rodaway, 1994) 탈주선들(lines of flight)을 그렸다. 지도는 배움 환경의 매끄러운 공간과 홈 파인 공간들을 드러낸다. Deleuze와 Guattari에게 있어 매끄러운 공간에는 강도와 사건들이 자리한다. 지도는 닫힌 체제 안에서 모든 것이 정돈되고 통제되는 홈 파인 대학 공간과 모든 것이 혼돈스럽고 감각적이며 정리되지 않은 후보자의 논문이라는 매끄러운 공간 사이에서 끊임없는 교류를 일으킨다.

그 환경의, 반사되고, 방사하는 선들로, 홈 파인 공간의 위도와 경도를 찾고 매끄러운 공간과 홈 파인 공간의 윤곽을 잡고, 뜨거운 교육학적 지점을 동그라미로 그리고, 인공물들의 지도를 켜켜이 쌓는 지도 그리기 분석은 후보자와 슈퍼바이저의 지식, 장소/들, 그리고 멀리서로부터, 과거로부터 소환된 이론가들 간의 흐름을 드러낸다. 지도 그리기 실제는 나로 하여금 신체 주변/사이의 고유한 공간으로 눈길을 모으게 만든다. 사건의 지평선 내부에서 모든 경로는 입자들을 블랙홀의 중심부 가까이로 가져간다. 입자가 달아나는 것(escape)은 더 이상 가능하지 않다. 우리는 교육학적 마주침으로부터 아무런 변화 없이 달아나지 않는다. 이것은 달아남의 문제가 아니다.

나는 이러한 모양들, 되기들, 사건과 배움을 지도로 만든다. 이론가들, 슈퍼바이저들, 레베카와 톰과 조야, 그리고 사실상 여기로 소환된 다른 모든 이들의 장소들과 시간들의 신체적 배치의 흐름을 따라간다. 이들은 블랙홀 안에서 사라졌는가? 어떤 의미로는 그렇다. 블랙홀 안의 모든 것이 취소되어 되돌아간다. 이는 대부분 배우는 자로서 여기로 들어가는 이들, 즉 후보자들에 의하여 경험된다.

레베카는 오늘 되돌아간 상태로 질문 하나, 자신의 연구문제가 아니라 자신이 답을 모르는 질문 하나를 가지고 왔다. 그녀는 앎의 안전한 장소를 포기하였고, 박사논문 작업은 그녀로 하여금 알지 못하는 안전하지 못한 장소로 들어가도록 소환했다. 유목민이 되는 것은 "안전한 장소, 집을 포기하는 것"(O'Riley, 2003: 29)이다. 그녀는 자신의 배움 사건의 후손이 되어가고 있다.

톰은 Deleuze와 MacLure와의 미팅들에 저항하였다. 나, 그리고 Dewey를 디지털 교육학 읽기로 데려갔던 것은 톰 자신의 디지털 세계와 교육학에 대한 깊은 지식이었다.

슈퍼바이저들은 조야가 Butler와 Bourdieu와 대화하는 동안 연구실에 조용히 앉아있다. 이미 많은 목소리들이 들어달라고 주장하고 있다. 지금 함께 자리한 모든 것 – 조야, 여자청소년, 슈퍼바이저들, Butler, Bourdieu, 지식 – 은 배움의 사건을 원하고 있다.

공간과 시간이 와해되고 과거로부터의 신체들이 현존하는 이 블랙홀은 종종 불편하다. 박사과정은 틈새와 진공으로 가득하며 항상 가운데에 있다. O'Reilly는 유목민 되기는 "가운데서, 틈새, 진공, 하이폰, 슬래시, 노출부로부터 나온다."(2003: 29)라는 사실을 상기시켜 준다. 그렇지만 이러한 신체들은 여기에 예전 방식으로 존재하지 않는다. 이들은 되어가는 지식에 의하여, 후보자에 의하여, 새로운 장소에 의하여, 그리고 슈퍼바이저에 의하여, 다시 표상되고 다시 구성된다. 지도 그리기는 공간적으로나 시간적으로 뒤죽박죽인 신체들을 이 장소로 끌어당겼다는 것, Butler와 St. Pierre가 연구실에 있다는 것을 드러내어 준다. Dewey가 톰과 나 자신, Van Manen과 대화를 나누면서, 새로운 지식이 디지털 학습을 중심으로 만들어진다. 때로 이러한 신체적 유령들은 여기에 있는 다른 유령들에게 눈길을 주었다가 스스로 떠나거나 심지어 멀리 보내지기도 한다. 그들 – 다른 시간들과 다른 장소들로부터 소환된 신체들 – 도 역시 마주침 속에서 되어가고 있다. 이러한 내부작용은 모두와 각자의 역설적인 되기를 생산하여, 후보자의 지식 되기와 슈퍼바이저 되기, 슈퍼바이저의 후보자 되기와 지식 되기, 지식의 후보자 되기와 슈퍼바이저 되기, 후보자의 Foucault 되기, Foucault의 후보자 되기가 이루어진다.

8 블랙홀과 지도 그리기로부터

후보자와 슈퍼바이저에게 배움과 교육적 마주침을 이렇게 읽는 것은 박사과정의 학습이나 박사논문지도에 대한 방법을 제공하지는 않는다. 사건으로서의 배움은 배움을 경험하고 알아가는 하나의 방법을 제안한다. 배움은 강도를 가지고 진동하는 사건이다. 배움은 방금 발생했던 것, 곧 발생할 것이나 지금 발생하고 있지는 않은 것이다. 배움은 과거와 미래의 합이다. 배움 사건은 어느 하나의 시간 내에 위치하면서 동시에 새로운 시간을 표현한다. 블랙홀에서 배움 사건의 기간은 측정할 수 없다. 배움의 강도는 학습자, 지식, 장소, 그리고 때로는 슈퍼바이저를 지나며 운동한다. 배움 사건은 학습자를 위한 것이기도 하지만 학습자의 것이기도 하다. 배움 사건은 지식을 통과하고, 장소와 사물, 슈퍼바이저와 교육학적 마주침에 소환된 모든 이들을 통과하는 진동이다.

우리는 배움이 발생하기를 의지할(will) 수는 있지만, 이것이 배움이 발생하리라는(will) 것을 의미하지는 않는다. 배움은 시간 속에 위치해있지 않다. 우리는 박사과정의 배움을 특정한 순간 속에서 찾아낼 수 없으며, 오랜 기간 동안 지속될 수도 있고 그저 한 순간에 머물 수도 있다. 우리는 배움이 오도록 하는 원인이 될 수 없다. 우리는 사건을 도발하는 수많은 행위들 – 읽기, 실험하기, 글쓰기, 토론하기, 보기, 듣기 등 – 을 배치할 수 있다. 이러한 행동들은 무작위로 선정된 것이 아니다. 그렇지만 배움의 사건에 있어 원인으로 명료하게 확인할 수 없으며, 시간과 공간에서 배움으로 직접적으로 연결되지도 않는다. 그렇지만 배움의 사건은 우리를 통과하여 운동한다. 블랙홀은 교육학적 마주침을 연구하는 데 생산적인 접근을 제공하며 이는 교수자 행위와 학습 성취결과를 둔감하게 측정하는 도구와 뚜렷한 대조를 이룬다.

이 블랙홀 우화를 통하여, 다양한 이론적 체화들 사이의 역설적 마주침을 살펴보았다. 연구자에게 있어 블랙홀의 지도를 그리는 것은 이론가들, 슈퍼바이저들, 지식, 후보자와 공간의 역동적인 내부작용을 식별할 수 있는 기회를 제공한다. 이러한 배움의 의미는 이 공간, 후보자들, 연구자들, 과거로부터 멀리에서 온 이론가들이 서로에게 알려져 있는 세계를 만들어감에 따라 이루어지는 세계의 수행이다.

주요 용어

블랙홀(Black hole)
하나의 공간-시간으로, 그 한 가운데에는 공간-시간 곡선이 무한하게 되는 지대가 있음. 이 지대에는 질량만 있고 부피는 없다. 시간과 공간은 와해됨. 그 경계는 수학적으로 정의된 표면임. 이는 물질과 빛이 블랙홀의 질량을 향하여 안으로만 통과할 수 있는 사건의 지평선임.

Deleuze의 사건(Deleuzian event)
Deleuze는 「의미의 논리」(2003: 8-9)에서 사건이란 무한한 되기라고 말함. 사건은 다양체의 혼돈 속에서 만들어짐. 배움의 사건은 지식, 앎, 존재하기, 되기, 경험하기, 살아가기의 혼돈 속에서 만들어짐. 사건은 우리 안에서 현실화되는 것(Deleuze, 2003: 148).

교육학(Pedagogy)
교육학은 학습, 학습자, 지식, 장소, 그리고 때로는 교사에 대한 연구임. 교육학적 마주침은 이들의 역동적인 내부작용(Barad, 2007: 141)인 것. 이러한 마주침을 읽어내는 데 있어서 이 역동적인 내부작용의 특성이 결정적인 요소임. Barad가 주장하듯이, 이러한 얽힌 행위주체성, 이 경우에는 학습자, 지식, 장소와 교사의 행위주체성이 서로를 상호 구성함. 이들 각각은 그 내부작용을 통하여 발현함.

참고문헌

Barad, K. (2007), *Meeting the Universe Halfway: Quantum Physics and the Entanglement of Matter and Meaning*, Durham, NC: Duke University Press.

Barnacle, R. (2005), 'Research education ontologies: Exploring doctoral becoming', *Higher Education Research & Development*, 24 (2): 179–88.

Beck, C. and Gleyzon, F. (2016), 'Deleuze and the event(s)', *Journal for Cultural Research*, 20 (4): 329–33.

Boys, J. (2011), 'Where is the theory?' in A. Boddington and J. Boys (eds), *Re-shaping Learning- A Critical Reader*, xi–xxii, Rotterdam: Sense.

Davies, B. (2016), 'Ethics and the new materialism: A brief genealogy of the "post" philosophies in the social sciences', *Discourse: Studies in the Cultural Politics of Education*, 1–15. doi:10.1080/01596306.2016.1234682.

Deleuze, G. (1992), *The Fold: Leibniz and the Baroque*, trans. T. Conley, London: The Althone Press.

Deleuze, G. (2003), *The Logic of Sense*, trans. M. Lester with C. Stivale, New York: Columbia University Press.

Deleuze, G. and Guattari, F. (1987), *A Thousand Plateaus: Capitalism and Schizophrenia*, trans. B. Massumi, Minneapolis: University of Minnesota Press.

Ellsworth, E. (1997), *Teaching Positions: Difference, Pedagogy, and the Power of Address*, New York: Teachers College Press.

Fullager, S., Pavlidis, A. and Stadler, R. (2017), 'Critical moments of (Un)doing doctoral supervision: Collaborative writing as rhizomatic practice', *Knowledge Cultures*, 5 (4): 23–41.

Green, B. (2005), 'Unfinished business: Subjectivity and supervision', *Higher Education Research & Development*, 24 (2): 151–63.

Hannah Arendt (2013), film, Zeitgeist Films, USA.

Haraway, D. (2016), *Staying with the Trouble: Making Kin in the Chthulucene*, Durham, NC: Duke University Press.

Hein, S. (2016), 'The new materialism in qualitative inquiry: How compatible are the philosophies of Barad and Deleuze?' *Cultural Studies Critical Methodologies*, 16 (2): 132–40, DOI: 10.1177/1532708616634732.

Jackson, A. and Mazzei, L. (2012), *Thinking with Theory in Qualitative Research*, New York: Routledge.

Lee, A. and Green, B. (1998), 'Introduction postgraduate studies/postgraduate pedagogy', in A. Lee and B. Green (eds), *Postgraduate Studies Postgraduate Pedagogy*, Sydney: University of Technology Sydney.

McWilliam, E. and Palmer, P. (1998), 'Teaching tech(no)bodies: Open learning and postgraduate pedagogy', in A. Lee and B. Green (eds), *Postgraduate Studies Postgraduate Pedagogy*, Sydney: University of Technology Sydney.

Mulcahy, D., Cleveland, B. and Alberton, H. (2015), 'Learning spaces and pedagogic change: Envisioned, enacted and experienced', *Pedagogy Culture and Society*, 23 (4): 575–95.

O' Riley, P. (2003), *Technology, Culture and Socioeconomics*, New York: Peter Lang.

Rodaway, P. (1994), *Sensuous Geographies*, London: Routledge.

Roy, K. (2003), *Teachers in Nomadic Spaces: Deleuze and Curriculum*, New York: Peter Lang.

Rovelli, C. (2015), *Seven Brief Lessons on Physics*, trans. S. Carnell and E. Segre, London: Allen Lane.

Scholes, R. (1967), *The Fabulators*, New York: Oxford University Press.

Sheldon, R. (2016), 'Matter and meaning Rhizomes', *Cultural Studies in Emerging Knowledge*, 30, https://doi.org/10.20415/rhiz/030.e03.

St Pierre, E. (2016), 'The empirical and the new empiricisms', *Cultural Studies Critical Methodologies*, 16 (2), DOI: 10.1177/1532708616636147.

Thiele K. (2016), 'Of immanence and becoming Deleuze and Guattari's philosophy and/as relational ontology', *Deleuze Studies*, 10 (1): 117–34.

Truman, S. (2018), 'SF Haraway's situated feminisms and speculative fabulations in english class', *Studies in Philosophy and Education*, https://doi.org/10.1007/s11217-018-9632-5.

Wertheim, M. (1999), *The Pearly Gates of Cyberspace: A History of Space from Dante to The Internet*, Sydney: Doubleday.

Zembylas, M. (2007), 'The spectres of bodies and affects in the classroom: A rhizo-ethological approach', *Pedagogy, Culture & Society*, 15: 19–35.

CHAPTER 8

자본주의 폐허에서의 교란과 강도의 방법론

Jesse Bazzul

나의 좋은 친구인 메건 쳉(Meghan Cheng)이 피부에 관한 석사논문을 쓰고 있다고 말했을 때를 기억한다. 내가 토론토대학교의 대학원생으로 입학한지 얼마 안 되었을 때, 우리는 후기구조주의 페미니스트 수업에서 만났다. 메건은 프레젠테이션(Audre Lord[1])에 관한 것이었던 것 같다)을 하기 위해 노트북이 필요했고, 나는 그녀에게 내 노트북을 빌려줄 수 있었다. 메건은 노트북 작업을 마친 후에도 내 옆에 앉지는 않았지만, Kafka 이야기에서 나온 두 개의 현대식 건물인 New College와 OISE의 복도와 스터디 룸에서 만나곤 했다. 피부와 같은 것들을 통해, 그리고 더프린 가(Dufferin St.)의 '공원'과 같은 장소를 통해 메건은 우리에게 주어진 참고문헌의 밖에서 세계가 건설될 수 있음을 내게 가르쳐주려 노력했다. 나는 피부에 대한 메건의 이야기에 대해 더 많이 생각하고 싶었지만, 메건은 내게 필요한 것은 이미 형성되고 있는

1) 역자 주: Audre Lord(1934–1992)는 미국의 작가, 페미니스트, 여성주의자, 사서, 시민권 운동가로서, 인종차별, 성차별, 계급주의, 동성애 공포증의 불의에 맞서고 다루기 위해 많은 저술 작업과 사회적 활동에 헌신하였다. 주요작품으로 「첫 번째 도시(The First Cities)」, 「자미: 내 이름의 새로운 철자(Zami: A New Spelling of My Name)」, 「암 저널(The Cancer Journals)」 등이 있다.

피부-같은-주제에 대해 좀 더 믿음을 갖는 것이라고 말했다. 메건의 가르침을 따라 이 장에서는 교육에 대한 학문이, 이미 주어진 학문분야, 방법 및 지배적인 내러티브에서 점점 더 탈중심화되어야 하고 **교란**(*disturbance*)과 같은 개념에 더 많은 관심을 기울여야 한다고 제안한다.

교육자는 항상 지나치게 코드화하고, 처방하고 차단할 수 있는 '다수'[2]의 개념, 예컨대 성취, 성공 및 결과 등으로 연구를 시작하는 대신, Donna Haraway[3](2016)가 **이야기를 하기 위해 우리가 이야기하는 이야기들**이라고 부르는 것을 바꿈으로써 다양한 전망과 생활 방식을 가능하게 할 수 있다. 다시 말하면, 풍부하지만 불완전한, 한 명의 주인공이나 하나의 단일 사건에 관한 것이 아닌 이야기들을 사용하라는 것이다(창조 이야기들조차도 실제로는 단독의 행위에 관한 것이 아니다). Anna L. Tsing[4](2015)은 SF 작가인 Ursula Le Guin[5](2017)을 인

---

2) 다수에서 소수로의 생성을 가능하게 하는 연구(Deleuze & Guattari, 1988; Deleuze, 1994)는 삶과 존재의 다른 윤리를 유발하는 것을 목표로 하는 연구의 분야가 될 수 있다.

3) 역자 주: Donna Haraway(1944–)는 페미니즘 사상가이자 생물학자, 과학자, 문화비평가다. 해러웨이는 「사이보그 선언: 20세기말 과학, 기술, 그리고 사회주의–페미니즘」(1985), 「상황적 지식들: 페미니즘에서 과학의 질문과 부분적 시각의 특권」(1988) 등 과학과 페미니즘을 한데 묶는 데 기틀이 되는 다수의 주요 저서와 에세이를 집필하였다.

4) 역자 주: Anna L. Tsing(1952–)은 미국의 문화 인류학자다. 2007년부터 송이버섯 세계를 연구하는 모임 '마쓰다케 월드 리서치 그룹'을 조직해 송이버섯의 다종적 결합 및 송이버섯을 둘러싼 상품 사슬을 세계 각국의 학자들과 공동으로 연구하고 있다.

5) 역자 주: Ursula Le Guin(1929–2018)은 미국의 SF·판타지 작가로, 최초로 책이 출판된 1960년부터 최고의 과학소설과 판타지 문학의 대가로 주목받게 되었다. 「파리의 4월」(1962), 「어둠의 왼손」(1969), 「빼앗긴 사람들(The Dispossessed)」(1974) 등의 작품으로 휴고상과 네뷸러상을 수상하였고, 노벨문학상 후보자로 거론될만큼 문학성을 인정받고 있다.

용하여 좋은 이야기가 어떻게 미완성 상태로 남아 있어야 하는가를 보여준다.

> '캐리어백(carrier bag) 소설 이론'에서 Ursula Le Guin은 사냥과 살인 이야기들은 독자들로 하여금 개인 영웅주의가 이야기의 핵심이라고 상상하게 만든다고 주장한다. 대신 그녀는 스토리텔링이 마치 대단한 사냥(big kills)을 기다리는 사냥꾼이 아니라, 마치 수렵채취자처럼 함께 의미와 가치가 있는 다양한 것들을 집어 들어 모을 수 있다고 제안한다. 이런 종류의 스토리텔링에서 이야기는 결코 끝나지 않고 오히려 더 많은 이야기로 이어져야 한다. (p. 287)

이러한 관점에서 선언, 도덕적 교훈 주입, 반복성 및 자신감 있는 결말 대신에 실마리를 모으는 것이 학자와 교육자의 일반적인 작업이 된다. 인류세 맥락에서 얽힌 연구는 현실계(actual)와 잠재계(virtual)의 입구들과 출구들을 가진 물질적이자 담론적인 배치로 볼 수 있다. 이런 식으로 보면 학자와 연구자는 이러한 입구들과 출구들을 원래 의도된 방식과 다른 방식으로 사용하거나 다른 입구와 출구를 만들 수도 있다. 서로 다른 명령, 욕망, 관계에 열려 있는 것은 학자, 여행자 또는 체류자가 취할 수 있는 끝없는 가능성으로 이어질 수 있다. Deleuze와 Guattari(1986)에게 이것은 Franz Kafka의 몸 작업에서의 존재-정치적(onto-political) 희망이다. Kafka의 낙관적 메시지는, "**두려워 말라, 아무 것도 전체주의화되지(totalized) 않는다. 무한한 가능성이 있으며 압제적인 세력조차도 자신이 무엇을 하고 있는지 알지 못한다!**"라는 것이다.

그림 8.1은 단순한 Kafka 식의 건물을 사용하여 이 아이디어를 도

발하는 그림이다.[6]

학자들이 작업을 할 때 자신들에게 주어진 입구와 출구를 그냥 받아들이는가? 아니면 다른 것을 찾고 희망하는가? 막다른 곳이나 벽에 부딪혔을 때, 그것은 정말 막다른 곳인가 아니면 길을 찾을 수 있는가?

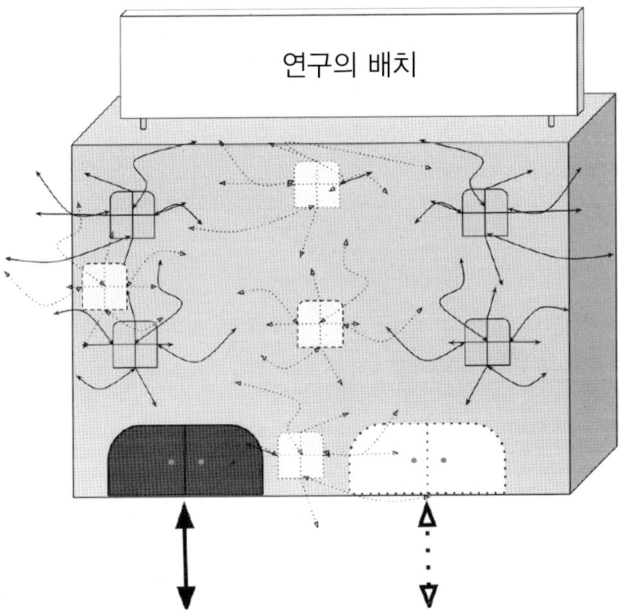

[그림 8.1] 도발: 잠재계 및 현실계의 문들이 있는 Kafka식 배치로서의 연구

6) Deleuze와 Guattari(1986)는 Kafka의 소설 「심판(The Trial)」(Kafka, 1914/1998)에서 Joseph K.에 대한 혐의의 일관성 부족을 지적한다. 이 소설의 한 가지 교훈은 어떤 규율 권력이나 기관도 전체주의화할 수 없다는 것이다. 교육 기관이 통치 장치라는 사실을 고려할 때, 교육자와 연구자는 모호한 조직 실체와 기관에 의해 적절하고 성공적이라고 여겨지는 것을 경계해야 한다.

광범위한 의미에서 배치로서의 연구와 방법론을 관련시키려 노력함에 있어서, 나는 맥락 배치 내에서 이러한 교란 개념을 발전시키는 것이 중요하다고 생각한다. 배치 작업은 욕망과 집단행동과 같은 서로 다른 힘들뿐만 아니라, 다양한 물질적인 부분, 살아있는 실체들, 이야기와 담론들, 윤리와 정치를 관련짓고 추적하고 얽히게 하려는 시도를 포함한다(Bazzul & Kayumova, 2016). Anna L. Tsing(2015)의 민족지학 저서인 「세계의 끝에서의 버섯: 자본주의 폐허에서의 삶의 가능성에 대하여(The Mushroom at the End of the World: On Possibility of Life in Capitalist Ruins)」는 돌이킬 수 없을 정도로 교란된 행성의 맥락에서 인간-이상의 존재를 포함하는 삶의 가능성, 돌봄의 흐름 및 윤리-정치적 배열을 포함하는, 차이나고 보다 상상력이 풍부한 배치들을 이끌어내는 데 도움이 된다. Tsing의 작업은 불안정한 시기에 서로 다른 삶의 방식이 필요하다는 것과 자본주의와 신식민지주의의 사악하고 지속적인 문제가 현재 이러한 삶의 형태의 주요 맥락이라는 것을 동시에 인식하게 한다. 즉, 집단적 삶의 형태에 대한 우리의 열망은 필연적으로 다종(multispecies)의 정의와 해방을 포함한다는 사실을 잊지 않는 것이다. 얽힘과 불안정성과 함께 하는 삶이라는 관점에서 본 과학 및 과학교육은 사람들이 흔히 과학과 관련시키는 다른 물질적 징후(전자장치, 자동역학기계, 생명공학으로 만들어진 곡물)와 함께, 지저분하고 불확실한 실체(탄소 배출, 플라스틱 쓰레기장, 멸종)를 남기는 특정한 종류의 번역 기계(translation machines)로 생각할 수 있다. 교란이라는 방법론적 개념을 종합할 때, 나의 의도는 방법을 개괄하는 것이 아니라 초학제적 정의-지향적인(justice-oriented) 교육연구에 대해 존재론적으로 풍부한 접근을 불러일으키려는 것이다. 독자로서 교란이나 교란과 유사한 개념을 어떻게 이해할 수 있을까? 결국, 교란은 전복적인 헤테로규범에서부터 도시 경관을 불도저로 밀어버리는 것까지 다양한 가능성을 수반할 수 있다. 인간-이상의 것, 그리고 다종의 정의에 관심을 기울이는 연구 의제를 어떻게 구성할 수 있을까? 교란에 대한 요구가 어떻게 윤리적이자 정치적인 행위인가?

몇 년 후 나는 피부와 같이 겉보기에 사소해 보이는 것에 관심을 기울이면 인간의 생각이 바뀔 수 있고 우리 종족에게 많은 도움이 될 수 있다는 메건의 가르침을 따르기 시작했다. 나는 경제적 불안과 전통적인 사회 및 생태적 관계가 변화하고 있는 인류세의 삶의 결정적인 특징으로서 교란에 주의를 기울이자고 주장한다. Anna L. Tsing의 용어로 말하면, 교란의 생태적-사회적 현실은 자본주의 폐허들 사이에서 관계-속에서-살아가기(living-in-relation)에 대한 책임을 이해하는 데 필수적이다.

1 교란, 배치 및 Anna L. Tsing의 작업

모든 환경적, 사회적, 정신적 교란은 정상성, 일관성 및 안전을 교란시키고 다양한 생태적 잠재력을 풀어놓기 때문에 퀴어(하기)(queer[ing])의 힘으로 작동한다.[7] 퀴어의 힘이 실제로 우주의 '자연적인' 힘이라는 이해는 물리학자이자 철학자인 Karen Barad(2011)의 작업이 공들여 명확하게 하려고 하는 것이다. Barad(2007)는 특정 시간, 장소, 이름, 행위주체성 및 에토스(ethos)의 현상을 설명할 수 있는 실

7) 예를 들어, 유럽의 식민화가 지구의 생물 다양성의 많은 부분을 파괴하게 만든 것과 같은 대규모 문제를 다룰 때 현대의 학문적 구분이 점점 쓸모없게 되어간다는 생각을 해 볼 가치가 있다.

재론에 대한 관심을 새롭게 강조하고 장려한다. 이 모든 것은 완전히 얽혀있고 동시에 출현하는 것이다. 얽힘의 관점에서 볼 때 삶은 사회적이고 생태학적인 교란을 수반한다. 역사적으로, 지질학적으로, 발달적으로, 심리적으로, 사회적으로 그러하다. 교란을 인류세의 삶의 특성으로 이해하는 것은 독특한 정치적 순간에 참여하고 다양한 형태의 윤리적(그리고 교육적) 삶을 만들기 위해 매우 중요하다. 교란은 Jacques Ranciere[8](2015)의 용어로 표현하자면 불협화음 정치의 일부이자 꾸러미로, 급진적 평등의 이름으로 느끼고 실행할 수 있고 생각할 수 있는 것의 미학적 차원을 전환하는, 당연시되어온 현상 유지의 붕괴이다. 이런 식으로 교란은 민주주의에 필수적인 존재론적 배경일 뿐만 아니라 자본주의, 신식민지 폐허에서의 삶에 점점 더 적응해 가게 될 현재의 생태-정치적인 사물들의 상태(eco-political state-of-things)를 탐색하는 열쇠다. 사려 깊고 성실한 교육자 및 학자들의 작업에 관한 한, 오랫동안 유지되어 온 지질학적/정치적/생물학적/문화적인 것 사이의 경계는 더 이상 교육연구에서 진지하게 방어될 수 없다. 교육 공동체는 일상적인 윤리적 삶과 공동체적 삶을 구성하는, 보다 관계적인 존재/사고 방식을 갈망하고 있다. Dwayne Donald(2012)와 같은 연구자들은 선주민의 대지-기반 교육(land-based education)을 통해 여러 형태의 집단 정치에 수반되는 관계 형태에서 윤리적 성찰을 허용하는 방식으로 관계성의 윤리를 효과적으로 육성한다. 존재 방식은 모든 정치에

---

8) 역자 주: Jacques Ranciere(1940-)는 프랑스의 철학자이며 Saas-Fee에 있는 유럽 대학원 철학 교수이자 파리 VIII 대학의 철학 명예교수다. 구조주의적 마르크스주의 철학자 루이 알튀세르 등과 함께 「자본 읽기(Reading Capital)」(1965)를 공동 집필하였으며, 1968년의 정치적 봉기를 목격한 후 알튀세주의적 마르크스주의에 반대하는 방향으로 돌아섰고, 나중에 미학에 초점을 맞춘 독창적인 작품을 개발하게 되었다.

내재되어 있기 때문에, 윤리의 문제는 우리의 얽힌 현재의 순간에 매우 중요하다. 정의-지향적인 연구에서 정치나 윤리가 잊혀지고 마는 경우가 종종 있음에도 불구하고 그러하다(Bazzul, 2018).

인간중심(주의) 주체와 담론에서 행위주체성을 전위시키고자 하는 신물질론 철학에서, 배치 개념은 인간-이상의 세계를 함께 얽히게 하는 생산적인 방법이다[9](Bazzul & Santavicca 2017). 배치는 관계와 역능을 변화시키는 힘, 물질, 담론의 집합체이다(Delanda, 2006; Deleuze & Guattari, 1988). 책, 세포, 생태계 및 정치 프로젝트는 배치이며, 특정한 역동적 관계 및 역능 또는 더 간단히 말해서 '작동 방식'의 관점에서 이해되어야 한다. 배치를 다양하고 역동적으로 이해하는 것이 필요한 이유는, 그렇게 할 때 배치를 명확한 입구, 출구, 용량, 코딩 또는 목적이 없는, 열려있는 것이 되게 하기 때문이다. 그러나 교육자들에게는 배치가 관료제와 지질학적 지층처럼 단단하고 제한적일 수 있다는 사실을 인식하는 것도 유용하다. 실제로 때때로 우리는 군사 기관의 물질적이고 코딩된 배치가 보여주듯이 이것을 원할 수도 있다(Deleuze & Guattari, 1988). 그러나 불안한 시대에 어떻게 함께 살 것인가의 문제를 다루기 위해서는 교육연구에서 모이고, 관계를 맺고, 차이를 허용하는 창의성이 필요하다. 배치는 존재론의 복잡한 질문과 그에 수반되는 윤리-정치적 질문이 연구에서 우선시될 때 도움이 되는 개념이다. 여기 형상과 디아그람에서 배치는 교란을 존재론적, 관계적 수준에서 이해할 수 있는 실질적인 배경을 구성하는 데 도움을 준다. 연구를 위한 배치의 적정성은 "거주 가능성을 고려하는 장

9) 네트워크, 클라우드, 커먼즈, 내부 활동 기관, 윤리적 관계성은 다양한 물질론 학자들이 우리가 공유하는 실재의 얽힌 '본질'을 이해하려고 시도하는 방법 중 일부일 뿐이다.

면”(Tsing, 2015: 163)을 제공한다는 것이다.

교란, 역사 및 풍경

모든 교란은 그 사건과 과정 속에 다면적이고 상세한 역사와 이야기를 가지고 있다. 이것이 무엇인지 더 잘 이해하기 위해 Anna Tsing(2015)은 예술 작품뿐 아니라 범죄 소설, 식민지 지리학, 지질 조사, 기원 신화, 과학연구 등 가능한 모든 학습 실제를 수집할 것을 조언한다. Noel Gough(2017)는 과학교사교육에서 과학 소설, 사회 이론, 예술 및 다양한 미디어를 페다고지와 교육과정 설계에 주입함으로써 이러한 접근 방식을 예시한다. 그것들을 층화하고 충돌과 접속 지점을 찾는 것은 교육자가 현재의 관계 공간을 이해하고 윤리적, 정치적으로 관련된 페다고지 및 **주목하기**(*noticing*)의 방법론을 실현하는 데 도움이 될 수 있다. 방법론 및 페다고지로서의 교란은 이야기, 삶, 물질의 얽힘을 포함한다. 즉 이는 하나의 생태계가 사실상 영원히 변화할 때와 같이 엄청난 슬픔 및/또는 행복의 창조 사건이다. 그러나 교란은 이전에 있었던 어떤 종류의 에덴동산 상태도 암묵적으로 추론하거나 의미하지 않는다. 오히려 교란은 항상 다른 교란에 이어서 일어난다. 예컨대 사랑 때문에 정치적 변화가 일어나고, 기후 변화의 결과로 화재가 일어나고, 실패한 사회주의에 이어서 파시즘이 등장한다. 교란의 결과는 좋아지든 나빠지든 가능성과 마주침이다. 교란은 Haraway(2016)의 손상된 지구행성의 다층 촉수 생명체의 시대를 의미하는 쑬루세(Chthuluscene) 개념과 Jason Moore(2015)의 자본에 의한 생태사회적 파괴의 시대인 자본세(Capitalocene) 개념을 맥락화하는 데 도움이 된다. 그 각각은 인류세가 가져온 파국의 또 다른 측면일 뿐이기 때문이다. 한편으로는 현대 자본의 추구가 수백만 년에 걸친 진화와 다양성을 교란하고 있으며, 다른 한편으로는 쑬루세 생물이 손상된 행성에서 살아가는 방법을 배우기 위해 생태 교란을 이루어온 실들을 재배치하는 작업을 수행하고 있다.

교란의 모든 의미는 앞으로 다가올 삶의 관계, 구조, 형태/배치에 따라 소급적으로 공식화된다. 이는 생태학자와 생물학자, 그리고 환경의 이질성을 연구하는 사람들에게 진실이며, 정치적 저항과 사회기술적 변화를 연구할 때도 마찬가지다. 윤리와 마찬가지로, 교란도 관계적이고 위치지어지는 것이기 때문에 완전히 특성화되거나 평가될 수 없다. '자연적' 꿀벌 공동체에 재앙이 되는 것은 지속 가능한 식량 생산에서 경쟁하는 인간-꿀벌 친족 관계가 아닐 수 있다. Anna Tsing에게 있어 교란에 주의를 기울여야 하는 주요 이유는 각각의 그리고 모든 문제가 발생하는 것을 방지하기 위함이 아니라, 매우 구체적인 역사와 이질성에 주의를 환기시키기 위함이다. 인간을 포함한 유기체가 교란을 매개하고 교란을 통해 매개체를 생성하는 방식에 대해 생각하는 것은 점점 생산적이 될 것이다. 인간은 빙하기에 적응하는 것부터 기후 변화를 통해 새와 곤충을 강제 이동시키는 것에 이르기까지 거대한 지리적 교란을 일으키고 중재해왔다. 기후 교육, 자연 속 선주민의 생활 방식, 그리고 이러한 교란을 조사하는 사회학적/환경적/인류학적 연구는 점점 더 가치가 높아질 것이다. 더욱이 말, 고래, 돌고래, 나무와 같은 우리의 다른 친족이 의사소통하고, 공유하고, 새로운 관계를 형성하여 교란을 중재하는 다양한 방법도 손상된 행성에서의 삶을 위한 귀중한 지식이 될 것이다. 이러한 방식으로 교란은 사물을 성장시키고 파괴적인 만남을 회피하게 만드는 힘에 의해 평가될 수 있는 윤리적 잠재력과 함께 온다. 교란은 각각 고유한 자신의 윤리를 갖고 있는 힘/사건이다. 그러나 교란은 되돌릴 수 없기 때문에 위험이 높다 – 되돌아갈 수 없다. 교란된 생태학의 시대에는 희망적이면서도 아직은 현실적인 가능성을 찾아야 할 때일 수 있다. Tsing이 말했듯이 "기대감이 감소된 이 시기에 나는 많은 종이 조화(harmony)도 정복도 없이 공존하는 교란-기반 생태학을 찾는다."(p. 5).

2 예측 불가능성과 차이: 교란이란 무엇인가?

교육연구가 초학제적 문턱을 넘어섰고 따라서 기존의 학문적 연구는 적절성이 떨어지게 되었다. 그러나 과학, 역사, 지질학, 정치학과 같은 엄격한 근대 학문적 경계에 대한 광범위한 침식은 20세기 초반에 이미 진행 중이었다. Anna Tsing은 Laura Cameron(1999)의 에세이 「교란의 역사(Histories of Disturbance)」와 같이 사회적 환경과 생태학적 요소를 내장의 마주침(a visceral encounter)으로 가져오는 작업에서 영감을 얻는다. Camerons의 역사 분석은 Arthur Tansley의 업적과 영국 케임브리지셔주(Cambridgeshire)에 있는 위켄 펜(Wicken Fen)[10]의 다양한 생태적 천이 패턴에 대한 보존 작업을 뒤따른다. Tansley의 초학제적 업적은 그로 하여금 Freud의 정신분석에 의하여 대중적 존재양식으로 '교란된' 개인적 삶에서의 교란이 교란된 자연환경에서 이루어지는 생태적 천이의 특정 측면과 어느 정도 유사하다는 사실을 알 수 있게

10) 역자 주: 위켄 펜(Wicken Fen)은 영국 최초의 자연 보호 구역이며 유럽에서 가장 중요한 습지 중 하나로, 1899년에 문을 열었다. 국제 지정에 의해 람사르 습지대로 보호받고 있으며, 다양한 동식물이 서식하고 있다.

한다.[11] 즉, '자연환경'에 대한 산업화, 도시화, 농업의 교란처럼, 어린 시절의 트라우마라는 교란은 발달, 성장, 심지어 미래가 어떻게 펼쳐질지에 대한 정상화된 기대를 벗어나는 출현 및 가능성의 조건을 만든다. 인간은 자신의 역사 때문에 예측할 수 있을 뿐만 아니라 예측할 수 없이 행동하고 생각한다. 마찬가지로, 교란된 경관, 자연 보호 구역, 공원 및 휴경지의 '자연적' 천이는 반드시 예측 가능한 패턴을 따르는 것이 아니라, 예측할 수 없는 배치로 삶과 환경의 "방향을 갑자기 벗어날" 수 있다. 다시 말해서, 트라우마에 대한 인간의 반응처럼, 인간이나 다른 유기체에 의해 일단 방해되거나 크게 변경된 특정 공간의 펼쳐짐은 기본적인 천이 생태계 외부에서 완전히 다른 일련의 우연성을 취할 수 있다. 유사하게, 사람들이 가지는 내장의 경험은 현재 및/또는 미래에 일어나는 일에 감응한다. 교란에 대한 독특한 반응을 연구하는 것은 인간 공동체가 교란을 향한/위한 책임을 발전시킬 방법을 더 잘 알릴 수 있다(생태학적, 사회적 또는 정신적으로도 마찬가지다). Cameron(1999)이 말했듯이, "위켄 펜은 이례적인 천이를 포함했지만, 생태학 연구에서는 Freud식 분석에서와 같이 정상적으로 작동하는 메커니즘을 연구하기 위해 교란을 연구할 수 있었다"(p. 17).

따라서 교란에 주의를 기울이는 것은 더 큰 방법론적 및 존재론적 함의를 수반한다. 왜냐하면 생태학적, 사회적, 심리적 삶에서 교란은 (이러한 교란에 대한 응답으로) 존재가 번성할 방식을 근본적으로 변경하기 때문이다. 모든 생태 공간이 규정된 천이 흐름을 따르는 것은 아니며, 이 행성에 있는 다종(多種)들의 생존도 그렇지 않으며 앞으로도 그렇지 않을 것이다. 관계에 있어 '자연적인' 또는 정상적인 존재

11) Freud와 Tansley 간의 긴밀한 관계는 심리학과 식물학 사이에 다리를 놓는 데 도움이 된다.

방식은 없으며, 그런 적도 없었다. 더욱이, 교란의 맥락 밖에서 번성하는 다종을 추구하는 것은 해로울 수 있다. 따라서 교란과의/내에서의(with/in) 얽힘은 인식-존재-윤리적 실천일 뿐만 아니라 강도 있는 관계성을 향한 방법론적 초점의 전회이다. 여기서 강도는 별개의 것이 아니라 맥락과 관계에 따라 달라진다. 강도는 정량화와 단수성을 벗어나는 실존과 존재의 형태/측면이다. 교란과 같은 개념/사건을 연구하는 전반적인 목표는 삶이 어떻게 다르게 살아질 수 있는지에 대한 보다 관계적인 설명이다. Tansley의 뜻하지 않은 '식물 정치학'과 마찬가지로, 교육자와 연구자는 교란 전후에 침묵하는 세력에 주의를 기울이면서 교란의 창조적 정치학에 기초한 초학제적 방법론을 개발할 수 있을 것이다. '주의를 기울이는 것'은 연구자에게 초학제적인 연결 다리가 될 수 있다. 교란에 주의를 기울이는 명백한 방법이 없다면, 연구의 윤리적 전회가 이러한 다양한 지식과 실제를 발전시킬 것임이 이치에 맞다.

연구에 대한 보다 창의적인 존재론적 접근은, 현실을 세계에서 차이의 출현과 반복으로 보는 것이다(Deleuze, 1994). 교육 공간에서는 다른 존재와 다양한 생활 방식이 서로 다르게 나타나므로 모든 교사는 해마다 이러한 차이를 경험한다. 차이의 반복은 미디어의 역사뿐 아니라 생물학적 진화에서도 분명히 나타난다(Peters, 2015). 요컨대 관계적 세계는 차이의 반복을 통해서만 가능해진다. 이러한 방식으로, 특히 우리가 차이를 다른 실체에 대한 강렬한 관계의 한 형태로 이해한다면, 교란은 차이의 출현이다. 이것은 우리를 교란의 근본적인 문제 중 하나로 다시 데려가는데, 그 물질 배치에서 무엇이 교란이나 배치를 구성하는지는 절대적으로 명확하지 않다. 지진과 '지진 잠재력'의 방출은 여러 생태계 또는 지역 사회를 파괴할 수 있지만, 그러나 새로운 삶을 위한 틈새를 만든다(그림 8.2 참조). 교육적 주도권에 대한 학습자의 저항은 건전하면서도 문제가 될 수 있다. 이것이 교란을 분석 도구/개념으로 사용할 때 관찰자의 관점에 대한 인식이 중요한 이유이다(Tsing, 2015). 보편적인 측정도구는 없으며, 오히려 교란을 보는 데 사용된 렌즈와 경험과의 이질적인 관계 속에서 교란을 바라볼 필요가 있다. 교란이 '좋은지 나쁜지'의 여부는 대체로 그 교란에서 흘러나오는 생명-긍정의 사회적-물질적 배치에 의해 결정된다. 이런 식으로 교란은 연구뿐만 아니라 삶의 소명을 제안한다. 프로젝트, 경력, 열정적인 탐구를 여기(내 마음이 메건에게로 흐르는 곳)에서 시작하는 이유는 무엇일까? 많은 생명이 살 수 없는 삶일까? '교란시키는 것'을 인정하지 않는다면, 연구자들은 후기 자본주의, 백인 우월주의, 인간중심주의 하에서 삶을 교란하지 않기 위해 단순히 속이는 것인가?

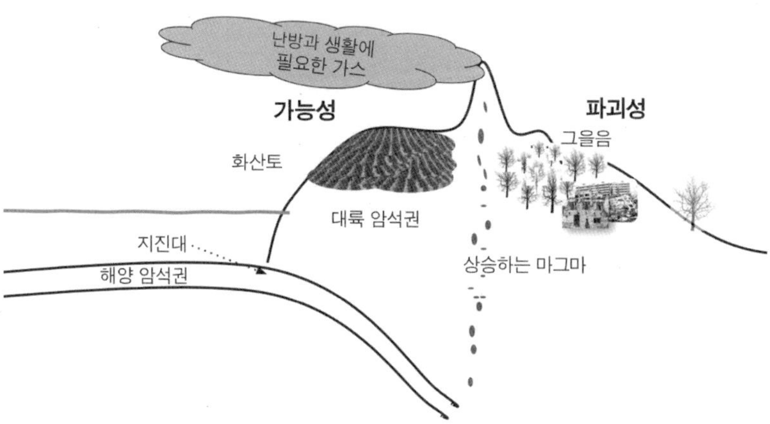

[그림 8.2] 도발: 교란의 이중 측면인 가능성과 파괴성

Deleuze의 스타일을 따라, 다음 절에서는 교란에 대한 일부 이해를 유도하기 위한 일련의 배치 또는 디아그람을 제안한다. 디아그람은

사유를 발생시키는 비담론적이면서 동시에 담론적인 '기계'이며, 그렇지 않으면 실패한다(Deleuze & Parnet, 2007). 무엇인가가 어지럽혀진 이후 교육자와 연구자는 교란을 어떻게 볼 수 있을까? 이것은 기본적인 방법론적 질문으로, 얽힘, 차이 및 관계성의 지역적 및 세계적 실재를 참여시켜야 하는 것이다. 그것은 본질적으로 물질론적인 질문이다. 왜냐하면 인간-이상의 것의 분포뿐만 아니라 지역적 맥락과 역사가 교란, 그리고 교란과 생명과의 관계에 접근하는 데 기초가 되기 때문이다. 연구자들이 더 나은 미래를 위한 방법론을 만들어 나갈 때, 미리 직조된 방법(그리고 이론)에 지나치게 의존하지 않고 앞으로 나아가면서 이러한 방법론을 통해 어떻게 존재론적으로 생각할 수 있을까? 미리 직조된 방법이 연구자들에게 표준이 된다면 가장 중요한 질문은 이 '조립식' 부품으로 세계에서 도대체 무엇을 조립할 것인가이다.

3 교란의 형상

이제 대규모의 교육연구와 관련하여 교란이 의미하는 바를 상상해 보는 것이 적절할 수 있다. 방법론적으로 디아그람 작성의 목표는 창의적 사고를 유발하고 학문적 경계를 허물고 교육연구를 위한 다양한 방향을 찾는 것이다(Bazzul, Wallace, & Higgins, 2018). 이 절의 도발적 형상은 사고-기계(thought-machines)로 간주될 수도 있는 디아그람의 물질적-담론적 조합이다. 이는 문서 텍스트가 할 수 없는 방식으로 토론에 경의를 나타내고 인간-이상의 것에 대해 생각하는 다양한 방법과 우리가 공유하는 세계가 어떻게 배치될 수 있는지를 제공하기 위한 것이다. 그림 8.2는 화산 활동을 통한 교란의 모호하고 다면적인 특성을 보여준다.

한편으로는 화산 활동이 뉴스 미디어에서 무서운 사건으로 보도되고 있으며 그럴만한 이유가 있다. 파괴의 그을린 경로는 주목할만하며 많은 마을 공동체를 파괴할 수 있는 다른 지진 활동을 신호한다. 그러나 지질 시대에는 화산 활동이 생명체가 살 수 있도록 지구 표면을 충분히 가열하는 데 필요한 가스를 방출하고 비옥한 토양을 만들기 위해 물과 영양분을 제공하는 데 필요했다. 마찬가지로 CO_2와 같은 가스의 존재 여부는 오늘날 생명이 어떻게 번영할 것이지, 그리고 과연 번영할 수 있을지를 결정하는 데 도움이 되며, 일부에서는 기후 변화 및 탄소 경제와 같은 거대한 교란이 과학 정책 및 과학 교육의 중심이 되어야 한다고 주장한다(Bazzul & Tolbert 2017; Sharma 2012). 교육연구자들에게 교란의 이러한 여러 측면은 교육적인 삶을 위한 긴급한 조건들을 결정한다. 따라서 그것이 전쟁이든, 불평등이든, 심지어 큰 사회적 변화를 통해서든, 우리는 교란이 새로운 집단을 모으는 방식을 조사해야만 한다. 교란의 다차원적 측면은 또한 교육자가 종종 다른 형태의 분석을 허용하지 않는 근시안적인 도덕적 질문들을 피할 수 있도록 한다. 대신, 교란의 영향을 받는 다양한 실체들 사이에 관계 속의 윤리(the ethics in-relation)가 나타난다.

식민지화, 대량 학살 및 말-기반 치유(Eyininiw mistatimwak)

내가 살고있는 캐나다의 서스캐처원과 지구 대부분의 지역에서, (신)식민지화와 자본주의를 통한 인간과 인간-이상의 것에 대한 일회용 처분 가능성과 대량 학살이 현재 여러 형태의 생명체에 대한 가장 극명한 교란을 구성하고 있다. 선주민 학자들이 식민지화, 치유, 부활을 엮어가는 연구에 앞장서고 있다. Angela Snowshoe와 Noel Starblanket

(2016)의 문화-긍정 역사와 치유 작업은 두 가지 거대한 교란을 얽히게 한다. 즉 선주민에 대한 체계적인 대량 학살과 북미의 Lac Lacroix 인디언의 토종 조랑말이라는 존재의 멸종에 관한 연구이다. 선주민 청소년들이 말-기반 치유(horse-based healings, 선주민 언어로 eyininiw mistatimwak)에 직접 접근하게 함으로써 말이 치유의 대상이 아니라 치유와 배움의 중심이 된다. Lac La Croix 인디언의 토종 조랑말은 식민지화를 통해 멸종되고 가려졌지만, 이 대량 학살에 대응하여 일어난 재생 노력으로 인해 선주민들과의 얽힘과 친족 관계가 활성화되었다. 그림 8.3은 이러한 부활과 역사적 얽힘의 일부를 보여준다.

[그림 8.3] 도발적인 자연사, 식민지화와 교란

출처: Carla A. Osborne(2018)이 제공한 거북섬 지도.

이러한 관계에서 발생한 배치는, 윤리-정치적 가능성은 풍부하지만, 선주민 청소년과 멸종 위기에 처한 종에게는 상당히 황량하고 위협적이다. Snowshoe와 Starblanket의 작업은, 북아메리카의 모든 말이

스페인의 식민지 기업에 의해 도입되었다는, 널리 퍼진 잘못된 신화와 모순되는 Lac La Croix 선주민의 토종 조랑말에 대한 구전 역사가, 식민지 이야기와 불충분한 과학적 증거가 그것을 정당화할 수 없기 때문에(많은 형태의 데이터를 수집하라는 Tsing의 요청을 기억하라) 어떻게 하찮은 것으로 특징지어졌는지를 설명한다. 조랑말의 유산을 부인하는 것은 Lac La Croix 선주민의 토종 조랑말을 백인 유럽인의 사유재산으로 압류하는 데 정당화 논리로 작용했다. 지금은 Lac La Croix 선주민의 토종 조랑말이 유럽인 도착 훨씬 전에 존재했다고 생각한다. 이 조랑말들의 역사를 탈식민화하려는 노력에 더해서, 그들은 이제 영성, 공동체 참여, 그리고 인간-이상의 친족을 포함하는 탈식민화된 새로운 치유 형태의 중심이다(이 치유의 토착적이고 임상적인 측면은 이 장의 범위를 벗어나지만 읽어볼 것을 강력히 추천한다). Snowshoe와 Starblanket의 얽힌 선주민 치유 실제는 평소와 같은 교육심리학 연구가 아니라 오히려 선주민 청소년의 삶과 연구가 교란 이후에 어떤 모습일지 보여주는 예이다. 또한 교육은 (집단 학살이라는) 교란의 양면에서 역할을 한다는 것을 기억해야 한다. 캐나다 맥락에서 기숙학교는 캐나다 선주민 공동체의 지속적인 불평등과 건강 위험을 만들고 유지하는 데 도움이 된 문화적 대량 학살에서 막대한 역할을 했다(Miller, 2017 참조). 신식민주의에 주목하는 연구는 이러한 교란 이후에 남겨진 가능성의 실마리에도 주의를 기울일 필요가 있다.

공원과 공유지의 교란

도시들은 교란의 두꺼운 층 위에 놓여 있다. 최근 뉴욕시에서 열린 미국교육연구학회(AERA)의 학술대회는 나와 같은 특권층이면서 문제시 되는 많은 교육학자들을 여러 가지 교란의 한가운데에 놓았다.

주목할 만한 것은 미드 타운에서 할렘에 이르는 거대한 도시공원인 센트럴파크이다.

몇 달 전에 교란에 대한 Laura Cameron(1999)의 글을 읽은 후, 위켄 펜과 완전히 다르지 않은 할렛(Hallett) 자연 보호 구역 센트럴파크 내의 작은 보호 구역이 즉시 내 관심을 끌었다. 이러한 도시(같지 않은) 공간은 역사적 기억(공원 개발에 대한 삭제된 설명)과 망각(공원을 만들 수 있게 한 식민지화와 백인 지배)뿐만 아니라 도시와 숲의 삶 모두에 대한 상호 교란을 통해서 자연/문화/사회/생물학/인간-이상/인간의 구분을 무너뜨린다. 할렛의 자연 보호 구역과 같은 공간은 유럽인의 북미 도착과 엘리트주의적인 도시 계획이 교란된 삶의 계속해서 갈라지는 배치의 부분임을 상기시켜준다. 이러한 교란된 실체 중 하나인 세네카(Seneca) 마을은 센트럴파크 이전에 존재했던 커뮤니티였으며 공원 건설을 위해 19세기 중반에 강제로 파괴되어 주로 유색인종으로 이루어진 수백 명을 이주시켰다(Viele, 1856). 세네카 마을은 주로 활기찬 흑인 커뮤니티에 의해 건설되었는데, 상대적으로 부유한 경제와 시민 기관들을 표적으로 삼아 파괴하는 데 반대하기 위해 조직된 커뮤니티였다. 교육자들에게는 도시의 대규모 생태 및 사회적 교란에 초점을 맞추는 것이 적절하지만, 현재 도시 생활 방식의 '자연스러움' 아래에 대규모의 다양한 교란들이 있다는 사실이 종종 잊힌다.

세네카 마을은 대부분 잊혔고(Manevitz, 2014), Freud의 잠재의식과 마찬가지로 자연스럽게 받아들여지고 묻혔다. 이러한 망각 행위는 한때 풍부했었던 페다고지와 연구 분야였던 미국 시민 및 사회과 교육의 제거와 맞물려있다. 교육연구자들은 공공의 이익보다 사적 이익을 위해 봉사하는 수년간의 신자유주의 정책을 통해 역사연구 역시 교육연구라는 사실을 잊어버린 것 같다. Haraway(2016)는 정의-지향적인 학자를 위해 다음과 같이 조언한다.

> 우리가 다른 문제들을 생각하는데 어떤 문제들을 가지고 생각하느냐가 중요하다. 우리가 다른 이야기들을 하기 위해 어떤 이야기들을 가지고 이야기하느냐가 중요하다. 어떤 매듭이 매듭을 매듭짓는지, 어떤 사유가 사유를 사유하는지, 어떤 설명이 설명을 설명하는지, 어떤 묶기가 묶기를 묶는가가 중요하다. 어떤 이야기가 세계를 만들고 어떤 세계가 이야기를 만드는가가 중요하다. (p. 12)

소비주의와 식민주의 내러티브가 인간 발달이 빈 공간에서 선형 방식으로 일어난다는, 그리고 (백인) 엘리트들은 우리가 공유하는 세계가 어떻게 느껴지고, 보이고, 들리는지에 대하여 아무 문제없이 미적 구성으로 만들어내고 표상할 수 있다는, 위험할 정도로 단순한 개념으로 이어진다는 것은 우연이 아니다. 결과가 센트럴파크처럼 아름다운 소우주일지라도! 교란에 주목하는 것은 과거와 현재의 관계를 포함한다. 즉 이것은 존재-시간-방법론적 과제이다.

4 강도의 방법론과 교란에 주의 기울이기

지금까지 나는 교란이라는 개념을 관계적이고 강도와 관련된 개념, 즉 윤리와 존재의 맥락, 관계, 고려에 의존하는 개념으로 소개했다. 이것이 초학제적 교육연구에 어떤 의미가 있는지 논의하면서 결론을 내리고자 한다. Deleuze와 Barad의 관점 모두에서 방법론은 차이를 끌어내고 세계에서 존재론적 윤리-정치적 절단을 만들기 때문에 강도의 힘이다. 피부에 대한 메건의 작업과 같은 연구 및 방법론적 접근, 교란과 같은 개념들은 우리를 생태적, 사회적 위기로 계속 몰아대는 범주를 교란시킨다. 대신에 교육자들과 학자들은 존재론적 힘으로서의 교란에 주의를 기울이는 다른 관계적 방법론을 모색할 수 있다. 개방적인 탐구에 가치를 부여하는 연구자들은 이미 방법론이 강도에 따라 이루어진다는 것을 이해하고 있다. 이는 연구가 '끝날 때'까지 방법론을 실질적으로 이해하는 것이 종종 불가능하다는 것을 의미하며, 심지어 오랜 시간이 지난 후에까지 그럴 수도 있다. 교란은 안정적인 지반으로 생각되었던 것을 변경하여 잊혔던 세부 사항들이 중요해질 수 있는 공간을 제공한다(Haraway, 2016).

손상된 행성에서의 삶은 살아가고 생존할 다른 방법을 찾는 것을 의미한다. 교란은 돌이킬 수 없지만, 공통적으로 부활할 수 있는 기회는 여전히 실현될 수 있다. 교란이 생명의 힘이라면 Anna Tsing(2015)은 이 교란의 큰 강들 사이에서 "서로 맞물려있는 삶의 작은 소용돌이들"(p. 190)을 상상하게 한다. Tsing에 따르면 이러한 소용돌이는 다성음을 낼 것이며 함께 존재하는 방법을 모을 것이다. 여기에는 인류세의 많은 교란을 만들어낸 역사적, 사회적, 물질적인 생산의 흐름에 대한 참여가 포함된다. 교육연구는 이러한 다성음을 찾는 데 있어 어떤 한계도 받아들여서는 안 된다. Tsing은 우리에게 연구에서 당연하게 여겨지는 확장성에 대해 진지하게 질문할 것을 요청한다. 하나의 프로세스로 모든 것을 해결하려는 접근 방식은 인간이 우리를 둘러싼 존재들과 건강하고 윤리적인 관계를 맺도록 하지 않는다. 돌이킬 수 없고 모호한 교란은 우연성, 비결정성 및 시간을 통하여, 세계의 많은 부분이 확장 가능하지 않으며 공유된 세계를 이런 식으로 단순하게 보는 것이 해로울 수 있음을 보여준다. 연구자들이 지원하고 구축하는 대규모 교육 시스템에는 다양한 탐구 공간이 주입되어야 한다(Wallace, 2017 참조). 이것은 기술적 프로젝트가 절대적으로 가치가 없다는 것을 의미하지는 않는다. 이는 단지 이러한 프로젝트가 완전히 상황에 달려있음을 의미한다. 이러한 공간에서 이론과 방법은 항상 중간에 있거나, Donna Haraway가 말했듯이 '진흙탕 속'에 있다. 교육 분야에서 경력을 쌓으면서, 나는 작은 학문적 거품 외부에 사는 광대한 대다수의 것들에 주의를 기울일 때 가장 살아 있음을 느꼈다.

메건의 응답

메건에게 피부에 관한 그녀의 논문 전자 사본을 보내달라고 이메일을 보냈을 때 즉시 응답을 받았다. 내가 생각하기에 "우리는 끊임없이 손을 더럽히려고 노력하고 있는데, 때로는, 어쩌면 종종, 약간의 흙을 남겨 둘 필요가 있답니다. 그리고 우리가 어떤 길을 선택하든, 유행이든 아니든, 창의성, 접속, 심지어 사랑의 가능성은 내재적입니다."라고 쓴 메건의 응답은 연구의 좌절할 정도로 양가적인 이해관계를 한마디로 요약해주는 것 같다.

제시!

지금 피터버러(Peterborough)에 있는 여동생을 방문하고 있어요. 내 노트북을 갖고 오지 않았어요. 그리고 어쨌든 당신에게 보내고 싶지 않답니다. 그건 너무 엉터리이고 엉성한 작업물이에요.

나는 학문의 세계를 나왔어요. 이제 혈액과 체액에만 관심이 있답니다.
나는 첫 번째 실습을 마치고 27명의 아기가 태어나는 것을 보았어요.
제 손으로 6명을 받았답니다!
당신은 어떻게 지내나요??

M

(Meghan Cheng, 개인적 소통, 2018년 5월 2일)

감사의 글

이 장을 가능하게 해준 이 컬렉션의 편저자들인, Matthew Thomas와 Robin Bellingham, 그리고 Noel Gough, Meghan Cheng에게 감사드린다. 나는 또한 Lac La Croix 선주민의 토종 조랑말과 그들을 인식하고 보존하기 위해 강도 높게 노력한 사람들의 끈기에 감사를 보내고 싶다. 마지막으로, 신식민주의에 맞서는 선주민의 지속적인 투쟁과 인간-이상의 친족을 존중하는 방식으로 작업을 공유할 수 있도록 사려 깊게 시간을 할애하여 주신 Angela Snowshoe에게 감사드린다.

주요 용어

인류세(Anthropocene)
우리의 현재, 그리고 다소 논란의 여지가 있는 지질학적 시대로서, 하나의 종(호모 사피엔스)의 활동이 수백만 년 동안 우리 행성에 물리적, 생물학적, 지질학적 흔적을 남기는 시대를 의미함.

교란(Disturbance)
정착되거나 안정된 상태에 대한 감각되거나 감지된 방해. 교란은 생태학적, 심리적, 사회적, 철학적, 조직적, 지질학적일 수도 있음.

배치(Assemblage)
살아있는/살아있지 않은, 현실계/잠재계의, 담론적/물질적이거나 간에 서로 관련되어 있는 다층적 실체들로, 각 개체(또는 부분)는 다른 개체와 관련된 위치에 따라 고유한 역능과 외부성의 관계를 가짐.

강도의(Intensive)
이 장에서 강도는 Deleuze 식의 의미로 사용됨. 즉 나누거나 정량화할 수 없는 존재의 상태를 기술하는 무언가의 속성 또는 측면. 강도적인 것, 또는 강도는 다른 존재 상태와의 관계적 차이 때문에만 존재함. 그러므로 잠재적인 변형 또는 차이생성해가는 강도의 관계에 내재되어 있음.

초학제적(Transdisciplinary)
학문 간의 경계를 유동적이고 불분명하게 만드는 방식으로 학문을 넘나드는 실천임.

참고문헌

Barad, K. (2007), *Meeting the Universe Halfway: Quantum Physics and the Entanglement of Matter and Meaning*, Durham, NC: Duke University Press.

Barad, K. (2011), 'Nature's queer performativity', *Qui Parle: Critical Humanities and Social Sciences*, 19 (2): 121–58.

Bazzul, J. and Kayumova, S. (2016), 'Toward a social ontology for science education: Introducing Deleuze and Guattari's assemblages', *Educational Philosophy and Theory*, 48 (3): 284–99.

Bazzul, J. (2018), 'Ethics, subjectivity, and sociomaterial assemblages: Two important directions and methodological tensions', *Studies in Philosophy and Education*, 37 (5): 467–80.

Bazzul, J. and Santavicca, N. (2017), 'Diagramming assemblages of sex/gender and sexuality as environmental education', *The Journal of Environmental Education*, 48 (1): 56–66.

Bazzul, J., Wallace, M. F. and Higgins, M. (2018), 'Dreaming and immanence: Rejecting the dogmatic image of thought in science education', *Cultural Studies of Science Education*, 13 (2): 1–13.

Bazzul, J. and Tolbert, S. (2017), 'Reassembling the natural and social commons', in A. J. Means, D. R. Ford and G. B. Slater (ed), *Educational Commons in Theory and Practice*, 55–73, New York: Palgrave Macmillan.

Cameron, L. (1999), 'Histories of disturbance', *Radical History Review*, 74: 5–24.

Cheng, M. (2 May 2018), Email communication to Jesse Bazzul.

DeLanda, M. (2006), *A New Philosophy of Society: Assemblage Theory and Social Complexity*, New York: A&C Black.

Deleuze, G. and Guattari, F. (1986), *Kafka: Toward a Minor Literature*, vol. 30. Minneapolis: University of Minnesota Press.

Deleuze, G. and Guattari, F. (1988), *A Thousand Plateaus: Capitalism and Schizophrenia*, New York: Bloomsbury Publishing.

Deleuze, G. (1994), *Difference and Repetition*. New York: Columbia University Press.

Deleuze, G. and Parnet, C. (2007), *Dialogues II*, trans. H. Tomlinson and B. Habberjam, New York: Columbia University Press.

Donald, D. (2012), 'Forts, curriculum, and ethical relationality', in N. Ng-A-Fook and J. Rotman (ed), *Reconsidering Canadian Curriculum Studies*, 39–46, New York: Palgrave Macmillan.

Gilbert, S. F. (2017), 'Holobiont by birth: Multilineage individuals as the concretion of cooperative processes', in A. L. Tsing, N. Bubandt, E. Gan and H. Swanson (eds), *Arts of Living on a Damaged Planet: Ghosts and Monsters of the Anthropocene*, 73–89, Minneapolis: University of Minnesota Press.

Gough, N. (2017), 'Specifying a curriculum for biopolitical critical literacy in science teacher education: Exploring roles for science fiction', *Cultural Studies of Science Education*, 12 (4): 769–94.

Haraway, D. J. (2016), *Staying with the Trouble: Making Kin in the Chthulucene*, Durham, NC: Duke University Press.

Kafka, F. (1998[1914]), *The Trial*, New York: Knopf Double Day Publishing Group.

Manevitz, A. (28 July 2014), 'Guest post: Seneca village memory: The problem of forgetting', *The Junto: A Group blog on Early American History*. Available at: https://earlyamericanists.com/2014/07/28/seneca-village-memory-the-problem-of-forgetting/ (Accessed 25 April 2018).

Moore, J. W. (2015), *Capitalism in the Web of Life: Ecology and the Accumulation of Capital*, New York: Verso Books.

Le Guin, U. K. (2017), *Dancing at the Edge of the World: Thoughts on Words, Women, Places*, New York: Grove Press.

Miller, J. R. (2017), *Residential Schools and Reconciliation: Canada Confronts Its History*. Toronto: University of Toronto Press.

Osborne, C. (2018), *The Moonspeaker: Where Some Ideas Are Stranger Than Others*. Available at: http://www.moonspeaker.ca/TurtleIsland/TurtleIslandMap/turtleislandmap.html (Accessed 2 May 2018).

Peters, J. D. (2015), *The Marvelous Clouds: Toward a Philosophy of Elemental Media*, Chicago, IL: University of Chicago Press.

Rancière, J. (2015), *Dissensus: On Politics and Aesthetics*, New York: Continuum Publishing.

Snowshoe, A. and Starblanket, N. V. (2016), 'Eyininiw mistatimwak: The role of the Lac La Croix Indigenous Pony for First Nations youth mental wellness', *Journal of Indigenous Wellbeing*, 2 (2): 60–76.

Sharma, A. (2012), 'Global climate change: What has science education got to do with it?' *Science & Education*, 21 (1): 33–53.

Tsing, A. (2015), *The Mushroom at the End of the World*, Princeton, NJ: Princeton University Press.

Viele, E. (1856), Topographical Survey for the Grounds of Central Park. *Collection of the New-York Historical Society.*

Wallace, M. F. (2017), 'Subjects in the threshold opening-up ethnographic moments that complicate the novice/veteran science teacher binary', *Issues in Teacher Education*, 26 (3): 96–110.

CHAPTER 9

교육연구의 횡단성:

위기와 일탈의 공간 이론화를 위한 헤테로토피아 활용하기

Marguerite Jones 및 Jennifer Charteris

1 들어가는 말

헤테로토피아는 지리학자, 건축가, 문학비평가 등이 모두 활용하고 있는 개념으로(Knight, 2017), '다른 공간'이라고 표현할 수 있는 리미널(liminal)[1] 공간, 움직이는 영토 혹은 장소이다. 앞의 인용에서 예시하듯이, 헤테로토피아(이 경우 '배[boat]'라는 움직이는 공간)는 다른 공간과 병치될 때 정치적 기능으로 작동할 수 있다. 연구 실제를 헤테로토피아적인 것으로 바라볼 때 우리는 세상에 대하여 다르게 사유할 수 있게 된다. Foucault(1984)는 연구 실제의 개념적 틀로 활용될 수 있는 헤테로토피아의 차원을 설명한 바 있는데, 이는 연구자로서의 여정을 시작한 이들에게 특히 도움이 되는 발견적 개념이다. 이 장에서 우리는 Foucault(1986)가 제안한 헤테로토피아의 여섯 원리를 교육에 적용하고자 한다. 헤테로토피아가 가진 초영토성은 규범으로 자리잡아온 정상성(normativity)[2]을 뒤흔드는 힘을 가지고 교란한다.

---

1) 역자 주: 'liminal'의 번역에 대한 6장의 8번 역자 주를 참조하기 바란다.

2) 역자 주: 'normativity'는 '규범성'으로도 번역되곤 하나, 지배담론에서 정상적인 것, 지극히 당연하고 자명하게 여겨온 표준, 기준, 평균, 절대 진리 등에 대한 문제의식을 담기 위하여 '정상성'으로 번역함을 밝혀둔다.

Foucault의 '헤테로토폴로지(heterotopology)' 개념을 차용하여, 연구의 이론적이면서 개념적인 틀로 활용할 수 있는 공간-시간적(spatio-temporal) 접근을 취하고자 한다. '헤테로토폴로지' 개념은 체계적으로 서술할 수 있는 발판을 제공하며, 따라서 사회적 공간의 지도 그리기, 비평하기, 잠재적 균열 만들기를 가능하게 해준다. 신진 연구자들을 위하여 두 가지 발견적 방식으로 제시한다. 첫 번째는 헤테로토피아에 대하여 글을 써온 연구자들을 열거하고 그들의 교육연구 분야를 개관하는 것이다. 두 번째는 헤테로토피아의 여섯 원리를 자세하게 소개하는 것이다. 교육이라는 공간을 흔들어 교란시키면서 현싱을 읽어낼 수 있는 비규범적인 연구의 가능성을 인식할 수 있는 출발점이자, 연구를 위한 지렛대 역할을 할 수 있을 것이다. 이 장은 헤테로토피아 공간을 생성해내는 연구접근법으로서 공동전기(collective biography)를 활용했던 연구자(Davies & Gannon, 2006, 2013)의 이야기로 마무리된다.

2 헤테로토피아는 어떻게 기능하는가?

아르헨티나 철학자인 Jorge Luis Borges의 이론에 따르면, 헤테로토피아는 장소를 뜻하는 **토포스**(*topos*)와 다른 혹은 타자를 뜻하는 **헤테로스**(*heteros*) 개념을 결합한 용어이다. 리미널 공간은 이러한 어원 연구를 통하여 개념화될 수 있다. 공간을 이론화하는 데 헤테로토피아를 활용하는 방안은 Michel Foucault를 통하여 전면에 떠올랐다. Foucault는 1966년에 출간된 저서 「말과 사물(Les mots et les choses)」(Foucault, 1966)의 서문에서 헤테로토피아를 처음으로 소개한다(이 책은 이후 1970년 「The Order of Things: An Archaeology of the Human Sciences」[3)]라는 제목으로 영어권에 번역되었다). 헤테로토피아는 경험들이 이루어지는 공간의 확실성에 이의를 제기하고서 엉클어짐을 풀어낸다. 이에 따라 헤테로토피아는 비평과 논평, 여타의 조망을 가능하게 해주는 관점을 제공한다. 헤테로토피아는 "정체성, 문화적 의미의 지도, 권력 관계, 신체의 기술적 사용이 전통적 및 비전통적 방식으로 집행되는"(Atkinson & Kehlder, 2010: 74) 지대이다.

그리스 신화에 나오는 이집트 신들 중에서 카론은 헤테로토피아 지대인 자신의 배를 저어 스틱스 강을 건너 방금 죽은 자들의 영혼을 하데스에게 인계한다. 카론의 배처럼, 헤테로토피아는 자신들이 횡단하는 세상에 속하지 않는 다른 공간이다. 배는 헤테로토피아적인 공간으로, 다른 공간들을 이동하면서 맥락 속의 관계나 개념의 교차 작용을 바라볼 수 있는 '외부적 위치(outside position)'를 제공한다는 측면에서 횡단성을 가진다. 헤테로토피아의 지도를 그려냄으로써 사회과학 연구에서 공간을 재현하는 동시에 이를 반전시키거나 일그러뜨리는 횡단적 읽기가 생성될 수 있다. 헤테로토피아는 초영토성의 정치를 탐색하게 해준다. 이는 고립시킬 수도 있고 뚫고 들어가 관통시킬 수도 있는 열림과 닫힘의 체계를 전제한다. 헤테로토피아는 장소들의 내부와 사이에서 경계를 무너뜨려 '타자성(otherness)'의 공간으로 나아가면서, 연속성과 정상성을 분열시킨다(Rymarczuk & Derksen, 2014).

Foucault(1984)가 개념화했듯이 헤테로토피아에는 매음굴, 식민지, 기숙학교, 군 복무지, 묘지, 영화관, 사우나, 정원, 도서관, 축제, 휴양지 리조트, 모텔, 기차, 배 등이 포함된다. Foucault는 위기(crisis)의 헤테로토피아와 일탈(deviation)의 헤테로토피아로 개념을 구분한다.

3) 역자 주: 우리나라에서는 「사물의 질서: 인문과학으로서의 고고학」라는 제목으로 소개됨.

(표 9.1의 예시를 참조하고, 헤테로토피아의 여섯 원리에 대한 더 자세한 설명은 이 장 후반부를 읽어보기 바란다.)

〈표 9.1〉 두 유형의 헤테로토피아에 대한 정의

헤테로토피아 유형	정의	예시
일탈	사회 규범으로부터 일탈하는 사람들을 위한 공간	정신병원, 양로원, 감옥
위기	신성한 활동이 '다른 곳'에서 일어나는 특권적인, 신성한, 혹은 금지된 장소	기숙학교, 군 복무지, 월경이 허용되지 않는 사원, 신혼여행지

먼저 공간은 일련의 특유한 관계들을 통하여 정의되는데(Foucault, 1984), '교통 수송의 공간', '길', '기차' 등을 예로 들 수 있다. Foucault(1986: 3)가 지적한 대로, "기차는 사람들이 그 안에서 지나다닐 수 있고, 그것을 타고서 한 지점에서 다른 지점으로 옮겨갈 수 있는 수단이며, 또한 그 자체가 이동하는, 특이한 관계의 다발이다." 둘째, 관계 군집(clusters)이 공간을 정의한다. Foucault는 인간의 행위를 전제로 하는 장소의 예로 "일시적 휴양의 장소 – 카페, 영화관, 해변"(Foucault, 1986: 3)을 들고 있다. 셋째, 공간은 관계 네트워크의 개념을 거쳐 기술될 수도 있는데, "닫힌 혹은 반만 닫힌(semi-closed) 휴식의 장소 – 집, 침실 [혹은] 침대"(Foucault, 1984: 3)가 그 예이다. 헤테로토피아를 정의하는 특징은 "다른 모든 장소들과 관계하지만, 이는 지시하거나 반영하거나 반사하는 관계의 총체를 의심, 중화, 혹은 창조하는 방식으로 관계하는 흥미로운 속성을 가진다."(Foucault, 1984: 3). 배는 "스스로 존재하며 자기 폐쇄적이고 동시에 바다의 무한함에

숙명적으로 내맡겨져 있는, 장소 없는 장소”(Foucault, 1984: 9)이다.

그러나 Foucault의 헤테로토피아는 수년간 ‘진부한’(Harvey, 2000), 심지어 구조주의에서 유래하는 ‘결함 있는’(Saldanha, 2008) 개념으로 비판받아왔다.[4] Saldanha(2008)는 헤테로토피아라는 용어의 구조주의적 기원을 날카롭게 비평한 바 있다.

> Foucault의 헤테로토폴로지라는 공간성은 1960년대 프랑스에서 유행했던 구조주의의 결함을 반복하는 것이다. 헤테로토피아가 ‘나머지 모든’ 공간들과 ‘절대적으로 다른’ 것이 되도록, Foucault는 사회의 전체성을 단정 짓고서 ‘시간의 분할(slice of time)’을 제안할 필요가 있었다. (중략) 지리학과 탈식민주의 이론 모두에서 보여준 바와 같이, 시간을 분할하는 것은 지리적 변화의 다양체와 비균질성을 설명하기에 부적합하다. (Saldanha, 2008: 2080)

더 나아가 Saldanha는 탈식민주의 이론가들과 비판적 지리학자들이 공간의 구조주의적 개념화에 반대하는 설득력 있는 주장을 내어놓고 있다고 증언한다.

---

4) 역자 주: 1967년 건축학회에서 발표하고 1984년에 출판되었던 ‘다른 공간’은 그 분량이 짧고 모호하게 구성되어 해석이 분분하고 오해를 낳아왔다. 예컨대 Johnson(2013)은 Saldanha나 Harvey 등이 헤테로토피아 개념을 해석하는 과정에서 보인 번역 상 오류와 단순한 표현의 과대해석 등을 지적하면서, 비슷한 시기에 Foucault가 저술한 「지식의 고고학」을 비롯하여 지배담론으로서의 지식과 권력 관계를 비판하고 새로운 차이를 만들기 위하여 시간과 공간의 관계성, 변화와 다의성을 연결하는 이론들을 총체적 관점에서 바라보면서 헤테로토피아를 이해할 것을 제안한다. 자세한 논평은 Johnson, P. (2013). The geographies of heterotopia. *Geography Compass*, *711*, 790-803을 참고하기 바란다.

> 역사는 결코 단순히 경계 지어진 공간이나 정체성에 대하여 일어나는 것이 아니다. 역사는 서로 다른 인구들, 체현된 다원적 관습과 규범의 총체를 가진 다원적 '사회' 사이의 다양한 마주침 속에서 만들어진다. (Saldanha, 2008: 2093)

Pugliese(2010)는 Foucault의 "떠돌며 구속되지 않는" 해양 테크놀로지 찬양이 "무비판적으로 식민주의적이고 젠더화된 담론"(p. 121)이라고 비판한다.

> 이 항구에서 저 항구로, 이 항로에서 저 항로로, 이 홍등가에서 저 홍등가로 전전하면서 자신의 정원 안에 숨겨놓는 가장 귀중한 보물을 찾아 식민지들까지 멀리 간다는 점에서, 당신은 배가 왜 16세기부터 지금까지 우리 문명을 위하여 중요한 경제적 도구가 되어왔을 뿐만 아니라 (중략) 동시에 상상력의 가장 큰 비축창고였는지를 이해하게 될 것이다. (Foucault, 1984: 9)

그러나 Foucault의 개념화에 대한 젠더이론, 포스트식민주의, 후기구조주의의 비판에도 불구하고, 헤테로토피아 개념은 저술가와 연구자에게 유용할 수 있다. 헤테로토피아는 공간의 리미널리티(liminality)를 탐색하는 데 유용하며, 다른 공간들에 나란히 병치시킴으로써 데이터에 내재된 통찰을 드러낼 수 있을 것이다.

3 헤테로토피아의 이론적 활용

많은 저술가들은 헤테로토피아의 구조주의적 토대를 멀리하였다. 그러나 Stanger(2016)는 "유토피아가 헤테로토피아로 현전할 수 있는 시공간의 함께-섞임(co-mingling)을 살펴보기 위하여"(p. 65) 어떻게 헤테로토피아가 사유의 코레오그라픽 양식을 제공하는지를 고찰한다. 헤테로토피아의 개념은 공간과 시간을 합성한다.

> 절대적 시간과 공간이라는 개념에 저항하면서 이 논리는 공간이 시간적이고 시간이 공간적인, 혹은 운동이 그저 지속적으로 이루어지는 상황을 포착한다. (Stanger, 2016: 65)

헤테로토피아의 개념은 건축가, 역사학자, 문화적 지리학자, 문학비평가 등을 포함한 많은 이들에 의하여 다양한 방식으로 폭넓게 적용되어 왔다. 하나의 현실 공간에서 "그 자체로서는 공존할 수 없는"(Foucault, 1984: 6) 다수의 장소를 병치시키는 불협화음의 공간을 다루는 사례를 문헌에서 다수 찾아볼 수 있다(표 9.2 참조).

〈표 9.2〉 헤테로토피아의 활용

헤테로토피아 유형	연구자	연구 맥락
일탈	Rankin & Collins, 2017; Wilks & Quinn, 2016; Villadsen, 2016; Gannon, 2017; Soja, 1995; Harrison, 2009; Jacobs, 2004; Hope, 2016	크루즈선, 포크 페스티벌, 이민자 운동; 여행 일기; 로스앤젤레스의 공간들; 온라인 소통; 인터넷 포르노그래피; 페이스북
위기	Schliehe, 2016; Sandberg et al., 2015	기숙학교, 군 복무지, 월경이 허용되지 않는 사원, 신혼여행지

Stanger(2016)처럼, Rankin과 Collins(2017)도 역시 구조주의로부터는 스스로 거리를 둔다. 이들은 Manuel DeLanda(2006)의 이론을

차용하여, 헤테로토피아 배치로서 크루즈선을 탐색하는 데 사변적 실재론자(speculative realist)의 접근을 취한다. 즉 헤테로토피아를 고정된 공간으로 구조주의적으로 해석하지 않고서 어떻게 공간의 관계성이 보다 건설적이고 미묘한 방식으로 크루즈선이라는 공간을 고찰할 수 있게 해주는지를 분석한다.

또한 헤테로토피아는 19세기 영국에서 노동계층 빈곤자들의 상황을 개선시키고자 한 이주민 운동의 공간 실제를 설명하는 연구(Villadsen, 2016)에도 활용된 바 있다. 포크페스티벌이라는 대항 공간(counter sites)에서의 경험이 사람, 공간, 문화의 상호연관성을 변형하는 방식을 고찰하기도 하였다(Wilks & Quinn, 2016). 포크페스티발의 헤테로토피아로 온전히 진입하는 데는 문화적 자본(예컨대 음악에 대한 지식)이 필요하다(Wilks & Quinn, 2016).

Soja(1995)는 보나벤처 호텔, 월트 디즈니 홀, 천사의 여왕 성모 마리아의 마을[5] 같은 로스앤젤레스의 이질적이고 이의를 제기하는 시공간을 탐색하기 위하여 이 개념을 사용하였다. Chaplin(2000)은 라스베이거스(Las Vegas)의 공간과 건축양식을 고찰하기 위하여 헤테로토피아를 개념으로 차용한다. 이 도시는 사막의 한 가운데 있는 '기이한(bizarre)' 세계로, 다른 규칙에 따라 기능하면서도 "자본주의 사회하에서의 궁극적인 문명화 발전"(Chaplin, 2000: 209)이라는 '목적을 이룬 유토피아(achieved utopia)'라는 점에서 역설적인 공간으로 묘사된다. Gannon(2017)은 공간과 시간 모두를 소환하여 자신의 여행일기 실험

---

5) 역자 주: 원어는 'El Pueblo de Nuestra Senora la Reina de los Angeles'로, 1781년 스페인 지배하에서 세워진 정착촌의 이름이었다. 영어로는 'The town of our lady the queen of the angeles'이며, 축약하여 '천사의 마을'로 불린다.

이 장소시간(placetimes), 주체성, 신체성의 헤테로토폴로지를 통하여 신체사이의(intercorporeal) 주체화를 지지하는지를 이론화하기 위하여 이 개념을 사용한다.

Schliehe(2016)는 스코틀랜드의 교도소에 수감된 젊은 여성들의 경험을 기술하면서, 감금 공간을 이론화하는 데 헤테로토피아를 활용한다. Oram(2012)은 역사적으로 중요한 가정집에 대한 문헌들에서 헤테로토피아를 구성하면서, 이러한 맥락에서 섹슈얼리티와 젠더화된 공간을 둘러싼 복잡성을 탐색한다. Sandberg 등(2016)은 시립 성인교육기관을 학생들로 하여금 불안정한 고용으로부터 벗어나게 해주는 일탈의 헤테로토피아로 본다. 제자리를 찾지 못하고 비정상적인 시민들을 위한 일시적 안정성의 공간을 성인교육이 제공한다면서, 이들은 이러한 헤테로토피아 공간이 '바람직한 주체(desirable subjects)'를 형상화하고 주조한다고 지적한다.

테크놀로지로 구성된 공간도 헤테로토피아일 수 있다. 소셜미디어 웹사이트라는 공간이 어떻게 외부의 법적 요구, 사회적 도덕관습, 경제적 유인체제 등에 순응하거나 혹은 위반하도록 하는지를 분석하기도 한다(Marlin-Bennett & Thornton, 2012). 페이스북은 학생들이 사회관계를 발전시키고 창의적인 일탈 가능성을 경험하기도 하고 학습공동체에 참여하기도 하고 면대면 세미나를 피하는 헤테로토피아다(Hope, 2016). "헤테로토피아적 셀피(selfie) 실제"(Rokka & Camniford, 2016: 1789)는 신체, 테크놀로지, 브랜드의 네트워크 배치 속에 내재되어 있다. 셀피 이미지의 확산은 지속적인 브랜드 관리와 마케팅의 쟁점을 야기하면서, "브랜드 배치의 속성을 불안정하게 만들게"(Rokka & Camniford, 2016: 1789) 할 수 있다. 헤테로토피아는 세컨드 라이프(Second Life)라는 온라인 커뮤니티(Harrison, 2009)와 인터넷 포르노그래피(Jacobs, 2004) 같은 사이버공간의 타자성을 설명하는 데에도 적용되어 왔다.

예술 분야에 헤테로토피아를 활용한 흥미로운 사례들이 있다. 영화이론가들은 스크린 상의 어린이 주인공이 어떻게 성인 관객에게 "시간과 공간의 전위"(Powrie, 2005: 350)를 구성하여 제공하는지를 묘사하기 위하여 헤테로토피아 개념을 활용해 왔다. '선 넘어가기(Crossing the Line)'라는 논문에서 Penny(2016)는 19세기 선원, 더 넓은 해양 공동체와 국민들에게 배가 적도를 막 넘어간다는 메시지를 전달하기 위하여 수행했던 마치 연극 같은 선상 의식을 묘사한다. '떠다니는 헤테로토피아'에서 선장은 "실재와 상상의 세계가 동시에 발생하고 새로운 수상 질서가 효력을 발휘하도록"(p. 35) 배 안에서 변방의 공간으로서 새로운 헤테로토피아를 인가한다. 이 연극에서 선원은 "이도 저도 아닌 중간의 공간"과 "시간의 내부와 외부의 순간"(Penny, 2016: 35)으로 들어간다. Radford, Radford와 Lingel(2015)은 소설 작가, 극작가, 이론가들이 도서관에서의 경험에 대한 성찰에서 헤테로토피아를 어떻게 전달하는지를 살펴본 바 있다.

> 이러한 내러티브 각각은 헤테로토피아와 우연한 발견 간의 합성, 혹은 도서관이라는 장소가 놀라움, 모험, 놀이의 경험을 유발하는 정도뿐만 아니라 도서관 공간과 그 공간 안에서 이루어지는 각자의 경험 사이의 관계를 분명히 절합하는 데 사용될 것이다. (Radford et al., 2015: 735)

헤테로토피아가 실재인지 가상인지에 대해서는 선행문헌들의 관점이 서로 충돌한다. Knight(2017)는 헤테로토피아란 언어로만 표상될 수 있는 반신화적(semi-mythical)이고 상상할 수 없는 공간으로 기술될 수 있는 텍스트 상의 표상이라고 주장한다. 이와 달리, Veel(2003)은 헤테로토피아는 "동시에 실재하면서 비실재하며, 실재 장소를 재현하고 이의 제기하고 전복시키는 기능을 하는 것"(p. 152)이라고 적고 있다.

헤테로토피아의 예로 우리가 가장 좋아하는 것은 영국 BBC 방송국의 TV 시리즈 닥터 후(Doctor Who)에 나오는 '우주의 시간과 상대적 차원'(Time and Relative Dimension in Space: TARDIS) 기계이다. 이 프로그램에서 타임로드[6]는 1960년대 경찰 전화부스처럼 생긴 시간기계(TARDIS)를 타고 우주와 시간을 여행한다. Radford 등(2015)은 Foucault(1984)의 도서관 구역, 형식과 장르의 범위, 시간을 에워싸거나 시간 밖으로 나갈 수 있는 역량에 대한 예시를 언급한다. 공간으로서 도서관은 헤테로토피아의 특징을 가진 TARDIS와 유사하다.

> 밖에서 보면 전화부스/TARDIS는 한 사람이 겨우 들어가서 전화를 걸 수 있을 정도로의 크기인 것 같다. 그렇지만 그 내부가 드러날 때, TARDIS는 밖에서 보이는 것보다 그 안이 훨씬 더 크다는 사실이 분명해진다. TARDIS는 물리적 공간의 제한에 도전할 수 있으며 잠재적으로 어떤 크기든 될 수 있는 잠재적 공간을 품고 있으며, 이 공간을 점유하는 자를 시간 혹은 공간의 어느 지점으로든 이동시킬 수 있다. (Radford et al., 2015: 739)

---

6) 역자 주: 타임로드(Time Lord)는 드라마 닥터 후에 등장하는 주인공 닥터의 종족으로, 지능이 매우 뛰어나고 엄청난 과학적 지식을 갖고 있으며 우주에서 가장 안정적인 시간 여행을 할 수 있다. 또한 재생성을 통해 죽음의 위기가 왔을 때 신체의 모든 세포를 새로 만들어내 외모, 성격, 성별 등, 기억을 제외한 모든 부분이 새롭게 바뀔 수 있다(참조: 위키 백과사전). BBC 방송의 닥터 후 드라마 홈페이지를 통하여 내용 설명과 TARDIS 사진 등을 볼 수 있다.

시간의 연속성이 있기는 하지만, TARDIS 내부와 외부의 배치는 다원적인 역사적 타임프레임들로 사물과 유기체를 구성한다.

이렇듯 헤테로토피아는 광범위한 학문 분야에 적용되어 왔다. Foucault(1970)가 제안한 여섯 원리는 연구자들로 하여금 비(non)헤게모니적 상황을 만들고 교육이라는 환경을 다르게 사유하고 혼란스럽게 만들 수 있는 발견적 도구가 될 것이다.

4 균열적인 연구방법으로서 헤테로토피아의 여섯 원리

방법론적 개념으로서 헤테로토피아는 정상화된 규범적 사회 실제와 조건을 균열시키는 분석을 도울 수 있다. '대항 공간'으로서 헤테로토피아는 다른 공간들을 동시에 재현, 이의 제기, 전복시킬 수 있다(Foucault, 1984: 3). 아래의 여섯 원리(Foucault, 1984)는 헤테로토피아의 분류를 가능하게 하며(Sudradjat, 2012), 관계적 맥락 분석을 도울 잠재성을 가진 '헤테로토폴로지'를 확고히 한다.

위기와 일탈의 공간

헤테로토피아는 모든 문화들에 걸쳐 존재하며, 다양한 형태를 취할 수 있다. 문화집단에 따라 다를지라도, 헤테로토피아의 보편적 형태를 생각할 수는 없다. 위기의 헤테로토피아는 '타자'로 판정된 개인과 집단의 특권화된, 신성한, 혹은 금지된 장소들이다(Foucault, 1986). 앞에서 소개한 TARDIS는 위기의 헤테로토피아이다. 이와 대조적으로 일탈의 헤테로토피아는 문화적 규범에서 벗어나는 행동을 보이는 사람들의 공간으로, 예컨대 스코틀랜드의 여성 수감자들이 범죄로 감금된 감옥(Schliehe, 2016)이 있다. Foucault(1986)는 요양소, 정신병원, 감옥, 퇴직자 양로원을 이 범주에 포함시키고 있다.

변화하는 목적

역사적으로 헤테로토피아는 다양한 방식으로 작동하며 특정한 목적을 충족시킨다. 헤테로토피아는 사회에 의하여 인도되고 시간이 지남에 따라 특정 목적과 기능이 달라진다. 예컨대 테크놀로지로 구성된 공간과 연관된 급격한 변화(Hope, 2016; Marlin-Bennet & Thornton, 2012; Rokka & Canniford, 2016)에 따라 도서관에 대한 태도가 변화해 왔다. 이제 많은 글들을 전자 형태로 찾아볼 수 있으며 책을 대출하기 위해 도서관에 직접 갈 필요가 없게 되었다.

나란히 배치된 차이의 공간

헤테로토피아 공간에서는 동시에 양립 불가한 여러 공간들이 나란히 배치될 수 있다. Foucault는 광범위한 예를 사용한다. 극장은 일련의 다원적 변화를 포함시켜 서로 다른 공간을 창조하는 공간이다. 정원은 고유한 공간을 만들어내는 다채로운 유기체들이 축적된 공간이다. 도서관은 광범위한 존재론에 지렛대가 되어주는 책을 소장한다. 동물원에는 근접한 거리 안에 지구상의 서로 다른 지역에서 온, 동시에 공존할 수 없는 동물들이 거주한다.

헤테로크로니즘 – 다른 시간들과의 연결

헤테로토피아는 시간의 분할로 연결되며 따라서 '헤테로크로니(heterochrony)'(Foucault, 1984: 6)로 사유될 수 있다. '헤테로크로니'라는 용어는 헤테로스(*heteros*: 다른)와 크로노스(*chronos*: 시간)를 합쳐 헤테로토피아의 특성을 기의한다. 하나의 장소에 다양한 시기의 요소들을 나란히 배치함으로써 전통적 시간의 틀에서 벗어날 수 있다. 이는 시간을 가로질러 예컨대 박물관, 도서관, 묘지 등이 누적되는 데서 찾아볼 수 있다. TARDIS라는 헤테로토피아처럼 이러한 집합체에는 시간성(timefulness)과 초시간성(timelessness)이 동시에 공존한다.

유사-영원성(quasi-eternity))으로 열어가는 대조적인 헤테로토피아들은 쏜살 같이 흘러가는 일시적인 것이다. 축제, 박람회장, 휴가 리조트는 대안적 시간이 헤테로크로니즘으로 생성되는 시간적 공간이다. 이러한 공간은 규범적 시간으로부터 탈출할 수 있게 해준다. 따라서 헤테로토피아는 이 시간에서 저 시간으로 나타났다가 사라지면서 짧게 존재한다.

문 지키기(gatekeeping) 의례와 의식

헤테로토피아의 다섯째 특징은 이를 둘러싼 장소들로부터 고립되어 있다는 것이다. 헤테로토피아적 장소는 공공장소처럼 자유롭게 접근할 수 없다. 즉 들어가거나 떠날 수 있는 허가를 요구하는 행위 안에서 열려 있으면서 닫혀 있다. 의례를 무시한다면 접근할 수 없다. 입장 허가는 "재계의식(purification), 신원확인, 등록, 입장료 지불, 표현 행위 혹은 예배"(Rymarczuk & Derksen, 2014: para 8) 같은 특정한 행위를 수행함으로써 얻어진다. 예를 들어, 디즈니월드는 입장료를 내야만 들어갈 수 있으며, 따라서 미키마우스는 재정적 지불을 통해서만 존재한다(Bruchansky, 2010). 페이스북은 무료이다(그러나 광고를 통하여 화폐화 된다). 참여자들의 페이스북 페이지로의 접근은 열림과 닫힘의 체제를 통해 작동한다(Rymarczuk & Derksen, 2014). 스코틀랜드 수감자(Schliehe, 2016)에게 있어 수감은 판사가 내린 판결에 수반된다. 따라서 특정한 헤테로토피아의 목적이 가지는 특이성을 유지시키는 문 지키기 체계가 존재한다.

극 사이의 기능

Foucault(1986)가 강조한 마지막 특징은 헤테로토피아의 이중적 기능이다. 먼저 헤테로토피아는 그 외부에 존재하는 모든 다른 공간들과의 관계 속에서 작동한다. 이는 정상성을 자처하며 잠재적으로 헤게모니로 작동할 수 있는 실제를 표면으로 드러내고 이의를 제기하는 균열을 제공함으로써 기존의 공간들과 관계 맺음을 의미한다. TARDIS라는 헤테로토피아는 착륙하게 된 행성의 정치에 개입하여 균열을 만든다. 현저한 차이를 제공하는 것에 더하여, 동시에 "우리의 공간이 어지럽혀 있고 빈약하게 세워져 있으며 뒤죽박죽인 것에 비하여 완벽하고 주도면밀하고 잘 정돈된"(Foucault, 1984: 6) '다른' 공간을 만들어냄으로써 '실재'라는 영토의 경계를 그린다. 이러한 양극성은 쇼핑몰에서 볼 수 있는 시내중심가 패션의 청결한 세계와 쇼핑하는 사람의 평범한 세계가 병치되는 데에서 발견될 수 있다. 앞의 공간에서는 번쩍거리는 광고물 속의 슈퍼 모델들과 매혹적인 셀럽들이 전략적 위치에 배치되어 조명으로 강조되고, 고객을 불러들이는 음악과 고급 향수의 향기가 더해진다. 이와는 극명한 대조를 이루는 쇼핑하는 사람의 굽 낮은 신발, 쇼핑카트, 몸을 비트는 아이들과 주차장의 긴 줄이 일상적인 세계의 평범성을 나란히 배치한다.

신진 연구자들은 헤테로토피아의 여섯 원리를 '정신과 물질' 모두의 측면에서 "공간을 전복, 병치, 위반, 결합"(Schweiger, 2013: 62)시키는 틀로써 사용할 수 있을 것이다. 이어서 균열적인 방법론의 적용으로서 활용된 공동전기(Davies & Gannon, 2006, 2013)를 통하여 우리의 개념적 작업을 소개하고자 한다.

5 헤테로토피아로 이론과 방법 함께 엮기

공동전기는 이전에 이루어진 Haug(1987) 등의 '공동 기억 작업(collective memory work)'을 토대로 Davies와 Gannon(2006)이 개발한 방법이다. 공동전기는 다양한 이야기를 나란히 배치시키며 규범적 담론을 어기고 관점을 결합하면서 종종 휴머니스트 실제를 탈중심화 시킴으로써 기존 연구들의 정적 접근을 전복한다. 후기구조주의 연구접근법으로서 공동전기는 "이론을 매일 이루어지는 삶과 충돌하게 하고 (중략) 우리의 삶이 그 안에서 의미를 가지는 담론의 맥락을 (중략) 공동으로 다시 사유하도록 한다."(Davies & Gannon, 2006: 4).

헤테로토피아를 잘 보여주는 공동전기의 예를 제시함으로써 우리의 이론적 적용을 기술하고자 한다. 우리는 다른 공간들을 반영하고 왜곡하고 동요시키고 반전시키기 위하여 헤테로토피아 배치라는 발견적 도구를 활용하였다. Charteris 등(2017a)의 논문에서는 대학에서의 행위주체성을 개념화하기 위하여 학문적 삶의 경험들을 새롭게 다시 이야기하였다. 이를 통하여 공동전기 이야기들은 헤테로토피아로 작동하였다(Davies & Gannon, 2006, 2013). 처음에는 짧게 상술된 체화된 순간들을 담은 기억 이야기를 적었다. 그런 다음 우리는 함께 모여 그 기억의 기록들을 파고들어 대학에서의 헤게모니적 실제를 균열시킬 방안에 대하여 통찰하게 해줄 이야기를 탐색하였다. 다시-이야기된(re-storied) 대학을 분석함으로써 서로 일치하지 않는 의미, 모형, 나아가 내러티브가 생성되었다(Bruchansky, 2010). 공동전기의 과정은 대안적 이야기가 들려질 수 있는 물질적이자 담론적인 공간을 열었다.

기억을 공유하는 것은 "위험하고 상처 입기 쉬운 일로 느껴지면서도, 카타르시스를 불러일으켰다."(Charteris et al., 2017a: 4). 특정 과정으로서 공동전기를 택하든 아니든, 이러한 유형의 공유는 헤테로토피아적 공간 창출을 촉진할 수 있다. 신진 연구자들이 연구 실제를 위한 멘토링과 상호 지지가 이루어질 수 있는 방법으로서 공동전기를 창의적으로 사유할 것을 제안한다.

공동전기와 Foucault의 여섯 원리

아래에서는 공동전기와 관련된 우리 자신의 경험과 이 분야에 기여해온 다른 이들의 학문적 성과와의 연결고리를 넓히고자 한다. 이는 추후의 연구 작업을 위한 방법론적 사례를 제공하기 위해서이다. Foucault가 제시한 헤테로토피아의 여섯 차원별로 공동전기가 연구방법론적 접근으로서 생성적인 발견적 도구가 될 수 있음을 제안한다. 균열적인 방법론으로서 헤테로토피아를 활용하고자 하는 신진 연구자들에게 구체적인 지침이 되기를 기대한다.

위기와 일탈의 공간

어떤 경우에는 공동전기가 위기의 공간으로 사용될 수 있다. 예컨대, 학문의 전당이 가지는 헤게모니적 규범으로부터 벗어나 특정 형태의 학문 형태를 위한 '다른 곳(elsewhere)'으로서의 공간을 창출해낸 여성 학자들의 모임이 있을 수 있다(Davies & Gannon, 2006). 그러한 공간은 젠더나 인종에 대한 사회적 담론과 물질적 실제를 문제 삼는 비판을 담아낸다. 페미니스트적 후기구조주의 연구를 위한 협력의 공간이 된 공동전기 프로젝트는 일탈의 공간으로 작동할 수도 있다. 학문을 통하여 학자로서 자신들의 신체를 통치하려는 기관들의 사회적-물질적 정치 논리에 반박하고 균열시킨다. Bronwyn Davies와 함께, 마그네틱 아일랜드 그룹(Magnetic Island Group)(Davis & Gannon, 2006)은 체화된 연구 활동으로서의 공동전기를 시도하였다. 이 그룹은 자신들의 학문적 활동에 지렛대가 되어준 연구자들에 대한 기억을 새롭게 구성하고 지적 유산을 생성해내기 위하여 한 주 동안 일상적인 근무지로부터 떠나서, 멀리 위치한 호주 퀸즐랜드의 북쪽 최경계지에 있는 마그네틱 아일랜드에서 헤테로토피아를 만들어냈다(Davies et al., 2005).

변화하는 목적

헤테로토피아의 목적과 기능은 변할 수 있다. 예컨대, 지난 수년 동안 공동전기의 실제에 변형이 있었다. 공동전기의 학문적 적용에서 하나의 핵심 목적은 헤게모니적 학문과 정상성을 비판하는 것이다(Charteris et al., 2017a). 처음에 공동전기는 다시-이야기된 기억 내러티브(re-storied memory narratives)의 형태(Davis & Gannon, 2006)를 취하였으나, 최근에는 학계의 후기구조주의 사유를 따라 탈영토화를 실천해오고 있다(Gannon et al., 2014 참조). 더 나아가 체화된 연구 실제 분야에 리좀-텍스트 코레오그래피를 포함시키는 등의 시도를 찾아볼 수 있다(Jones, Nye, & Charteris, 2016 참조).

나란히 배치된 차이의 공간

Foucault(1986)가 극장이나 정원을 언급했듯이, 학문적 신체들과 그 아이디어들은 차이를 나란히 배치함으로써 공동전기에 참여한다. 따라서 함께 글을 쓰는 체화된 과정은 협력적인 학술연대를 통하여 접속되는 신체들과 사물들이 모일 수 있게 해준다. 공유가 이루어짐에 따라 이야기가 발현되고 새로운 개념이 세워진다. 이야기들을 겹쳐 중첩시킴으로써 특정한 대학의 연구공간에 고유한 특정한 정치에 대한 비판이 표면으로 떠오르게 된다(Charteris et al., 2017a).

헤테로크로니즘 – 다른 시간들과의 연결

기억 작업으로서 공동전기는 지나간 과거 시간에 대한 설명과 미래의 시간에 대한 열망을 통하여 연결고리와 관계성을 생산해낸다. 또한 현재 속에서, 구체적으로 상술된 이야기들과 연결되는 배치를 만들어낸다. 스토리텔링의 순간, 시간성과 초시간성이 모두 존재한다. 참여자들이 물리적으로 현존하고 동료가 다시 말하는 감응의 경험을 그 사람이 되어 '살도록(live)' 해주는 측면은 시간성을 보여주고, 경험을 다시 말하는 행위가 헤테로크로니즘을 만들어내는 측면에서 초시간성을 보여준다. 연구자들은 학문 활동의 초, 분, 시라는 일상적 기준들로부터 멀리 떨어져, 이론적 틀에 실재적으로 참여하며, 그리고/혹은 이야기된 기억 속에 담긴 정치를 비판한다.

문 지키기 의례와 의식

학술적 글쓰기 과정에 대한 지식을 쌓는 것을 포함하여, 공동전기와 관련된 의례가 있다. 집단 내에서 협상될 수 있는 프로토콜이 있는데, 관계적 신뢰를 구축하고 지속적으로 유지해가는 것 등이 포함된다. 이는 학자들이 고초나 역경을 겪었던 개인적 이야기를 공유할 때 특히 중요하다(Charteris et al., 2017a; Charteris et al., 2017b). 문을 지키는 체제는 목적의 고유한 특이성을 중심으로 한다. 호주교육연구학회(Australian Association of Research in Education: AARE)의 신진 연구자 워크숍에서 도출된 공동전기를 일례로 살펴보고자 한다. 호주교육연구학회 회원이 되기 위해서 연구자들은 먼저 학회에 회원 가입비 및 연회비를 내야 했고 주말에 개최되는 학회에 참여하기 위하여 부가적인 비용을 지불해야 했다는 점에서, 의례적 행위가 이루어졌다. 회원들이 선택한 워크숍 중 하나에 참여한 구성원들이 하나의 게재논문(의례)으로 출간해보자는 초대를 받았고, 이 모임의 구성원들은 '학술성(academicity)' (Petersen, 2007)에 대한 경험을 공동전기로 구성하였다. 이렇게 함께 생성하는 과정에는 원고 돌려보기, 이메일 교신하기, 저자 순서 정하기(종종 알파벳 순서로 이루어짐) 등이 포함되었다. 이러한 과정은 페미니스트적 연구 실제로서의 공동전기에 대한 학술적 관용을 보여준다.

극 사이의 기능

공동전기의 기회는 공간들을 병치시키고, 이중의 기능을 수행한다. 연구 글쓰기 모임은 생성적 헤테로토피아의 공간을 만들어내며, 또한 그들 외부에 존재하는 모든 다른 공간들과의 관계 속에서 작동한다. 이는 다른 공간들에서의 규범적인, 잠재적으로 헤게모니적인 실제를 표면으로 떠오르게 하고 문제를 제기하여 균열을 만들어내는 공간을 제공할 수 있다. 예를 들어 뉴잉글랜드대학교 소속의 참여자들은 임시 교수실제와 관련된 쟁점에 대한 기억을 다룰 연구 공간을 만들었다(Charteris et al., 2017a). 예전에 임시 대체교사(Casual Relief Teacher: CRT)[7]로 일했던 자신들의 경험을 기억하여 다시 이야기함으로써 공동전기의 헤테로토피아가 창출되었다. 임시 대체교사의 근무 상황

7) 역자 주: CRT는 일상적 교직 의무를 다할 수 없는 교사가 발생할 때 임시 계약을 통하여 학생들을 한시적으로 가르치는 호주의 임시 대체교사(substitute teacher)를 지칭하는 용어이다.

과 관련된 비판들은 고용 불안정성 상황의 일부로 문제 제기되었다(Charteris et al., 2017a). 대학의 학술적 공간에서 이루어진 이 연구는 학교의 근무 상황을 문제시하기 위하여 '다른' 공간들(Foucault, 1984: 6)을 만들어낸 '실재적(real)' 영토의 경계를 동시에 보여준다. 이 공간의 차원들은 양극성을 드러낸다. 학교와 대학, 임시직과 정규직, 불확실한 고용과 확실한 고용, 불안정하고 일관성 없는 업무 환경, 학교가 그러해야 할 '완벽하게 정돈된' 이미지와 뒤죽박죽 어지러운 현실이 존재한다.

이 장에서는 Foucault의 여섯 원리에 대한 예로서 공동전기를 활용하였다. 개관된 차원들은 균열적인 연구방법론의 이론적, 개념적 틀로서 사용될 수 있다. 신진 연구자들은 연구 맥락에 따라 구체적 공간들의 속성을 찾아내고 탐문하는 데 여섯 차원을 취할 수 있을 것이다.

6 결론

'헤테로토피아'의 개념적 차원은 교육연구에서 비규범적이고 균열적인 방법론의 생성을 돕는 단단한 지지대가 될 수 있다. 헤테로토피아의 위치 안에는 다양한 역사, 중첩되는 공간, 연관된 신체의 위치성이 존재한다. Foucault(1986)가 지적한 바대로, "헤테로토피아는 그 자체로 양립 불가능한 여러 공간들, 여러 장소들을 하나의 실재 공간 속에 나란히 배치시킬 수 있다"(p. 6). 헤테로토피아는 교육에서 위기와 일탈의 공간을 인식하게 해주는 변혁적 출발점으로 기여할 수 있다. 규범화되고 경계 지어지고 당연시되어온 공간들을 찾아내어 거주함으로써 이 공간들을 '타자화'하고 지금까지 내재되어온 환영들(illusions)을 폭로할 수 있다. 헤테로토피아들에 풍부함이 있듯이, 정상화된 영토 안에서 대항 관점들을 제공해주는 유동적인 발견적 도구가 될 것이다.

주요 용어

공동전기(Collective biography)
다양한 이야기를 나란히 배치하고, 공동으로 다시 사유하며, 규범적 담론을 넘어서서 휴머니스트 실천을 탈중심화 시키는 관점들을 결합함으로써 고정된 접근을 전복시키고자 하는 후기구조주의 연구접근법의 하나임.

헤테로토피아(Heterotopias)
경계 사이의 공간, 움직이는 영토, 그리고/혹은 '다른' 것으로 생각할 수 있는 장소들을 말함.

헤테로토폴로지(Heterotopology)
이론적, 개념적 연구의 틀로서 사회적 공간들에 대하여 체계적으로 기술하기, 지도 그리기, 비평하기, 잠재적 균열 만들기를 가능하게 해주는 풍부한 비계로 활용될 수 있는 시간-공간적 접근임.

참고문헌

Atkinson, M. and Kehler, M. (2010), 'Boys, gyms, locker rooms and heterotopia', in M. Kehler and M. Atkinson (eds), *Boys' Bodies: Speaking the Unspoken*, 73–90, New York: Peter Lang.

Bruchansky, C. (2010), 'The heterotopia of Disney World', *Philosophy Now*, 77: 15–17.

Chaplin, S. (2000), 'Heterotopia deserta: Las Vegas and other spaces', in I. Borden and J. Rendell (eds), *Intersections: Architectural Histories and Critical Theories*, 2013–220, London: Routledge.

Charteris, J., Jenkins, K., Jones, M. and Bannister-Tyrrell, M. (2017a), 'Structural marginalisation, othering and casual relief teacher subjectivities', *Critical Studies in Education*, 5 (1): 104–19. doi:10.1080/17508487.2015.110820.

Charteris, J. Jones, M., Nye, A. and Reyes, V. (2017b), 'A heterotopology of the academy: Mapping alterior assemblages as possibilised heterotopias', *International Journal of Qualitative Studies in Education*, 30 (4): 340–53. doi10.1080/09518398.2016.1250178.

Jones, M., Nye, A. and Charteris, J. (2016), 'Choral refrains-Joussiance an ecstasy of escape', Australian Association for Research in Education (AARE), Melbourne, 28–31 Nov.

Davies, B., Browne, J., Gannon, S., Honan, E. and Somerville, M. (2005), 'Embodied women at work in neoliberal times and places', *Gender, Work & Organization*, 12 (4): 343–62.

Davies, B. and Gannon, S. (2006), 'The practices of collective biography', in B. Davies and S. Gannon (eds), Do*ing collective biography: Investigating the production of subjectivity*, 1–15, London: Open University Press.

Davies, B. and Gannon, S. (2013), 'Collective biography and the entangled enlivening of being', *International Review of Qualitative Research*, 5 (4): 357–76.

DeLanda, M. (2006), *A New Philosophy of Society, Assemblage Theory and Social Complexity*, London: Continuum.

Foucault, M. (1966), *Les Mots et les choses*, Paris: Editions Gallimard.

Foucault, M. (1970), *The Order of Things*, Andover Hants: Tavistock.

Foucault, M. (1984), 'Des espaces autres' [Of Other Spaces]. *Architecture, Mouvement, Continuité*, 5: 46–9. Retrieved from web.mit.edu/allanmc/www/foucault1.pdf

Gannon, S. (2017), '"After the humidity and stillness of yesterday..." Drifting, reading, writing self and others, traveling in otherwhens and otherwheres', *Qualitative Inquiry*, 23 (4): 252–6. doi:10.1177/1077800416686374.

Gannon, S., Walsh, S., Byers, M. and Rajiva, M. (2014), 'Deterritorializing collective biography', *International Journal of Qualitative Studies in Education*, 27 (2): 181–95. doi:10.1080/09518398.2012.737044.

Harrison, R. (2009), 'Excavating second life: Cyber-archaeologies, heritage and virtual communities', *Journal of Material Culture*, 14 (1): 75–106.

Harvey, D. (2000), 'Cosmopolitanism and the banality of geographical evils', *Public culture*, 12 (2): 529–64.

Haug, F. (1987), *Female Sexualization: A Collective Work of Memory*, London: Verso, 25.

Hope, A. (2016), 'Educational heterotopia and students' use of Facebook', *Australasian Journal of Educational Technology*, 32 (1): 47–58.

Jacobs, K. (2004), 'Pornography in small places and other spaces', *Cultural Studies*, 18 (1): 67–83. doi:10.1080/0950238042000181610.

Johnson, P. (2006), 'Unravelling Foucault's "different spaces"', *History of the Human Sciences*, 19 (4): 75–90. doi:10.1177/0952695106069669.

Knight, K. T. (2017), 'Placeless places: Resolving the paradox of Foucault's heterotopia', *Textual Practice*, 31 (1): 141–58. doi:10.1080/0950236X.2016.1156151.

Marlin-Bennett, R. and Thornton, E. N. (2012), 'Governance within social media websites: Ruling new frontiers', *Telecommunications Policy*, 36 (6): 493–501.

Oram, A. (2012), 'Sexuality in Heterotopia: Time, space and love between women in the historic house', *Women's History Review*, 21 (4): 533–51.

Penny, S. (2016), 'Crossing the line', *Performance Research*, 21 (2): 32–7. doi:10.1080/13528165.2016.1162524.

Petersen, E. (2007), 'Negotiating academicity: Postgraduate research supervision as category boundary work', *Studies in Higher Education*, 32: 475–87. doi:10.1080/03075070701476167.

Powrie, P. (2005), 'Unfamiliar places: "Heterospection" and recent French films on children', *Screen*, 46 (3): 341–52.

Pugliese, J. (2010), *Transmediterranean: Diasporas, Histories, Geopolitical Spaces*, Brussels: Peter Lang.

Radford, G. P., Radford, M. L. and Lingel, J. (2015), 'The library as heterotopia: Michel Foucault and the experience of library space', *Journal of Documentation*, 71 (4): 733–51. doi:10.1108/JD-01-2014-0006.

Rankin, J. R. and Collins, F. L. (2017), 'Enclosing difference and disruption: Assemblage, heterotopia and the cruise ship', *Social & Cultural Geography*, 18 (2): 224–44. doi:10.1080/14649365.2016.1171389.

Rokka, J. and Canniford, R. (2016), 'Heterotopian selfies: How social media destabilizes brand assemblages', *European Journal of Marketing*, 50 (9/10): 1789–813. doi:10.1108/EJM-08-2015-0517.

Rymarczuk, R. and Derksen, M. (2014), 'Different spaces: Exploring Facebook as heterotopia', *First Monday*, 19 (6). Retrieved from: https://firstmonday.org/article/view/5006/4091.

Sandberg, F., Fejes, A., Dahlstedt, M. and Olson, M. (2016), 'Adult education as a heterotopia of deviation: A dwelling for the abnormal citizen', *Adult Education Quarterly*, 66 (2): 103–19. doi:10.1177/0741713615618447.

Saldanha, A. (2008), 'Heterotopia and structuralism', *Environment and Planning A*, 40 (9): 2080–96.

Schliehe, A. K. (2016), 'Re-discovering Goffman: Contemporary carceral geography, the "total" institution and notes on heterotopia', *Geografiska Annaler: Series B, Human Geography*, 98 (1): 19–35.

Schweiger, F. (2013), '"*Mapping the Land of Nod*": The spatial imagination of John Steinbeck's *East of Eden*', in M. Meyer and H. Veggian (eds), *East of Eden: New and Recent Essays*, vol. 16, 59–86, New York: Rodopi.

Soja, E. (1995), 'Heterotopologies: A remembrance of other spaces in the citadel-LA', *Postmodern Cities and Spaces*, 13–34. Cambridge, MA: Blackwell.

Stanger, A. (2016), 'Heterotopia as choreography: Foucault's sailing vessel', *Performance Research*, 21 (3): 65–73. doi:10.1080/13528165.2016.1176739.

Sudradjat, I. (2012), 'Foucault, the other spaces, and human behaviour', *Procedia-Social and Behavioral Sciences*, 36: 28–34.

Veel, K. (2003), 'The irreducibility of space: Labyrinths, cities, cyberspace', *Diacritics*, 33 (3/4): 151–72.

Villadsen, K. (2016), 'The settlement utopia: Brotherly love, discipline, and social critique', *Journal of Civil Society*, 12 (2): 141–57. doi:10.1080/17448689.2016.1161279.

Wilks, L. and Quinn, B. (2016), 'Linking social capital, cultural capital and heterotopia at the folk festival', *Journal of Comparative Research in Anthropology and Sociology*, 7 (1): 23–39.

Ⅲ부

얽힘과 혁신: 방법과 이론

CHAPTER 10

떼와 무리 짓기

Matthew Krehl Edward Thomas

1 떼와 무리 짓기

프롤로그

연구자가 비판적 비디오 연구방법(CVgRM)으로 플레이 버튼을 누르다

빙하가 녹아 바다로 떨어진다. 방 건너편으로 움직이는 달렉[1], 얼핏 보이는 액션 블록버스터들, 변화를 갈망하는 소수의 저항세력을 중심으로 한 중국의 민주주의와 전 지구의 시위들.

"당신은 자신을 어떻게 보나요?"라는 자막이 화면 위로 뿌려진다… 나는 연구자로서 안으로 움츠러든다… 필드 연구를 시작하기 전에 영상편집에 더 많은 시간을 보냈더라면 좋았겠다고 생각하며. CCTV 카메라들이 안마당을 찍고 소셜미디어의 기호들이 노동착취공장, 유튜브 클립, 쉬운

1) 역자 주: 영국의 SF드라마 〈닥터 후〉 시리즈에 등장하는 외계인으로, 후추통 모양으로 생긴 전투종족이다. 자신들을 제외하고 우주의 모든 것들을 정복, 말살, 파괴하는 것을 목표로 하고 있어 옥스포드 사전에도 등재된 "Exterminate(말살하라)"라는 유행어를 만들어내기도 하였다. 오랫동안 영국에서 인기를 끌고 있는 악당 캐릭터의 하나다.

소비와 흐릿하게 겹쳐진다. 한 아이가 다른 친구의 귀를 살짝 때리고, 엄한 교사가 자신의 학급을 향해 큰 소리로 꾸짖는다. 아이팟(iPods) 광고, 행복과 동일시되는 코카콜라, 맥도날드의 상징인 골든아치.

점점 소리가 커지는 음악이 13인치 모니터를 멀리 벗어난다 …

"그러니까 영상에서 어떤 것이든 여러분에게 와 닿는 것이 있나요?" 나는 주저하며, 희망을 품고서, 신랄하게 말한다 … 영화의 엔딩크레딧이 끝나고 참여자들이 올려다본다.

눈을 깜빡인다(비트) …

"내 생각에는 나는 닥터후가 아주 좋아요 … 재가 말했어요." 루시(교사, 32)

2 처음의 프로젝트

내가 활용하고 있는 데이터는 호주의 중등학교들에서 교사들과 학생들을 참여시키는 파일럿 연구에서 나온 것이다. 참여자들은 자신의 전문적 삶, 대중문화의 소비, 교육 내부의 조직구조에 대한 인식에 초점을 둔 데이터 생성의 네 방법을 거쳤다. 이들은 45분간의 반구조적 면담(semi-structured interview)에 참여하였고, 이때 카메라로 이들의 신체와 얼굴 움직임을 기록하여 연구자가 만든 단편영화의 완결 지점에 무편집 다큐멘터리로 첨가하였다. 이 단편영화는 학교제도, 감시장면, 다양한 문화와 정치의 반복에 대한 영상이미지로 구성되었으며 그 일부는 여기[2] 소개된다. 이것은 비판적 비디오 연구방법(Critical Videographic Research Methods: CVgRM)의 한 형식이다. 나는 CVgRM

2) https://www.youtube.com/watch?v=TCd55bVtFbc

이 어떻게 다원적 이론 네트워크를 활용하여 떼(swarm)를 경유하여 뒤섞인 데이터들을 제시하는지 예시하고자 한다.

3 구성 중의 CVgRM

비판적 비디오로 반응을 이끄는 접근으로 75초로 된 영화로 시작한다. 이것은 연구자가 설계하며 목적을 가지고 만든 일련의 자극으로, 정치, 학교체제, 도상학(iconography)을 혼합하며 문화적 아이콘과 대중소비 현상을 군데군데 넣어, 보는 사람의 반응을 자극한다. 영화는 CCTV를 통하여 조성되는 정치적 감시와 탱크맨(Tankman)[3] 형태의 도상학적 저항의 파편들을 결합한다. 달렉, 스톰트루퍼[4], 심슨가족[5]을 포함하여 문화적 도상학을 활용한다. 이 특정한 CVgRM 사례는 수업, 규율, 행동을 통하여 학교제도의 이미지를 불러일으키며, 전체 영상에는 애플 제품들, 맥도날드 상징물, 코카콜라를 통해 자극하는 행복의

---

3) 역자 주: 탱크맨(Tankman)은 중국의 천안문 시위사태 하루 뒤인 1989년 6월 5일에 천안문 광장 앞의 거리를 줄지어 이동하던 탱크들을 막아섰던 신원미상의 남성을 지칭하던 용어로, 폭력적인 독재에 맞서는 무명의 시위자를 상징하게 되었다. (https://www.britannica.com/biography/Tank-Man 참조)

4) 역자 주: 스톰트루퍼(Stormtroopers)는 조지 루카스 감독의 스타워즈 시리즈에 등장하는 정예부대로 다양한 생존 장비와 온도조절 기능을 갖춘 하얀색 전투복과 해골모양을 본뜬 헬멧을 착용한다. (https://www.starwars.com/databank/stormtroopers 참조)

5) 역자 주: 심슨가족(The Simpsons)은 미국 역사상 가장 장기간(1989 -) 방영되고 있는 TV 만화영화 시리즈로, 1950년대 인구형태를 대표하자 현대의 모든 기능장애를 가진 한 가족을 중심으로 이루어진다. 심슨가족은 대중문화나 다른 TV 프로그램에 지대한 영향을 미쳐온 것으로 평가받는다. (브리타니카 사전 참조)

약속 등의 형태로 대중소비 이미지가 여기저기 삽입되어 있다. 마지막으로 CVgRM 사례 전체는 환경파괴, 소셜미디어, 2001년 9.11 사태를 배경으로 한다.

4 방법에서 떼로

내가 사용하는 떼(swarm)는 방법론과 방법의 경계를 내부작용적으로(Barad, 2007: 206) 얽히게 한다. 처음부터, 최초의 떼는 내가 (중등교사로서) 가르쳤던 교실의 경험으로부터 나오며 특정한 표현방식으로 이루어졌다. 학교체제의 상품화, 대중문화, 암묵적으로나 공개적으로 권력이 학습의 틀을 다시 세우는 방식들이 특히 주목할 만하다. 이렇게 생성된 떼에서, 나의 연구설계 의도는 비판성, 문화, 교육학의 이론적 성향을 자극하여 교사와 학생들의 위치성을 불러내는 것을 목적으로 하였다.

연구자가 개발한 비디오를 참여자들이 경험하는 CVgRM 방법은 특정한 집단의 특성에 맞추어 정치적, 문화적 표상들을 혼합한다(Thomas & Moss, 2018). 그들의 승인, 거부, 혹은 냉담을 통하여 무리 짓기(murmuration)[6]가 이루어진다. 비디오를 교사와, 문화를 참여자와 함께 묶어, 이들이 연구에서 무리 짓는 행동을 인간과 사회 역동성의 얽힘을 경유하여 관계적으로 파악함으로써, 더 큰 무리의 떼가 발생하는 풍경, 즉 문화적 세계와 참여자의 실재 지각 사이에 다리를 연결할 때를 이해하고자 한다. 그렇지만, 비디오는 절대적 진리가 아니라

---

6) 역자 주: murmuration은 찌르레기 등의 새들이 모두 함께 날면서 같이 방향을 바꾸는 행동을 뜻하며(캠브리지 사전 참조), 조류뿐만 아니라 어류 등 다양한 종의 행동을 설명하는 데 활용되고 있다.

오직 가능성만을 가진다는 것, 즉 생성적인 첫걸음일 뿐이라는 것을 인정해야 한다. 반성적 성찰이라는 개념이 처음에는 유용하게 여겨졌지만, 이는 여전히 "동일성의 기하학적 구조에 사로잡혀 있다."(Barad, 2007: 72). Haraway의 표현처럼, 이는 그저 "동일한 것을 다른 곳으로 자리 옮기는 것"(1997: 16)으로, 내가 조심하지 않으면 어디 있는지 찾을 수 없다! 그 결과로, 나는 떼를 이해하기 위하여 눈길을 회절로 향한다. 회절은 교육연구에서 상당한 역사를 가지고 있으며(Barad, 2007; Haraway, 1997; Thomas & Moss, 2018), 그 핵심은 "차이를 생성하는 과정"(Bozalek & Zembylas, 2017: 117)에 있으며, 차이 패턴이 간섭패턴의 하나로 떼를 경유하여 생성된다. 회절은 "구분되는 경계를 가진 별개의 실체로 신체를 식별하는 것에서 벗어나 지속적인 공동-구성적 공동-존재의 과정에서 얽힘과 상호의존성을 사유하는"(Lenz Taguchi, 2012: 271) 존재론적 작업 역량을 제공한다. 떼 개념은 학생들과 교사들이 교실과 문화현상을 어떻게 이해하고 있는지를 이해하는 데 적합하다.

5 떼로 들어가다

떼는 회절을 통하여 일시적으로 연합하는 "고립된 개체들로 구성되며"(Han, 2017: 23), 연구자가 방법의 적용과 허용에서 현실화되는 다원적인 이론적 성향을 일시적이고 가상적인 특성을 목격하게 해줄 수 있다. 이를 증명하기 위하여, 나는 지구의 방법론, 떼를 모은다. 떼는 곤충 연구, 경제학적 모델링, 보다 최근에는 인공지능(Beni, 2004)에 적용되고 있는 유용한 개념이다. Bonabeau는 떼는 "많은 단순한 행위주체들이 1차원 혹은 2차원적 환경을 점유하여 패턴을 생성하고 가장 가까운 이웃들과의 상호작용을 통하여 자기-조직하는 곳"(Bonabeau, Dorigo, & Théraulaz, 1999: 7)에 나타난다고 말한다. 이는 Deleuze와 Guattari의 다양체 형상을 기반으로 하는 후기구조주의와 포스트휴머니즘적인 이론화에 유용한데, "연장을 구성하는 요소들이나 이해를 구성하는 특성들로 정의되는 것이 아니라, 아이디어 떼가 '내포(intension)'에서 에워싼 선들과 차원들로 정의되며"(Deleuze & Guattari, 2004: 270), 여기에서 "아이디어들은 파편(들)으로 떼를 이룬다."(Deleuze & Guattari, 1994: 169)는 것이다. 또한 보다 최근에 산업적, 군사적, 포스트휴머니즘적인 관심사 각각에서 "떼는 개별적 독립성과 집단적 조정의 측면에서 '여럿(many)'과 '하나(one)' 사이에서 모호한 범주화를 이룬다."(Wilcox, 2017: 33). 나는 하나의 초점이란 인위적으로 정해져 더 이상 수많은 것이 아닌 게 된 것이라고 보며 회절되는 패턴을 펼친다. 역으로 떼는 별개의 아이디어들이 어떻게 합의된 행동이 되어, 공동의 찌르레기 떼, 물고기 떼, 혹은 정찰드론 함대 조직 등을 형성하는지(Cavagna et al., 2010, 2017)를 이해하도록 돕는다. 학교, 문화, 소비실제, 또는 사실상 공포에 기반한 행위들이 복잡하게 얽혀, 겉으로는 자연스러운 사회 공학으로 보이는 것으로 응집되는지를 살펴보는 것은 떼를 추출하는 것이다. 연구자로서 집단적인 전체에서 주제 혹은 요소 부분으로 초점을 옮긴다면 우리는 인위적으로 이러한 분절을 우선시하는 것이다. 떼를 별개로 표현해야 하지만, 그러한 분석은 단지 일시적인 것으로 이해될 수 있다.

포스트휴먼 시대에서 떼는 비판적인 학문의 진화다. 떼는 방법론적 설계에서 "서로 멀리 있는 부분들"(Ellis, 1979: 126)로 구성된 실천적, 추상적 특질들을 연결 지어 복잡한 집단적 행동들을 강조한다. 연구 데이터 안에서, 사이에서 무리지어 모임으로써 떼에서는 회절패턴이 만들어지고 다시 만들어지는 횡단성이 역능을 북돋운다. Lykke(2010: 27)를 따라, 떼는 "새롭고 발현하고 있는 이론적, 방법론적 시너지를 향하여 열려있다."고 본다. 이 목적을 위하여 기계를 찌르레기에, 찌르레기를 교사에, 교사를 산업 작업장의 착취 모형에 겹치는 것은 미묘한 뉘앙스와 복잡성을 볼 수 있게 해주는 기회를 제공하며, "물질화의 차이생성 패턴들"(Barad, 2007: 206)로 이해되는 복잡한 현상을 탐색하는 데, 그리고 떼로 무리 짓는 행동이 "가능한 것과 불가능한 것을 지속적으로 공동재형상화하는 내부작용"(Barad, 2007: 234)을 발생시킬 때 필요한 도구가 된다.

6 떼 짓기 이론을 방법으로

떼 짓기(swarming) 이론과 방법은 둘 다 사회적 복잡성을 중시한다. 떼는 CVgRM 방법을 통하여 예시되듯 세계 속에 있는 우리가 누구인가를 이해하게 되는 방법을 형성해감에 있어서 상징적 표상, 주체성, 언어를 지지하는 패턴을 만든다. CVgRM 방법 자체는 세 가지 이론적 경향성, 즉 비판이론, 문화연구, 비판적 교육학으로 구성된다. 이 특정한 떼는 차이생성으로 경험되겠지만, 그 과정은 항상 생성적이고 반복적이다. 비판이론을 통하여 나는 호주 학교의 불균등한 권력분포와 상징적 폭력에 다가설 수 있기를 희망했다. 포스트마오쩌뚱 시대의 중국에서 학생들이 이끌었던 1989년 시위 때 천안문 광장을 일렬로 전진하는 탱크들을 막아섰던 이름 없는 시위자처럼, 지난 반세기 동안 서구사회에서 결합된 도상들을 통하여 참여자들의 정치적 세계로 접근할 수 있었다. 더 나아가 2011년 9월 11일 테러리스트의 세계무역센터 공격에 대한 최종 이미지의 도상, 그리고 그 뒤를 잇는 동일한 이미지의 전염성은 희망을 밀어내고 공포가 자리 잡게 했다. 이러한 담론을 통하여 학교제도와 교사들의 개인적 삶 사이의 접촉면에서 문제가 발생할 수 있음을 예측하였다. 성과문화가 만연하는 디지털 시대(Done & Murphy, 2016; Page, 2017)에 깔끔한 선들과 불완전한 경계들에 대한 나의 의구심이 명시되었다.

문화연구를 통해서 현대 학교제도의 상품화를 뒷받침하는 시각적인 것, 도상학적인 것, 시장 세력들에 접근할 수 있기를 갈망하였다. 참여자들의 문화적 세계로의 접근과 흰색 iPod 헤드폰, 달렉의 후추통 모양, 전화 부스 모양의 TARDIS[7]의 도상학을 간학제적 분야에서 확보할 수 있게 되기를 기대하였다. 장기 방영되고 있는 심슨가족™ 만화영화는 대량으로 판매되는 소비 세계에 상품을 공급하는 노동착취 공장들을 풍자하는 일화를 제공했다. 참여자들이 시장화, 소비 실제, 학교에서 때때로 경험되는 군중 심리상태 등을 토론할 수 있도록 자극해줄 것으로 예측하였다.

비판적 교육학을 적용함으로써, 교사의 의도, 즉 존재론적인 것이 인식론적인 것을 직면함에 따라 자신의 교실에서 교사를 자극하고 부추기는 것이 무엇인지를 알아보고자 하였다. CVgRM 예시는 교사의 훈육, 학생들의 비행, 교육의 비인간화 속성(Taylor, 2013)을 보여주는 이미지를 활용하여, 감시, 모니터링, 복종을 연합시키도록 자극하였다. 디스토피아를 다룬 과학소설의 일부분과 소셜미디어를 활용한 환경파괴 이미지들이 대중문화를 모방한 작품을 연출해주었으며, 이는 학교제도가 경계들에 침투하면서 인식과 재현을 혼란스럽게 만들어

7) 역자 주: 닥터 후(Doctor Who) 시리즈에 나오는 전화부스 모양의 시간과 우주를 여행하는 기계로, 보다 자세한 내용은 9장을 참조하기 바란다.

전복, 저항, 재현된 디지털 삶에 대하여 고려해볼 수 있게 촉진할 것으로 기대되었다.

7 절단하기: 회절이 무리 짓기 행동이 되다

떼는 단순한 재현을 넘어서며 복잡한 "글로벌 질서의 출현"(Cavagna et al., 2010: 11865)을 나타내며 텍스트사이에 존재하기에, 회절되는 관계와 혼돈을 가능하게 한다. 특히 신진 연구자들은 Lee(2010: 75)가 "경계의 작업"이라고 부른 것, 즉 이론적 틀들을 가로질러 빠져나와, 피상적인 얄팍함을 피하고 변혁적인 사회 실제를 응집시키는 것에 주목해야 한다. 다원적 방법론의 혁신이 생기는 지점이 여기다. 전통적인 방법론의 선들을 가로질러 침범하고자 하는 떼 주창자들은 이러한 선들이 딛고 서있는 토대를 간과하지 않도록 유의해야 한다. 모든 것에는 역사성이 있다. 떼는 대안적인 표상을 촉진하는 운동이기 때문에, 그 서로 다른 파편 상태에서 재평가되어야 하는 갈등의 장소가 된다. 그러한 우려를 자아내는 것의 하나가 반성성(reflecxivity)이다. 현재의 사례에서 회절의 적극적 활용을 통하여 반성성을 비판적으로 살펴본다. 떼를 고려할 때 우리는 추상화를 통하여 복잡한 시스템을 이해하는 수단으로서의 다원적 방법론 모형을 제대로 평가할 수 있다. 회절은 우리가 "안정된 인식론적 범주가 도전 받고, 시간성이 교란되며, 학문분야가 복잡해지는 역동적, 비선형적 읽기와 쓰기의 방법"(Hickey-Moody, Palmer, & Sayers, 2016: 217)을 통하여 현재보다 더 많은 것을 볼 수 있게 돕는다. 다음 절에서는 떼의 속성을 보여주기 위하여 일련의 행위주체적 절단을 한다. 이는 우리로 하여금, "현상 내부를 엿보도록"(Barad, 2007: 314) 해주어, 다양체를 "그 혼합체들로 기술하도록"(Barad, 2007: 348) 하고, 떼에 의하여 생성된 회절 패턴을 통하여 "물질화되는 차이의 얽힌 속성"(Barad, 2007: 381)을 포착할 수 있게 한다.

나는 여기에서 더 나아가 연구의 무리 짓기 행동을 살펴보고자 하면서, "자기-조직화되는"(Procaccini et al., 2011: 759) 찌르레기 떼의 메타포로 하나의 "무리 짓기에 참여하면서 방향, 속도, 용적을 변화시키는 물리적 시간-변이에 따른 데이터 점들"(Campbell & Sansel, 2015: 8)을 추출하는데 여기에서 "날아가는 경로는 자연스럽게 시간과 공간의 정보를 보유한 상형문자가 된다."(Campbell & Sansel, 2015: 11). 무리 짓기 행동의 탁월한 시각 이미지를 여기에서 찾아볼 수 있다(van IJken, 2016).

[그림 10.1] 찌르레기의 무리 짓기 행동. Andrea Cavagna의 허락하에 사용 - 이탈리아 로마의 COBBS Lab, 국가연구위원회(Cavagna, 2018a)

무리 짓기 행동은 회절된 집단으로 서로 연결되지만 "각자가 지도자가 없는 집단의 구성원으로 행동하는 덩어리 짓기를 통한 (중략) 자율적 협력"(Campbell & Sansel, 2015: 12)으로 목격된다. 무리 짓기 행동은 종종 함께 무리를 짓는 동물들의 행동에서 암묵적으로 이해된다. 우리가 한 무리가 관계 맺고 있는 더 작은 집단에 미치는 효과를 고려한다면 무엇을 발견할 수 있을까? 학교에서 학생들이 더운 날씨에 순종적으로 교복 재킷을 입고 있는 것으로부터 무엇을 발견할 수 있을까? 사생활을 의식하여 비트코인을 사는 투자자, 자동으로 작동하는 바디 캠을 달고 있는 경찰, 또는 어나니머스(Anonymous) 같은 해킹을 통한 사회개혁 단체를 "왕성하게 성장하며 끊임없이 진화하는 온라인 집단"(Phillips, 2015: 63)으로 이해한다면? 정말로, 우리가 소수의 패턴을 추적한다면 사회공학 형태들에 영향을 주게 되는 숨겨진 교육학을 지지하는 암묵적인 사회학적 힘들을 더 잘 이해할 수 있게 될까?

이어지는 부분에서는 인위적으로 추출한 내러티브들을 이해하는 연구의 무리 짓기 행동들을 배치한다. 학교의 권력, 대중문화, 소비의 회절된 특정 패턴들을 변화 가능한 연성의 집합(soft assembly) 형식으로 우선적으로 들여다보고자 한다.

8 떼 짓기 방법을 데이터로: 비판이론

학교는 더 이상 배움의 장소이기를 멈추었고, "국지적인 것과 전지구적인 것"(Rivzi & Lingard, 2010: 51) 사이에서 갈등이 증폭되는 폭 넓은 시스템의 산물로 인식될 수 있다. 비판이론은 참여자가 중간에 들어가는 떼를 통하여 권력 불균형을 볼 수 있게 해주는 수단을 제공하여, 연구자로 하여금 데이터 매트릭스가 참여자에게 어떻게 보일지를 알 수 있게 한다.

행위를 통하여, 교사들은 자신들이 참여하고 있는 시스템이 "설계상의 불평등"(Au, 2009: 14)을 가질 때 가치, 정책, 권력에 깊게 연루된 거래를 선택한다. 떼를 고려한다면, 이는 교사들이 비판적이면서 동시에 무력할 수 있다는 사실을 경고한다. 이들의 저항 역량은 미미하다. 이는 자신이 지지하는 가치에 대립되는 학교 규칙을 강제하는 교사의 행위에서 알 수 있다. 교사들이 자신들이 학생들에게 "상품을 판매한다."라고 성찰할 때, 이는 "한편으로는 표면상 '시장 가치'인 것을 반영하며 다른 한편으로는 '전통적 가치'에 대하여 신보수주의적 애착을 가지고 있음"(Apple, 1996: 6)을 보여준다. 교사의 역할이 소비문화에 의하여 추동되는 것임을 깊이 인식함으로써, 교사들은 "학부모는 시스템을 구매하는 것이 아니라, 학교를 구매하는 것"(Bonnor & Caro, 2007: 174)임을 묵시적으로 이해한다.

CVgRM 방법을 통하여 참여자들은 환경파괴의 장면들을 담은 영상을 보았고, 대다수가 주변의 활발하지 못한 사회실천주의에 대하여 솔직하게 성찰하였다. 교사들이 현대 학교의 수행을 믿으면서 부엌 정원에 관련지어 가정에서의 정원 만들기와 재활용을 논하는 데서 자신들의 가치를 예시할 때 반응의 부조화와 모순이 드러났다. 사회적 실천은 "전통적인 재현의 교육에 비하여 더 재현적인 [무엇인가로서의] 교육"(Biesta, 2009: 109)의 실제를 이해하고 있는 방식들을 드러낼 수 있다. 이는 존재의 수행성과를 그 실체보다 더 가치 있는 것으로 여길 때 발생한다. 교사들의 교실 너머 바깥에서의 이야기들은 교실 안에서 일어나고 있는 일들을 이해할 수 있게 해준다. "권력의 네트워크"(Foucault, 1980: 119)가 구현될 때, 균등하지 않은 권력의 분포를 강화하고 정상화 시키는 교육기관 안에서 교사와 학생의 행위주체성은 확장하기도 하고 수축하기도 한다.

내가 사용한 CVgRM에서 교사를 권위주의적인 인물로서 특징짓는 사례는 학급 규율이다. 나아가, 이는 한 교사의 교실에서 가능한 것의 틀을 만듦에 따라, 가르침과 배움의 실제에서 긴장관계로 나타난다. 이러한 방식으로 가르침을 이해하는 것이 가장 중요한 정치적 행위일지도 모른다. 구매 가능한 정치화된 상품으로 교육을 이해하고 학교가 신자유주의 맥락 안에 존재한다는 것을 이해할 수 있는 언어를 비판성(criticality)이 제공한다. 여러 교사들이 자신들은 학교의 책략에 순응하여 학생들에게 획일성을 강조할 필요가 있으며, 이는 상황적으로 주어진 가치에 복종하는 것에 의하여 가장 잘 달성된다고 표현하였다. 많은 교사들에게 이는 자신들이 동의하지 않는 규율들을 강제하는 방식으로 이루어졌다. 이러한 채택은 교사들을 기관에 결속시키고 현장에서 실행되는 지역 정책(교실 관리 등)의 효과를 발휘한다.

비판적 연구에서 무리 짓는 행동은 학교에서의 행위를 추동하는 가치들을 드러내어, 정체성 논쟁을 줄이고 작은 교육적 선택 안에 존재하는 권력 투쟁을 명백하게 보여준다.

9 떼 짓기 방법을 데이터로: 문화연구

CVgRM 방법에서 문화연구의 이론적 특성은 “전염성 있는, 바이러스 같은 특성”(Mitchell, 2011: 2)을 가진 이미지를 참여자들이 살아낸 경험 위에 중첩시켜, “갖고 있기도 차단시키기도 어려운”(Mitchell, 2911: 2) 이미지들을 통하여 시각 문화에 잠겨있는 자신을 탐색할 수 있는 방법을 제공한다. CVgRM에서 쌍둥이빌딩의 붕괴 사례가 "시각성, 장치, 기관, 담론, 신체, 형상화 간의 복잡한 상호 작용으로서의 사진에 대한 포스트언어학적, 포스트기호학적 재발견"(Mitchell, 1995: 16)으로 될 때, 이런 식으로 떼에 참여하는 것은 초월성에 접근하는 도상학적 자극을 제공한다. 나는 연구 주제와 이미지 자극 사이의 선들을 추적하였고, 떼는 가치가 내재된 상징적, 실천적 측면을 볼 수 있는 통로가 되었다. Storey(2014: 72)는 "매일매일은 사물로 구성되며", 우리가 배우고 일하고 놀이하는 곳은 "서로 경쟁하는 사회적 배치를 정당화하기 위하여 조정하고 다시 정의하는 강력한 상징들"(Margulies, 2013: x)의 복잡한 처리장이 된다. 떼는 그러한 상징들에 문제를 제기하는데, 교사들과 학생들이 틀 지워진 가능성으로 추론하게 되는 경쟁적 가치들과 추상화된 신념들로 이루어진 대표적 실체로 본다. 학급 교사들이 자신의 학교가 가진 도상을 소비하며 그 세부사항에 폭넓게 맞출 때 교사들이 소비하는 도상은 환경적 가치에 대한 지각으로부터 교육적 실천의 실재로 이동한다.

맥도날드 골든아치 도상은 공유된 역사로의 접근을 약속해준다는 것이 CVgRM 사례에서 분명해진다. 맥도날드의 도상은 너무도 강력하여 "빅맥을 한 입 먹으면, 상품이 주는 (의심스러운) 쾌감뿐 아니라 황금기, 공동의 경험, 소비자 가치와 효율성의 기호적 가치를 소비하게 된다."(Kellner, 2003: 39). 이 관계는 허니선생님(Ms. Honey)과 그녀가 가르치는 시골지역 학생들이 소풍 갈 때 맥도날드에 들리는 것을 "아메리카나의 기표, 자유시장경제의 정당성, 모더니티의 매혹"(Kincheloe, 2002: 134)이 도상적인 황금빛에 의하여 약속되는 통과의례처럼 여기는 데서 더욱 정교해진다. 허니선생님은 (자신의 학창시절로부터) 이렇게 설명했다.

> 우리는 6개월 동안 한 번도 못 먹었었기 때문에 선생님들께 우리를 맥도날드에 데려가 달라고 간절히 청하곤 했어요. 그렇지만 내 학생들은 매주 먹지요. 2주에 한 번. 어떤 아이들은 매일. 어떤 아이들은 거기서 일하지만, 그래도 소풍갈 때 맥도날드에 가자고 간청해요. 맥도날드 먹을 수 있어요! (Honey)

허니선생님의 일화에서 아이들이 간절히 바란 것은 상품이 아니라 그 상품이 상징화하는 것이다. 이는 Kincheloe가 "빅맥송 노래를 아는 것을 자랑스러워하며"(2002: 32), "형언할 수 없는 경외심과 숭배의 마음"(Kincheloe, 2002: 32)을 느끼면서 걸어 들어갔던 경험에서도 반향된다. Kincheloe와 허니선생님의 회상은 모두 맥도날드 관념과의 관계를 강조해준다. 나는 문화, 시간성, 그리고 어쩌면 심지어 좋은 취향까지 초월적으로 표현하는 도상의 힘을 강조하기 위하여 여기에서 이를 활용하였다. 호주 오지에서 허니선생님의 아동기와 미국에서 Kincheloe의 아동기는 서로 멀리 떨어져 있을 수 없으며 공명한다.

떼에서, 소비실제는 연구 참여자들이 욕망하고 가치를 부여하는 것을 이해하기 위한 토대가 된다. 학교는 소비자 만족과 수행성과를 경유하여, "학부모들이 (중략) 소비자의 어휘를 소비"(Wilkins, 2012: 73)할 때, 이에 적합하게 구매할 수 있는 상품으로 돌려 왔다. 학교는 학교 브랜드화, 스스로를 위한 내러티브와 시장화 속에서 노출된 도상학을 통하여 이러한 상품화를 관리하려 한다.

학생들의 교복을 보여주는 CVgRM 영상클립은 어떤 교사들에게는 회절된 떼로부터 문화적 무리 짓기 행동을 생성할 역량을 자극한다. 비판이론과 문화연구의 배치를 활용하면서, 타자성이 나타난다. 이는 교복의 장점에 대하여 질문했을 때 서로 대조되는 의견들로 뚜렷하게 강조되었는데, 한 엘리트 사립학교를 다니는 여학생은 "매일 아침 일찍 일어나서, 오늘 뭐 입을지를 고민하지 않아도 되죠."(여학생)라고 말했다. 공립 중등학교를 다니는 한 남학생은 대조적으로 교복이 자신을 "구속하고 불편하다."(남학생)라고 주장했다. 교복은 가치와 신념, 학교 권력의 범위에 대한 수용과 저항에 대한 표상들로 이루어진다. 특정한 기관에서 학생 혹은 교사로서 존재하는 데 의미를 가지게 될 때 노력하지 않는 소비 형태가 확립된다. 이것은 한 집단의 구성원이 되는 것이 공동의 전문적이고 존경할 수 있고 말끔한 집단의 합의된 실제를 받아들이는 것을 의미하는 일상 의복에 대한 기대들에서 잘 드러난다. 그러한 목적을 위하여 학교체제는 단순히 학생들에게 진로 준비를 시키는 것이 아니라, 승인된 가치의 전유(appropriation)를 통하여 상품교환의 일부가 되도록 준비시키는 것이며, 그 속에서 많은 학생들은 눈에 띄지 않고 지낼 수 있는 전략을 개발한다.

교복을 입은 학생들의 문화적 무리 짓기 행동은 특정한 행동들과 구체적으로 승인된 가치들을 관리하고 번식시키는 더 넓은 교환의 일부로 이해될 수 있다(Vinson & Ross, 2003). 학교문화의 도상은 표현된 것을 넘어서서 교육적 실제에 가득 스며들어 있다. 수업 후에는 의자를 테이블 아래에 정리해야 하고, 셔츠 자락은 하의 안에 말끔하게 넣어 입어야 한다고 주장하는 것, 또는 훈육 순간에 학생 위에 군림하는 것은 일하는 곳에 대한 순종으로서 문화적 떼 행동을 통하여 보편적으로 이해할 수 있게 된다. 호주의 교실에서 학생이 손을 드는 것은 권위에 대한 구체적인 묵종을 내포하는 상징적 행위가 된다. 떼의 회절을 통하여 펼쳐지는 권력을 목격하는 것은 "[한] 실재의 사회적 구성을 이루는 기본적 요소이며 인간의 행위를 통제하고 근원적으로 기관 맥락 속에서 인간의 사유를 형성하는 데 작동하는 이미지들"(Vinson, Ross, & Welsh, 2010: 275)을 유지하는 종종 모순적인 힘들을 멈추게 한다.

하나의 문화적 무리 짓기 행동에 대한 형상화는 상상된 것과 개체적인 것 간의 관계에 대한 통찰을 제공하여, "정체성 지위, 열망, 문화자본, 사회집단 내의 위치와 관련된 매우 복잡한 대화와 교류를 드러내어준다."(Paterson, 2006: 7). 교복 재킷을 입는 것, 또는 교사에게 복종하는 것은 떼가 은근히 장려되는 위치들을 더욱 악화시키는 교육적 힘으로서의 문화를 생생히 보여주는 중요한 순간들이 된다.

10 떼 짓기 방법을 데이터로: 비판적 교육학

교육은 수행성과 및 책무성을 위한 고부담(high-stakes) 시험에 지렛대 작용을 하는 정책들의 실행에서 수많은 측정도구들로부터 압박받고 있다(Thomas & Whitburn, 2019). 이를 달성하기 위하여 교사들은 조작적으로 기능하고 학생들은 시험을 치게 된다. 학부모들은 사용자가 지불한다는 정신태세로 학교체제의 과정을 상품화하게 되고, "도덕적 공황을 배경"(Keddie, 2006: 714)으로 변덕스럽게 변하는 열망이 자리한다. 상품의 구매자로서 학부모는 글로벌 사회의 압력을 쫓아가면서 자신의 가치를 가정의 관심사로 드러내며, 대부분의 공적 체제는 사적 효율성을 달성하도록 압박 받는다. 호주의 교실들은 표준화검사를 통하여 경제에 도움이 되도록 교육과정의 목적을 협소하게 만드는 국제적 추세를 모방하고 있다. 당연히 시간이 부족한 교사들이 수량화할 수 있는 결과를 산출하라는 압박에 몰리게 되고, 학교는 추가된 압력에 대처하기 위하여 효율성을 추구한다. CVgRM 방법을 통하여 비판적 교육학은 사회가 토대하고 있는 가정들에 의문을 제기하고, 그렇게 함으로써 설계상의 불평등을 조사하는 역량을 제공한다. CVgRM

스크린에서 페이스북™ 기록물을 보면서, 참여자들은 주춤거리며 스스로 알고 있는 자신의 존재와 요구되는 역할 사이에 선명한 선을 나눌 필요성을 설명하였다.

전문가로서의 페르소나가 학생들의 관심사에 도움이 되고 싶은 것과 피할 수 없는 정책 요구 사이에 갇혀, 교사들에게 전문적 정체성과 개인적 삶의 경계를 항해하는 일은 복잡하고 힘들어진다. 교사들은 보수주의적 현대화를 이루는 경쟁, 측정, 생산성이라는 의제를 연료 삼아 이루어지는 의도적 사회 및 교육 프로젝트의 일부로서 동시성과 획일성을 각오하게 되고 심지어 안정화시킨다.

Kincheloe(2007: 856)는 "사람들은 자신의 경험과 사회적 맥락에 의해 구성된 관점을 가지고 학교에 들어선다."라는 사실을 환기시켜 준다. 이에 따라 학교의 벨소리, 교육과정, 넥타이, 교훈 등으로 공식적 지식을 결정하는 이념의 전쟁터를 정복하는 것이 학교가 수행하는 일이 된다. 권력을 가진 사람들이 교사의 교육적 실천과 학생들의 교실 생활 경험을 결정할 때, 고착된 실제, 도상, 기대 등이 정상적인 것으로 당연시된다(Thomas & Whitburn, 2020).

CVgRM 사례로부터 속박 받고 순종적인 학생들이 줄을 맞춰 앉아 있는 모습을 본 후, 학급교사인 에비선생님(Ms. Abbey)은 이미 구축되어 유지되고 있는 기존 환경 속으로 대안적 실제를 가져오는 것은 그러한 장소에서 우선시되는 위에서-아래로의 교수학습 접근에 도전하는 일이라며 교육에 대한 하나의 무리 짓기 행동을 한다.

에비선생님은 다음과 같이 표현한다.

> 다른 모든 사람들이 하고 있는 것과 너무 다르기 때문에 학생들에게 더 힘들 것이고, 아이들에게 그건 정말 어려울 수 있어요. 마치, "나는 T선생님과는 정답을 아는데, 선생님은 선생님 교실에서는 정답이 없다고

> 하시네요."라는 것과 같고, 그건 교육에 대하여 제가 알고 있는 모든 것과 충돌해요. (Abbey)

에비선생님의 경험에 따르면, 학교의 관습에 익숙하게 변용된 학생들은 불확실한 탐색적 생각들을 접하면 위협감을 느낀다는 것이다. 그러한 상황에서, 학생들 자신이 이를 밀어내며, 자신들의 학습에 적절한 비계설정을 제공해주지 않는다고 교사를 비난한다는 것이다. 이러한 생각은 학급 전체가 똑같이 이해하고 해석하는 전통 속에서 훈련된 에비선생님 학급의 학생들에 의하여 더욱 정교해진다. 이 학생들은 학교란 새로운 지식을 비판적으로 탐구하는 곳이 아니며, 그런 시도를 하는 교사는 "진짜 공부를 하는 대신 실험적인 마인드맵 같은 것"(Milly)이나 하는 사람으로 업신여김을 받게 된다고 강조한다. King(1997: 171)이 말한 바처럼, "교육과정 설계, 교사에 대한 장학과 평가, 교육개혁 모델 등의 기제 속에서 교사들은 자신의 정체성을 형성하고 자신의 일을 통제하고 자신들을 순응하게 만드는 규율(discipline)의 테크놀로지에 복종하게 된다."

이와 유사하게, 교실에서의 삶을 조명한 CVgRM 영상도 루시(Lucy)선생님으로 하여금 조직에서 기대하는 바대로 실천하는 교사들의 순응 행동을 끌어당기게 하였다. 교사가 되었을 때, 자신은 "체제 속으로 맞춰 들어갔고"(Lucy), 자기 학급이 어떤 모습일지에 대한 우려에도 불구하고, "아이들은 내가 전통적인 올림머리를 하면 얌전하게 행동한다."(Lucy)라는 사실을 발견하게 되었다고 털어놓으면서, 교육연구에서의 하나의 무리 짓기 행동을 생성하는 끌어당김을 통해 무리의 일부가 되는 것이 관찰되었다. 자신의 가르침에 대한 이러한 깨달음을 얻기 전에는 "열린 프로젝트를 지향하여 학생들을 변화시키려고 시도했었지만, 학생들이 기겁하였다."(Lucy)고 하였다. 반대로, 자신이 학교환경에서 기대하는 행동에 맞추는 것으로 적응했을 때는 학생들이 기꺼이 순응하였다. 학교제도, 가르침과 배움이 특정한 방식으로 나타날 때는 순응하는 것이 그 체제 안에서 행위자로서 안전하다는 교훈은, 비록 가능성, 호기심, 인내력을 그 대가로 잃게 될지라도, 그렇게 명문화되어 받아들이게 한다.

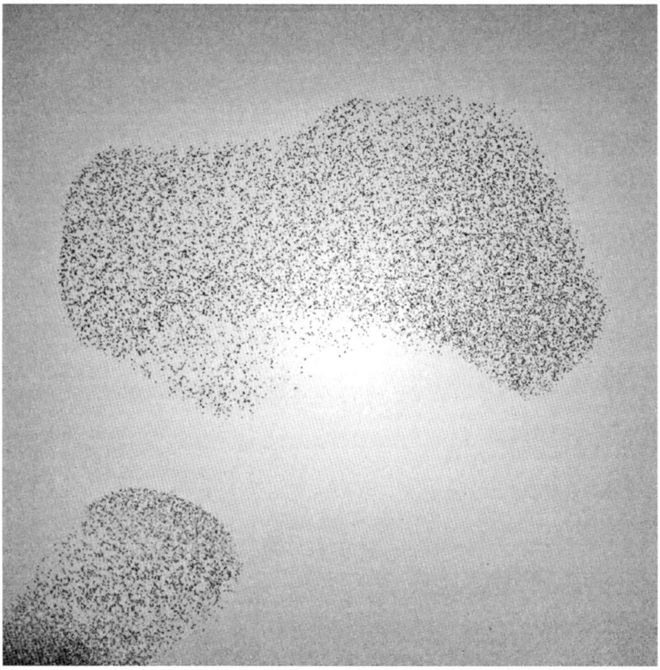

[그림 10.2] 항상 영원히 되어가기. Andrea Cavagna의 허락하에 사용 - 이탈리아 로마의 COBBS Lab, 국가연구위원회(Cavagna, 2018b)

학교가 가능성을 열어주기보다는 가두어 제한하는 방식들을 지속적으로 읽어감에 따라, 허니선생님은 가능성의 한계를 정해주는 환경에 장기적으로 노출되면 그러한 한계를 넘어서서 사유하는 역량이 제거될 수 있다고 언급하였다. 비판적 교육학에 스며들듯 영향을 받은 우리는 떼의 회절 패턴 속에서, 창의성이 결핍된 권력을 따르는 접근이 동일성의 문화를 부추길 뿐이라는 것, 그 속에서 학교체제는 수동적으로 소비되는 제품이 된다는 것을 인지하였다. Denscombe(1982: 259)가 환기시키듯, "교실경험은 고려할 수 있는 대안들의 범위를 통제함으로써 헤게모니로서 영향력을 가진다." 손에 쥐는 모바일 기기를 경유하여 소셜미디어 프로파일로 로그인하는 CVgRM 영상에 충격을 박은 허니 선생님은 자신들의 선택지가 무엇이지 일방적으로 듣는 데 익숙해진 학생들이 가능성에 무감각해진다고 털어놓으면서 교육적 무리 짓기 행동을 만든다. 허니선생님은 이것이 사용자 경험의 한계(parameters)를 그어두는 테크놀로지를 무차별적으로 일괄 수용하기 때문이라고 본다.

그녀는 이렇게 언급한다.

> 저는 글로벌화나 소비자 중심주의가 … 특히 비디오게임들이 … 아이들을 무감각하게 만든다고 봅니다. 이것들은 아이들이 창의적으로 될 수 있게 허용하지 않아요. 한계를 정해둔 세계를 아이들에게 만들어주죠. 너의 집을 설계하는데, 벽에는 6가지 선택지가 있다는 식으로요. 그들의 방식으로 해야만 하는 거죠. 만약 당신이 군인이라면 이 부대 혹은 다른 부대를 선택해야 하는 거죠. 그냥 민간인이 될 수는 없게 되죠. 무슨 말인지 아시겠죠? (Honey)

허니신생님의 교육적 무리 짓기 행동은 학교가 미리 구매하고 규정해놓은 미래를 실행하고 기존 패턴과 행동의 안정화를 통하여 상상력을 구속하게 함으로써 교사들의 행위주체성을 박탈한다고 했던 이전의 정서를 반영한다.

11 회절과 무리 짓기 행동 사이에서

떼는 항상 회절과 무리 짓기 행동 사이의 과정에 있다. 이 장에서 나는 CVgRM 사례를 통하여 세 가지 행위주체적 절단을 선택적으로 했으며, 떼에 의하여 가능해지는 회절 패턴으로 살펴보았다. 이를 효과적으로 하려면 우리는 결코 우리의 연구대상을 완전하게 알 수 없음을 인정해야 하는데, 그들이 "특정한 내부작용을 통하여 차이생성하며 구성되기"(Barad, 2007: 342) 때문이다. 나아가, 떼가 적용되는 작은 부분들을 "일시적 연합"(Richardson & Chemero, 2014: 40)으로서의 무리 짓기 행동으로 살펴볼 때, 그 강점이 상호작용, 관계, 네트워크에 있음을 이해한다면, 참여자들을 가로질러 절단하는 내러티브 선들을 그리고, 개체에 초점을 두거나 특정한 이론적 성향을 우선적으로 살펴볼 수 있다.

회절과 무리 짓기 행동의 사이에 의도적으로 초점을 둠으로써, 연구는 그 자체를 반영하는 동시에 표현한다. 연구 참여자들은 집단에 의해 힘을 가지게 되기도 하고 가려지기도 하는 영향력들의 망 속에서 상호 겹쳐진 노드가 된다. 물고기, 새, 또는 바퀴벌레 떼들은 특히 집단의식을 가지고서 움직이는 것으로 보인다. 무리 짓기 행동은 유연한 모임 속에서 다양체를 불러일으킨다. 이러한 방식으로 연구하는 것은 표현, 확대, 해석의 쟁점들과 마주치는 일이다.

12 결론

떼 속으로 들어가는 것 그리고/혹은 무리 짓기 행동을 취하는 것은 하나의 비판적 포스트휴먼 연구 행위로서, 분석적인 재현주의 접근에 대항하는 복잡한 설계를 서로 엮어 함께 형상화시킬 수 있게 해준다. 떼는 교사의 일과 삶을 동시에 사유하는 집단화된 접근으로서, 사회적 세계를 경직되어 굳은 존재론으로 바라보는 것을 거부한다. 떼는 내부작용의 과정으로, 가치를 배제시키는 연구들이 주장하는 소위 질서정연함을 거부한다. 앞에서 요약했던 떼와 무리 짓기 행동들은 정치적, 문화적, 사회적 가능성들의 모자이크를 유지시키지만, 이와 동시에 교사들이 할 수 있는 것을 환원주의적으로 읽는 것을 거부한다. 떼는 "일련의 분리된 흐름들"(Haggerty & Ericson, 2000: 605)을 허용하여, Deleuze와 Guattari가 "때로는 미묘한 이행 속에서 힘들이 서로 어우러지고, 거의 보이지 않게 희미하게 분해되고, 때로는 서로 교대하거나 갈등한다."(1994: 186)라고 제안하였던 것처럼 이해된다. 만약 우리가 하나의 읽기를 넘어서서 숨어있는 것을 이해하고자 한다면, 불협화음을 이해하는 것이 필수적이며 통일성과 차이를 동시에 보여주는 떼가 이를 제공할 수 있다. 우리 자신의 연구와 참여자들의 세계를 이런 방식으로 이해하는 것은 다원적으로 보고, 어우러지고, 참여하는 것을 가능하게 해준다.

분석의 경계에 서서 살아있는 잠재성의 선구적으로 발굴하기를 바라는 연구자는 모든 경험이 다원적이고 다양한 읽기의 가능성 속에 스며들어 있음을 기억해야 한다. 모든 읽기는 반드시 단편적, 일시적, 유동적이기에, 하나의 "객관적 실제란 결코 포착될 수 없으며"(Denzin & Lincoln, 2011: 5), 이는 그저 발현되고 다원적이며 우연적이기 때문이다. 이러한 목적을 위하여 이 장에서는 일시적인 무리 짓기 행동에서 더 적절하게 이해되는 복잡성이 한 가운데에 드러나게 하면서, 떼와 같은 절합을 통하여 실행될 수 있는 생성적인 행동 유도성(affordances)을 강조한다. 이러한 혼합물은 경험을 이해하는 데 필요한 것의 적용을 통하여 모호한 다의성을 허용한다. 연구 무리 짓기 행동과 함께 떼를 주의 깊게 조절함으로써 변화 가능한 연성의 집합을 찾아내고 차이를 함께 엮는다. 관계는 서로 겹쳐져 있으며, 경쟁하는 이론적 성향들의 떼는 일상적 삶의 고정되지 않은 순간들을 이해하는 데 훨씬 더 적절한 것으로 이해된다.

감사의 글

Andrea Cavagna 박사님과 Corcoran 교수님께서 떼 짓기와 집단행동에 대한 나의 사유를 도와주신 것에 신실한 감사의 마음을 전하고자 한다.

주요 용어

CVgRM
비판적 비디오 연구방법(CVgRM) 데이터 생성을 위하여 연구자가 만든 비디오에 기초하여 반응을 이끌어내는 방법임.

회절(Diffraction)
여기에서는 무리를 짓듯이 일시적인 패턴을 형성하는 떼의 간섭행위를 말함.

무리 짓기 행동(Murmuration)
연성의 집합으로 무엇인가를 함께 하기 위하여 그 순간에 활기를 얻는 맥락 의존적, 일시적, 유동적 발현 패턴의 연합(이론, 경험, 맥락)을 말함.

떼(Swarm)
통제하기 위해 서로 경쟁하고 연대하는, 서로 엮어진 다원적 방법론들, 시스템들, 구조들의 역동적 시너지를 생성하는 것을 말함.

참고문헌

Apple, M. W. (1996), *Cultural Politics and Education*, John Dewey Society Lecture Series, New York: Teachers College Press.

Au, W. (2009), *Unequal By Design: High-Stakes Testing and the Standardization of Inequality*, Critical Social Thought, New York: Routledge.

Barad, K. M. (2007), *Meeting the Universe Halfway: Quantum Physics and the Entanglement of Matter and Meaning*, Durham, NC: Duke University Press.

Beni, G. (2004), 'From swarm intelligence to swarm robotics', in E. Şahin and W. M. Spears (eds), *Swarm Robotics*, 1–9, Berlin, Heidelberg: Springer.

Biesta, G. (2009), 'Education after deconstruction: between event and invention', in M. A. Peters and G. Biesta (eds), *Derrida, Deconstruction, and the Politics of Pedagogy*, 97–114, New York: Peter Lang Publishing.

Biesta, G. (2012), 'Becoming public: Public pedagogy, citizenship and the public sphere', *Social & Cultural Geography*, 13 (7): 683–97.

Bonabeau, E., Dorigo, M. and Théraulaz, G. (1999),'Swarm intelligence: From natural to artificial systems', *Proceedings Volume in the Santa Fe Institute Studies in the Sciences of Complexity*, Oxford University Press, New York.

Bonnor, C. and Caro, J. (2007), *The Stupid Country: How Australia Is Dismantling Its Public Education System*, A New South book, Sydney: University of New South Wales Press.

Bozalek, V. and Zembylas, M. (2017), 'Diffraction or reflection? Sketching the contours of two methodologies in educational research', *International Journal of Qualitative Studies in Education*, 30 (2): 111–27.

Campbell, B. D. and Samsel, F. (2015), 'Murmurations: drawing together art, visualization, and physical phenomena', *IEEE Computer Graphics and Applications*, 35 (4): 8–12.

Cavagna, A. (2018a), *Starflag_9*, National Research Council, National Research Council, COBBS Lab, Rome, Italy.

Cavagna, A. (2018b), *Starflag_10*, National Research Council, National Research Council, COBBS Lab, Rome, Italy.

Cavagna, A., Cimarelli, A., Giardina, I., Parisi, G., Santagati, R., Stefanini, F. and Viale,

M. (2010), 'Scale-free correlations in starling flocks', *Proceedings of the National Academy of Sciences*, 107 (26): 11865.

Cavagna, A., Conti, D., Creato, C., Del Castello, L., Giardina, I., Grigera, Tomas S., Melillo, S., Parisi, L. and Viale, M. (2017), 'Dynamic scaling in natural swarms', *Nature Physics*, 13: 914.

Deleuze, G. and Guattari, F. (1994), *What Is Philosophy?* European Perspectives: A Series in Social Thought and Cultural Criticism, London: Verso.

Deleuze, G. and Guattari, F. (2004), *A Thousand Plateaus*, Continuum impacts, London: Bloomsbury Academic.

Denscombe, M. (1982), 'The "hidden pedagogy" and its implications for teacher training', *British Journal of Sociology of Education*, 3: 249–65.

Denzin, N. K. and Lincoln, Y. S. (2011), 'Disciplining the Practice of Qualitative Research', in N. K. Denzin and Y. S. Lincoln (eds), *The SAGE Handbook of Qualitative Research*, 4th edn, 1–20, Los Angeles, CA: SAGE Publications.

Done, E. J. and Murphy, M. (2016), 'The responsibilisation of teachers: A neoliberal solution to the problem of inclusion', *Discourse: Studies in the Cultural Politics of Education*, 39 (1): 142–55.

Ellis, K. (1979), 'Monsters in the garden: Mary Shelley and the Bourgeois family', in G. L. Levine and U. C. Knoepflmacher (eds), *The Endurance of Frankenstein: Essays on Mary Shelley's Novel*, 123–42, Berkeley: University of California Press.

Foucault, M. (1980), 'Two lectures', in C. Gordon (ed.), *Power/Knowledge: Selected Interviews and other Writings, 1972–1977*, 78–108, New York: Vintage.

Haggerty, K. D. and Ericson, R. V. (2000), 'The surveillant assemblage', *The British Journal of Sociology* 4: 605.

Han, B.-C. (2017), *In the Swarm: Digital Prospects*, Untimely Meditations, Cambridge, MA: MIT Press.

Haraway, D. J. (1997), *Modest– Witness@ Second– Millennium. FemaleMan– Meets– OncoMouse: Feminism and Technoscience*, Cultural Studies, London: Routledge.

Hickey-Moody, A., Palmer, H. and Sayers, E. (2016), 'Diffractive pedagogies: Dancing across new materialist imaginaries', *Gender & Education*, 28 (2): 213.

Keddie, A. (2016), 'School autonomy as "the way of the future": Issues of equity, public purpose and moral leadership', *Educational Management Administration & Leadership*, 44 (5): 713–27.

Kellner, D. (2003), *Media Spectacle*, London: Routledge.

Kincheloe, J. L. (2002), *The Sign of the Burger: McDonald's and the Culture of Power*, Philadelphia, PA: Temple University Press.

Kincheloe, J. L. (2007), 'Research in educational psychology: The bricolage and educational psychological research methods—part 2', in J. L. Kincheloe and R. A. Horn (eds), *The Praeger Handbook of Education and Psychology*, vol. 4, 950–9,

Westport, CT: Praeger.

King, B. M. (1997), 'Disciplining teachers', in J. Zajda (ed), *Learning and Teaching*, 171–90, Albert Park: James Nicholas Publishers.

Lee, A. (2010), 'What counts as educational research? Spaces, boundaries and alliances', *Australian Educational Researcher*, 37 (4): 63–78.

Lykke, N. (2010), *Feminist Studies: A Guide to Intersectional Theory, Methodology and Writing*, Routledge Advances in Feminist Studies and Intersectionality, New York: Routledge.

Margulies, J. (2013), *What Changed When Everything Changed: 9/11 and the Making of National Identity*, New Haven: Yale University Press.

Mitchell, W. J. T. (1995), *Picture Theory: Essays on Verbal and Visual Representation*, Essays on verbal and visual representation, Chicago, IL: University of Chicago Press.

Mitchell, W. J. T. (2011), *Cloning Terror: The War of Images, 9/11 to the Present*, Chicago, IL: University of Chicago Press.

Page, D. (2017), 'The surveillance of teachers and the simulation of teaching', *Journal of Education Policy*, 32 (1): 1–13.

Paterson, M. (2006), *Consumption and Everyday Life*, London: Routledge.

Phillips, W. (2015), *This Is Why We Can't Have Nice Things: Mapping the Relationship Between Online Trolling and Mainstream Culture*, The information society series, Cambridge, MA: MIT Press.

Procaccini, A., Orlandi, A., Cavagna, A., Giardina, I., Zoratto, F., Santucci, D., Chiarotti, F., Hemelrijk, C. K., Alleva, E., Parisi, G. and Carere, C. (2011), 'Propagating waves in starling, Sturnus vulgaris, flocks under predation', *Animal Behaviour*, 82 (4): 759–65.

Richardson, M. J. and Chemero, A. (2014), 'Complex dynamical systems and embodiment', in L. Shapiro (ed), *The Routledge Hanbook of Embodied Cognition*, 39–50, New York: Routledge.

Rivzi, F. and Lingard, B. (2010), *Globalizing Education Policy*, London: Routledge.

Storey, J. (2014), *From Popular Culture to Everyday Life*, New York: Routledge.

Taguchi, H. L. (2012), 'A diffractive and Deleuzian approach to analysing interview data', *Feminist Theory*, 13 (3): 265–81.

Taylor, E. (2013), *Surveillance Schools: Security, Discipline and Control in Contemporary Education*, Palgrave pivot, Houndmills, Basingstoke, Hampshire; New York: Palgrave Macmillan.

Thomas, M. K. E. and Moss, J. (2018), 'Critical videographic research methods: Researching teacher's lives and work post "9/11"', in L. Xu, G. Aranda, W. Widjaja and D. Clarke (eds), Video-*based Research in Education*: *Cross-disciplinary Perspectives*, 83–102, London: Routledge.

Thomas, M. K. E. and Whitburn, B. (2019), 'Time for inclusion?' *British Journal of Sociology of Education*, 40 (2): 159–73.

Thomas, M. K. E. and Whitburn, B. (In press) 'Zeit Kraft und Bildung', in E. Schilling and M. O'Neill (eds), *Einführung in die interdisziplinäre Zeitforschung – Frontiers in Time Research*, Wiesbaden, Germany: Springer Fachmedien Wiesbaden GmbH.

van IJken, J. (2016), *The Art of Flying*, 30/12/2018, Short Film, https://youtu.be/V4f_1_r80RY.

Vinson, K. D. and Ross, E. W. (2003), *Image and Education: Teaching in the Face of the New Disciplinarity*, Extreme Teaching, Rigorous Texts for Troubled Times, New York: Peter Lang.

Vinson, K. D., Ross, E. W. and Welsh, J. F. (2010), 'Controlling images', in K. J. Saltman and D. Gabbard (eds), *Education As Enforcement: The Militarization and Corporatization of Schools*, 2nd edn, 274–90, New York: Routledge.

Wilcox, L. (2017), 'Drones, swarms and becoming-insect: Feminist utopias and posthuman politics', *Feminist Review*, 116 (1): 25.

Wilkins, A. (2012), 'School choice and the commodification of education: A visual approach to school brochures and websites', *Critical Social Policy*, 32: 69–86.

CHAPTER 11

포스트인류세 상상하기:

사변적 사유, 회절적 놀이와 「시간의 경계에 선 여자들」

Chessa Adsit-Morris 및 Noel Gough

1 도입: 「시간의 경계에 선 여자들」

Marge Piercy[1)](1976)의 「시간의 경계에 선 여자(Woman on the Edge of Time)」는 전통적으로 남성이 지배하는 디스토피아 소설 장르에 뛰어들었다. (당시) 현재 뉴욕시를 배경으로 하는 시간의 경계에 선 여자는 정치적, 제도적, 경제적, 인종적, 젠더 불평등 속에서 생존하기 위해 고군분투하는 빈곤한 멕시코계 거리여성인 코니(Consuelo[Connie] Ramos)이다. 희망찬 여대생, 사랑하는 어머니, 보호하는 이모, 슬픔에 잠긴 과부, 투옥된 소매치기, 정신이상자로 공인된 분노한 여성으로서 코니는 억압의 복잡성과 모순을 체화한다. Piercy는 코니가 정신병원에 수용되기 전에, 그녀의 공감 능력으로 인해 겉보기에

1) 역자 주: Marge Piercy(1936–)는 미국의 진보적 운동가이며 페미니스트 작가이다. 소설, 시, 희곡, 회고록을 냈으며, 사회운동가이자 작가로 활동하고 있다. 계급과 여성문제에 관심을 갖고 사회운동에 적극 참여하였으며 베트남전 반대운동을 펼치기도 했다. 「시간의 경계에 선 여자(Woman on the Edge of Time)」는 유토피아적 '사변적' 공상과학 소설의 고전으로 알려져 있다. 이 장의 저자들은 다양체로서의 존재를 강조하기 위하여 '시간의 경계에 선 여자들'로 표현하고 있다.

유토피아적인 미래(2137년) 세계인 매타포이셋(Mattapoisett)에서 시간 여행을 하는 양성적인 젊은 여성 루시엔테(Luciente)와 소통하게 된다고 상상한다. 그곳은 1960년대 후반과 1970년대 초의 정치적, 사회적 목표들이 대부분 달성된 곳이다. 즉, 인간이 다시 자연으로 통합되고 사회적, 정치적, 인종적, 젠더적 권력 관계가 제거된 곳이다. 그러나 Piercy(2016: vii-x)는 다음과 같이 경고한다.

> 미래에 대해 글을 쓰는 목적은 예측하는 것이 아니다. (중략) 미래를 창조하는 요점은 사람들이 자신이 원하는 것과 원하지 않는 것을 상상하게 하고 그에 대해 무엇인가를 하도록 하는 것이다. (중략) 우리가 무엇을 할 것인가를 상상하는 것은 우리가 원하는 미래를 만들고, 두려워하는 미래를 예방하기 위해 무엇을 할 수 있을까에 대해 정의하는 것이다.

상상력이 "마음의 필수 도구"라고 주장하는 Ursula Le Guin(2016: 4)을 따라 Piercy는 반(anti)-전체주의적인 미래 사회를 상상하는 것은 불가능하다는 개념에 반대하는 사변적 사고실험(thought experiments)을 제안한다. 코니와 마찬가지로 우리(**인류** *Anthropos*)는 역사상 중요한 시기에 인류세의 벼랑에 서 있다. 우리는 불확실성과 억압의 정치적 순간에 서 있다. Kuhn의 구조/제한, 진보적 논리 및 결정론적 모델을 교란하고 복잡하게 만드는 것을 목표로 하는 들뢰즈주의자의 실천뿐 아니라, 다른 점에서 다른 방식으로 생각하도록 요구하는 Piercy, Le Guin, Donna Haraway 및 Karen Barad와 같은 페미니스트 과학/소설 학자들로부터 영감을 받아, 우리는 사고실험을 이러한 논리가 우리로 하여금 무엇을 상상하고 창조하도록 허용하고 허용하지 않는가를 탐구하는 데 중요하고 건설적인 교육 도구로 받아들인다.

우리는 쓰기를 탐구 방식으로 보면서 에세이를 내러티브 실험으로 쓴다. 즉 일반적으로 우리는 쓰기 시작할 때 완성된 에세이의 '주제'가 무엇인지 모른다. 우리는 'essay'를 동사 – 도전하고, 시도하고, 평가하다 – 로 사용하는데 이는 '에세이를 쓰는'(essaying) 과정을 강조하기 위해 우리 자신을 명사로 표시되는 생산물보다 에세이스트로 특징지으려는 것이다. 'essay'와 'assay'는 무게를 재다라는 라틴어 *exigere*로부터 프랑스어 *essayer*를 거쳐 영어로 왔다. 우리는 아이디어의 '무게를 평가하고', 우리(및 독자)에게 아이디어의 가치를 알려주기 위해 에세이를 쓴다. 이 에세이에서 우리는 '인류세 내러티브'를 푸는 것으로 시작한다. 그것은 – '생물계의 최상위에 군림하는 완전한 종의 내러티브'(Malm, 2015) 이며 – 많은 교육연구자들이 이미 사실로 가정하고 있는 것이다. 그러나 제안된 새 시대의 이름과 그것이 개념화되는 방식에 이의를 제기하는 설득력 있는 이유가 있으므로 우리는 여러 대안적 명명법 제안과 관련하여 그 가치와 무게를 평가한 다음 인류세(Anthropocene)라는 **이름을 붙이지 않으면**(*unnaming*) 어떤 결과가 나올지 상상해 보겠다.

에세이의 후반부에서는 선별된 가상의 텍스트와 이론적인 텍스트를 서로를 통해 회절적으로 읽으면서, '회절 놀이'의 방법론적 실행을 전개하고 배치한다. 우리는 현재의 관행을 재고하고 재구성하기 위해 창의적이고 미래를 전망하는 방식으로 이러한 전략을 사용한다. 이 작업은, 선형적 시간의 인과 개념과 전통적인 명명 관행을 어지럽히고, 사변적 사고실험의 물질적 감응과 상상적 잠재력을 탐구하는 「시간의 경계에 선 여자」를 읽으면서 진행할 것이다. 우리가 지금 있는 곳의 이름이 우리가 있었던 곳에 기초하여 붙여지는 방법/방법론(선형 및 분할된 시간의 공간화된 개념에 기초한)을 재생산하는 대신, 우리는 **포스트인류세**를 위한 생성적이고 사변적인 방법론을 발전시킨다. 우리는 '새로운' 개념을 만드는 데 중점을 두는 것을 넘어, 위치에 따른 재/공동형상화와 교차적 배치를 공동 창조하는 방향으로 나아간다. 그것은 어떻게 **이름 붙여지는지**에 초점을 두는 것이 아니다. 그것은 무엇을 하는지에, 즉 "세계의 되기"(Barad, 2007: 175)에서 경쟁하고 재작업하고 개입하는 가능성을 탐색하는 데 초점을 맞추는 것을 의미한다.

우리는 Margaret Atwood의 **유스토피아**(*Ustopia*) 개념을 탐구함으로써 결론을 내릴 것이다. 유스토피아는 Marisol de la Cadena와 Mario Blaser(2018: 4)가 **세계의 비결정성**(*worldly indeterminacy*)을 초래하는 **다원우주**(*pluriverse*)－"헤테로종의 세계만들기(heterogeneous worldings)"－로 묘사한 것과 중첩되는 개념이다. Piercy의 사변적 세계만들기를 현대의 인류세적 논리 외부에 지금도 존재하는 다원우주－John Law(2015)가 "하나의-세계 세계(one-world world)"라고 부르는 것을 넘어－를 가시화하고 가능하게 하려는 시도로 보는 것은, 과거를 벗겨내고 현재를 재구성하여 우리가 원하는 미래를 만들어갈 가능성을 열기 위해 미래를 변형할 것을 요구한다. 우리의 의도는, 이러한 사고실험을 통해, 단순히 유토피아를 "상상"하려는 것이 아니다. Piercy(1982: 100)가 설명했듯이 매타포이셋에 대한 세계만들기는 "두드러지게 새롭지 않기 때문에 매우 의도적으로 만들어진 유토피아가 아니고", 오히려 현재 가능한 세계의 재구성이다. 그것은 "접근할 수 있기 때문에", 상상할 수 있고 **창조할 수 있기** 때문에 유토피아가 아니다.

2 인류세 이름 붙이기

2000년에 '인류세'라는 용어가 지질시대의 '새로운' 시대를 명명하고 정의하고 기술하기 위해 등장한 이래, 다양한 학계에서 뜨거운 논쟁이 불붙었고, 그 결과 많은 대안적 이름들이 제안되었다. '자본세

(Capitalocene)'(Moore, 2015), '기업세(Corporocene)' 및 '경제세(Econocene)'(Norgaard, 2013)라는 이름은 자본주의 세계 경제가 지구에 발휘했던 원동력을 강조하기 위해 제시되었다. '호모제노세(Homogenocene)'[2](Mann, 2011)와 '플랜테이션세(Plantationocene)'[3](Haraway, 2016)는 풍부한 생물다양성 경관(인간 및 비인간)의 식민주의를 통해 채취 및 노동 집약적인 단일경작으로의 파괴적인 변형을 강조하며, 식민지 팽창과 농장 시스템은 '탐욕스러운 탄소' 산업 시스템의 선구자였다고 주장한다. Nils Bubandt(Haraway et al., 2016)는 유클리드 기하학이 어떻게 자본주의를 생각할 수 있게 만들었는지를 가리키는 '유클리드세(Euclidocene)'를 제안한다. '지노세(Gynocene)'와 '남성인류세(Manthropocene)'(Raworth, 2014; Demos, 2015)는 생태 학살과 대량학살을 함께 묘사하면서 환경 폭력과 가부장제 지배 사이의 연관성에 주목하게 한다. '플라스틱세(Plasticene)'은 생물권에 대한 플라스틱 폐기물의 지속적인 영향을 강조하고 '테크노세(Technocene)'와 '앤스로보세(Anthroboscene)'(Parikka, 2015)는 기술과 그로 인한 독성 폐기물의 영향에 대응한다. Stefan Helmreich(2014)는 위기에 처한 행성계의

---

2) 역자 주: 기자 출신 르포 작가인 찰스 만은 「1493, 호모제노세의 세상이 열리다」에서 1493년 콜롬버스가 아메리카대륙에 도착한 이후, 이질적이던 구대륙과 신대륙의 생태계가 비슷해지기 시작했으며, 이것이 '호모제노세(Homogenocene: 균질화·동질화된 인류의 시대)'의 기원이 됐다고 주장한다. 그 결과 인류는 경제적 이득이라는 편익과 생태적, 사회적 혼돈이라는 비용을 동시에 치르게 되었다.

3) 역자 주: 플랜테이션세(Plantationocene)는 노예 노동을 비롯해 착취가 자행되고, 소외되고 강제이송된 노동에 기반하여 인간이 돌보는 다종다양의 대농장과 초원과 숲이 외부와 격리되고 이익 추출만 일삼는 플랜테이션으로 파괴적으로 변모하는 현상을 가리키는 용어이다(Haraway의 「트러블과 함께하기」 참조).

강력하고 예측할 수 없으며 불안정한 특성에 주의를 환기시키면서 미래를 예언할 수 있지만 그렇게 하지 않기 위해 끊임없이 형태를 바꾸는 바다의 변화의 신 프로테우스의 이름을 따서 '프로테오세(Proteocene)'라는 이름을 제안했다.

T. J. Demon(2017)의 책 「인류세에 반대하며(Against Anthropocene)」, Joshua Clover와 Juliana Spahr(2015)의 시 「#MISANTHROPOCENE; 24가지 테제」를 포함하여 또 다른 이들은 인류세에 대한 강한 반대의 목소리를 내고 있다. Moliere[4](1666)의 「인간혐오자(The Misanthrope)」를 연상시키는 이 시는 역설적으로 분노에 찬 글로 인간의 결점을 지적하고 있으며, 인류세의 맥락을 형성하는 노동, 계급, 젠더, 섹슈얼리티, 정치학의 문제를 통해 탈주선을 그리는 Marx의 「Feuerbach에 관한 테제」와 Walter Benjamin의 「좌익 우울(Left Melancholy)」과도 공명한다. 인류세의 대안적인 탈식민적 경험에 의한 세계만들기를 제공하는 다른 학자로는 Zoe Todd(2015), Gabrielle Hecht(2018) 및 Giovanna Di Chiro(2017)가 있다. 우리는 토론이 계속됨에 따라 더 많은 이름과 대항 내러티브가 제안될 것이라고 확신한다. Haraway(in Haraway et al., 2016)는 인류세가 하나의 개념으로서 아무리 문제가 있고 피할 수 없게 하고 비효율적임에도 불구하고 '좋은 일'을 하기 때문에 인류세를 포함하여 우리의 현재 시대를 가리키는 많은 이름이 필요하다고 주장한다. 그러나 Cadena와 Blaser(2018:

---

4) 역자 주: Moliere(1622–1673)는 프랑스의 배우이자 극작가로서 성격희극의 창시자로 불린다. 그의 작품 「인간 혐오자」는 알세스트라는 인물을 통해 위선과 허위로 가득 찬 당대 사교계를 날카롭게 꼬집고 있다. 줄거리는 셀리멘과의 사랑과 갈등에 초점이 맞춰져 있지만, 그 속에는 배신과 거짓, 권력 등이 음흉하게 도사리고 있는 사회에 대한 반항과 탈출을 시도하는 한 개인의 고뇌와 좌절을 읽을 수 있다. (참조: 위키백과)

6)를 따라 우리는 이러한 이름이 하는 '일'에 대해 의문을 제기하는데, 왜냐하면 "지식이 세계-만들기(world-making)의 실행인 한, 그들은 그들이 알고 있는 세계를 만들려는 경향이 있기 때문이다."

3 사변적 사고실험 1 – 인류세에 이름을 붙이지 않음

Le Guin(1985)의 단편 「그녀는 이름을 붙여주지 않는다(She Unnames Them)」에서처럼, 우리는 인류세에 **이름을 붙이지 않는 것**(*un-naming*)이 무엇을 할 수 있을지 궁금하다. Le Guin은 '새로운 것'을 식별하고, 명명하고, 포착하고 정의하는 유럽-아메리카 현대 정치의 역사를 추적하기 위해 에덴동산으로 거슬러 올라간다. Le Guin은 에덴동산에서 "아담이 모든 생물의 이름을 결정했다는 성경적 주장을 조롱한다"(Gough, 2009: 8). 그 대신 모든 생물에 이름을 붙이지 않음으로써, "꼬리에 묶인 양철통처럼 200년 동안 그들 뒤에 따라온 모든 린네[5]식의 수식어"(Le Guin, 1985: 27)를 거부했다. 명명하기에 의해 유지되었던 차이의 기하학은 이전에는 불가능했던 관계맺기와 **함께-**되기(becoming-*with*)의 실천이 현실화되고 육성되고 관심을 받을 수 있도록 예외없이 변경되었다. Le Guin이 쓴 것처럼, "지금은 이름을 붙이지 않아야 할 것이 아무 것도 없었다. (중략) 그들의 이름이 그들과 나 사이에 분명한 장벽처럼 서 있을 때보다 훨씬 더 가까이 있는 것 같았다. 그래서 그들에 대한 나의 두려움과 나에 대한 그들의 두려움은 하나의 동일한 두려움이 되었다"(Le Guin, 1985: 27).

5) 역자 주: Carl von Linné(1707-1778)는 스웨덴의 식물학자로 생물 분류학의 기초를 놓는 데 결정적인 기여를 하여 현대 '식물학의 시조'로 불린다.

우리가 이전에 주장했듯이(Adsit-Morris; 2017; Gough, 2009), 언어는 관계의 언어적 식민지화를 통해 인간 예외주의와 방법론적 개인주의를 지원하는 기능을 해왔다. 이름 붙이기는 차이의 관계를 예증하고 증폭시키며 공고히 하여 우리로 하여금 우리를 하나로 묶고 연결시켜 주는 공통성의 시각을 놓치게 한다. 이는 인류세가 과학적, 문화적, 정치적 또는 경제적으로 모두-너무-인간중심의(all-too-human) 문제인지에 대해 논쟁하면서 우리의 학문적 범주를 비틀거리며 끌고 다닐 때 인류세의 명명법을 둘러싼 학문적 논쟁에서 분명히 보인다. Barad(2008)가 경고했듯이, "만일 우리가 학문적으로-정의된 효과에 상응하여 학문적으로-정의된 원인을 추적하는 학문적 습관을 따른다면, 우리는 어떠한 일련의 학문적 관심사 속을 날아다니는 이러한 힘들 사이의 모든 중요한 내부작용을 놓칠 것이다"(p. 128). 인류세의 출현 이후 더욱 비판적이고 창의적인 학제 간 작업에 대한 긴급한 요청이 있어 왔다. 우리는 학문적인 제휴에 이름을 붙이지 않는 것이 학문 분야의 구분을 넘어 좋은 작업을 수행하고, 상호간, 그리고 지구와의 긴밀한 연결과 연속성을 구축하는 방법이 될 수 있다고 제안한다. 특히 이름을 붙이지 않으면 우리 자신을 설명하기가 더 어려워지기 때문에 Eve는 "나는 예전처럼 모든 것을 당연하게 여기며 수다를 떨 수 없게 되었다"(Le Guin, 1985: 196)고 결론짓는다.

4 포스트인류세의 상상

인류세 개념은 많은 학자들이 환경교육 및 사회과학 연구를 위해 '다음은 무엇인가?'라고 묻게 하였고, 소위 '신' 이론 또는 '신사상 운동'(특히 '신물질론')에 대한 최근의 물결에 관심을 불러일으키며 새로운 개념과 방법론의 생산을 요구한다. 아마도 '최근' 또는 '새로운'을 뜻하는 그리스어 접미사 'cene' 때문일 것이다. 우리는 '새로운' 개념과 아이디어를 채택할 때 신중하게 하기를 좋아하기보다 차라리 주류 과학 및 철학에서 평가 절하되는 경향이 있는 대중 매체와 비서구적 지식의 담론과 문화적 자원을 사용하여 기존 아이디어와 개념을 재고하고 재구성할 수 있는 방법을 모색하는 것을 선호한다. 우리는 인류세의 공간적, 시간적으로 분산되어 있는 문제의 복잡성을 다루기 위해 다양한 이름, 개념 및 이론의 배치를 필요로 한다. 우리의 임무는 플라스틱세와 테크노세의 유독성 쓰레기, 자본세와 기업세의 CO_2 배출, 호모제노세와 플랜테이션세의 멸종을 모으는 것이다(Haraway, 2016: 57 참조).

그럼에도 불구하고, Haraway와 다른 사람들은 '인류세'라는 용어를 우리가 씨름해야 하는 상속이라는 개념으로 받아들여, "지금은 피할 수 없고 좋은 일을 하고 있다"는 것에 주목하지만, "'인류세'라는 용어로는 충분하지 않다. (중략) 개념 자체는 작업을 수행하지 않는다. 하지만 상상력의 변화는 또한 진화하는 일종의 새로운 관계이기도 하다"(Haraway et al., 2016: 539-554)라고 본다. Haraway(2016: 100)는 "내 생각에 우리의 임무는 (중략) 상상할 수 있는 모든 방법으로 피난처를 되살릴 수 있는 지질학적 시대를 함께 육성하는 것이다."라고 말한다. 이 진술을 통해 Haraway는 '포스트인류세'에 초점을 맞출 것을 촉구한다. 그것은 재앙과 멸종 너머의 미래를 상상하는 것을 목표로 하는 사변적 실천을 요구한다. 가장 주목할만한 포스트인류세에 대한 상상은 쑬루세(Chthulucene)에 대한 Haraway의 개념을 포함한다. 쑬루세는 포스트인류세를 살기 좋게 만드는 다양하고 복합적인 도전을 설명할 수 있는 사변적 신화, 다종적 공산(sympoietic) 배치의 인간과 촉수의 시대를 의미한다. Jamie Lorimer(2015)는 '코스모스세(Cosmoscene)'를 제안하는데, 그것은 Isabelle Stengers(2010)의 코스모폴리틱스(cosmopolitics)에 대한 연구, 그리고 생태학적 사고와 문해력을 중심으로 이미 수행된 유익한 연구에서 도출된 존재론, 인식론 및 윤리학으로서 '생태세(Ecocene)'를 제시한 Joanna Boehnert(2016)를 따른 것이다.

우리는 Benjamin Bratton(2013: n.p.)을 따라 여전히 서구의 이름 붙이기 관행을 경계하는데, 그는 포스트인류세는 "오늘날 유통을 위한 전제 조건으로서 미래에는 결국 폐기될 모든 용어에 미리 이름을 지어서는 안된다"고 제안한다. 그는 계속해서, 포스트인류세의 아포리아는 "그 명명의 도발에 의해 대답이 되지 않으며, 이것이 바로 우리가 암초를 통과하는 과정에서 정확히 무엇을 얻거나 잃어야 하는지를 너무 빨리 판정하려는 대안들을 능가하는 힘"이라고 말한다. 대신 우리는 서구의 과학적 이름 붙이기 이외에 대안적인 이름 붙이기의 실천이 있음을 인정하는 다원적인 이름 붙이기와 앞으로 다가올 가능한 시대를 상상하기 위한 복수의 사변적 내러티브 실천이 필요하다고 믿는다. 이 장의 다음 절에서는 가능한 포스트인류세 세계만들기의 재/초월/공동 형상화하기(re/trans/configuring) 및 다시/상상하기 과정에서 사변적 사고실험 – 우리가 '회절적 놀이(diffractive play)'라고 부르는 것 – 의 역할을 탐구하고 추론할 것이다.

5 사변적 사고와 회절적 방법

James Burton(2015: 9)은 공상과학소설(SF)과 철학의 흥미로운 계보를 추적하여 겹치는 영역을 비-역사적인 원더의 철학으로 기술한다. 그는 "이 [공유된] 경이감은 (중략) 무엇이 **있을 수 있을지**에 대한 숙고와 이야기를 일으키는데, 철학만큼이나 공상과학 소설의 근원이라는 주장을 할 수 있지 않을까?"라고 묻는다. Burton(2015: 8, 원전에서의 강조 표시)은, 합리주의와 경험주의를 거친 현대 과학의 (후기)계몽주의 발전이 어떻게 비과학적이며 부자연스럽고 알 수 없는 것으로 생각되었던 것들을 알 수 있고 측정 가능한 것들로부터 분리했는지를 기술한다. 비과학적으로 여겨졌던 지식 – 사유, 상상, 경이로움을 통해 교란된 지식 – 은 그가 "현실의 다른 면"이라고 묘사한 소설(fiction)을 향해 던져졌다. 철학적 작업은 "일종의 공상과학소설"이어야 한다는 Deleuze(1994: xx)의 주장과 생물학적 과학과 SF의 교차점에서 이루어진 Haraway(1988, 1989, 2007, 2016)의 작업에 힘입어, 우리는 사실과 허구의 경계를 허무는 방법론적 접근을 개발하고 활용했다(Adsit-Morris, 2017; Gough, 2004, 2008, 2010). 우리의 희망은 이 장을 통해, 우리의 방법론적 실천 안에서의 얽힘과 차이들을 탐구하는 것이다. 이것은 선택된 소설 및 이론의 상호텍스트 읽기를 통해 회절적으로 읽는 '회절적 놀이'의 실천을 제시하기 위함이며, Gough(2010)의 '리좀기호적 놀이(rhizosemiotic play)' 및 Barad(2014: 168)가 보다 최근에 회절을 "차이생성-얽힘 패턴의 반복적 (재)공동형상화"로 해석한 것에서 영감과 영향을 받았다.

Gough의 '리좀기호적 놀이' 개념은 Haraway(1994: 63)의 회절에 대한 도발에서 발전하였다. 회절은 "같은 것을 다른 곳에 옮겨놓기보다는 세상에 차이를 만드는 순수하지 않은, 복잡하게 에로틱한 실천"이다. 그 이후로 Haraway의 '의미론의 고안된 범주'로서의 회절 개념은 페미니스트 및 포스트휴머니스트 학자들, 특히 양자 이론에 대한 훈련을 바탕으로 이론과 방법으로 발전시킨 Barad(2007, 2014)에 의해 다시 활성화되었다. Barad(2018: 216)는 최근에 다음과 같이 말한 바 있다.

> 방법론으로서의 회절은 특정 아이디어들이 물질성에 항상 이미 얽혀있다는 사실을 분명히 하기 위하여, 서로 반대하기보다는 서로를 통해 통찰을 읽는 문제이다. 요점은 유비를 만드는 것이 아니라, 오히려 특정 물질 조건에서 비롯될 뿐만 아니라 이분법에 문제를 일으키는 방식으로 패턴화하는 것에 주름접혀 있는 차이/차연-차이생성-얽힘의 패턴을 탐색하는 것이다.

우리 중 한 명(Gough, 2016)은 공상과학소설과 후기구조주의적 텍스트 실천을 둘러싼 재미있는 대본화된 대화를 통해 회절적 놀이의 한 형태를 수행했다. 그것은 페미니즘, 자아와 체화의 기술, 그리고 Barad(2007: 409)가 "존재인식론(ontoepistemology)"으로 언급한 인식론과 존재론의 사이/내부-엮기를 포함하는 교육탐구에서 이루어졌다. 다른 한 사람(Adsit-Morris, 2017)은 회절을 전통적인 내러티브 형식을 파괴하는 방법으로 활용하였다. 그것은 매 순간 "서로 꿰어지고 매듭이 지어지고 꼬아지고 갈라지는, 각 순간이 홀로그램이지만 결코 전체는 아닌"(Barad, 2010: 243-244) 이야기들을 제시함으로써, "여기와 저기, 지금 그리고 그때의 얽힘"을 유지하며, 뒤에 남는 비/선형적, 비/가시적인, 비/인간의 흔적에 대한 주의력을 키우는 것이다. 우리는 이론적, 소설적 및 과학적 텍스트를 함께 그려 현재 관행을 암시적이고 창의적이며 환상적인 방식으로 재고하고 재구성하려는 새로운 버전의 **회절적 놀이**를 만들어내기 위해 우리의 방법론적 경험과 실천을 결합한다. Haraway를 따라, 우리는 회절적 놀이를 일종의 '접촉(touch) 욕망에 뿌리를 둔 매우 수다스러운 대화'로 보는데, 이는 지금 널리 퍼져있는 개념을 취소하고 아직 가능할 수도 있는 것에 대한 집합적 상상을 육성하려고 시도하는 것이다(Adsit-Morris & Gough, 2016).

특히, 우리는 선형적 시간의 인과적 개념에 문제를 일으키고 '사고

실험'(앞에서 다룬 이름 붙이지 않기 실험과 유사)의 물질적 감응과 상상적 잠재력을 탐구하는 「시간의 경계에 선 여자」를 읽을 것을 권한다. 그러한 사변적인 회절적 사고실험은, 인류세를 인간이 지구에 미친 영향에 의해 제기된 다양한 문제와 영역을 탐구하도록 학자들을 회절시키고 분산시키는 회절 격자, 장치로 상상함으로써 Piercy의 작업과 Barad의 비/결합된(dis/jointed) 시간에 대한 작업 내에서 차이생성-얽힘의 패턴을 모으고 재형상화하고 탐구할 것이다. 이는 하나의 명확한 이름을 붙일 수 있는 기원을 확인하는 데 초점을 맞추는 대신 문제가 많은 시대의 여러 측면을 조명하는 것이다. 우리는 '우화'가, 상상할 수 없는 것을 재현으로 가져옴으로써 '되기'를 추진하는 데 도움이 될 수 있다고 제안한 Rosi Braidotti(2000)를 따른다.

6 사변적 사고실험 2 - 시간의 모양

바르바로사는 목을 가다듬었다. "우리는 말할 수 있습니다. 역사의 중요한 부분에서 (중략) 세력이 충돌하고 있습니다. 기술이 불균형합니다. 너무 적은 사람이 너무 많은 힘을 가지고 있습니다. 대안적 미래는 동등하거나 거의 동등할 것이며 (중략) 그리고 그것은 (중략) 시간의 모양에 영향을 미칩니다."

(Piercy, 2016: 212)

Haraway(1979)는 「여성: 해방의 학술지(Women: A Journal of Liberation)」에 게재된 잘 알려지지 않은 학술논문에서 Piercy의 「시간의 경계에 선 여자」(2016)를 검토했다. 그 목적은 (1) '페미니즘 과학'을 상상하기 위해서(따라서 물질적으로 만들어내기를 시작하기 위해서),

(2) 자신의 책임(responsibility) 개념(또는 나중에 '응답-능력(response-ability)'이라고 칭한 것)을 확립하기 시작하며, (3) 시간/역사/권력의 대안적 개념과 공동형상화를 숙고하기 위해서이다. Haraway(1979: 2)는 "Piercy는 마르크스주의 또는 인본주의자의 비전을 넘어 기술에 대한 책임의 개념을 발전시키고 아나키스트-페미니스트 공동체의 이야기를 말한다."라고 기술하였다. 그러나 "이 리뷰논문을 자랑스럽게 생각한다."고 주장했음에도 불구하고 Haraway(2011: 5)는 자신의 이력서에서 이를 삭제하라는 조언을 받았다(그리고 실제로 그렇게 했다).

> "과거는 경쟁의 영역이다"-우리의 두껍고, 아직 고정되지 않은, 현재의, 아직 오지 않은 시간과 공간이 지금 중요한 기로에 있는 과거-라는 말은 나를 Piercy의 이야기로 끌어들인 밈이다. 나는 이 리뷰논문을 자랑스럽게 생각한다. 나의 승진을 지지하는 과학사 전공 선배가 너무나 친절한 미소를 지으며 배신의 수정액(white-out) 통을 가지고 내게 다가와 "나 자신을 위해" 학술 업적 기록에서 이 출판물을 지우라고 요청했다.

그러나 Haraway(2011: 5)가 "지금까지 나의 구원을 위해 아무도 속지 않았다."라고 언급한 것처럼 흔적은 남았다. Barad(2018: 226)는 **"지우기는 세계의 바로 그 세계만들기에 흔적을 남기는 물질적 실천이다."** 라는 사실을 상기시킨다. (사람, 장소, 과거 및 미래의) 삭제를 위한 현재적-역사적 식민지의, 자본주의적 및 기술과학적 시도에도 불구하고, 과거를 바꾸거나 미래를 결정할 수 있는 보편적인 수정액이나 양자 지우개는 없다. 「시간의 경계에 선 여자」는 전통적인 시간-여행 소설과는 매우 다른, Piercy(2016: 120)가 "갑작스러운 분열과 시간을 앞뒤로 오가는 도약"으로 묘사한 '여행-호핑 이야기(travel-hopping tale)'이다.

Barad(2018: 223)가 기술했듯이, 주인공은 "충분한 재능과 기술적 노하우를 갖춘 사람들이 존재했었던 과거, 계속 존재하고 있으며 접근할 수 있는 과거로 돌아가서, 역사의 재기술에서 결정론적인 방식으로 앞으로 전파될 사건들의 연쇄고리에서 어떤 결정적인 지점을 새롭게 작업하려고 시도한다." 주인공은 단순히 다원적인 시간과 삶(고통을 겪는 멕시코계 하인 콘수엘로, 강인한 엄마이며 이모인 코니, 우울하고 학대받는 알코올 중독자 콘치타)을 살고 경험하는 것이 아니며, 이러한 과거들/현재들이 서로 꿰매어지며, 무시되거나 지워지기를 거부하면서 파열되고 서로를 괴롭히고 있다.

Barad(2017a, 2017b, 2018)는 최근 작업에서 **중첩** 및 **얽힘**(*superposition* and *entanglement*)의 개념을 통해 '트러블 타임'에 양자장 이론을 사용한다. Walter Benjamin이 '동질한 비어있는 시간(homogeneous empty time)'이라고 부르는 것에 반대하는 논쟁은 이제 Barad(2018: 208)가 "세계화된 시공간 격자(globalized space time grid)"－즉 식민주의의 시간, 자본주의의 시간, 군국주의의 시간, 인류세의 시간－라고 기술하는 것으로 변했다. Barad(2018: 206-207)는 다음과 같이 묻는다.

> 인류세의 기원을 표시하는 것에 대한 논쟁이 지구의 지질 시계에 새로운 시간 부분을 추가하는 것을 정당화하기 위해 사용된 퇴적물의 층을 정확하게 읽는 것 이상의 것을 시사한다면, 아마도 타임라인(선형성에서)이 논의에 슬그머니 들어오는 시간성 구조는 현재로서는 부적절하다.

별개의 다른 시간으로서 '새 것' 대 '옛 것'이라는 개념에 도전하면서, Barad(2018: 218)는 **시간의 회절**(*temporal diffraction*) – 또는 '시간-에너지 비결정성 원리' - 을, **"주어진 실체가 다른 시간의 중첩**(상태)에 있을 수 있는" 시간의 존재론적 비결정성으로 기술한다. 시간의 회절은 **"가능한 모든 역사(시공간의 공동형상화)**를 고려하고 그러한 가능성이 다른 모든 가능성과 공존한다는 것에 대해 이해"(Barad, 2018: 218, 원전에서의 강조)할 것을 요구한다. 「시간의 경계에 선 여자」는 전통적인 시간-여행 소설이 아니다. 즉 콘수엘로/코니가 좋은 싸움을 할 준비가 된 플라스틱 지갑을 움켜쥐고 과거-현재-미래로 작동하기를 거부하는 곤란한 시대의 복잡성과 모순을 탐색하는 '시간-회절 이야기'이다.

> *던은 부드러운 턱을 내밀었다. "나는 과거로 날아가는 것과 같은 매우 중요한 일을 해서 그것이 제대로 드러나도록 하고 싶다."*
>
> *"아무도 제대로 드러나도록 할 수 없어요." 호크가 역겨운 듯 곧은 코를 찡그리며 말했다.*
>
> *"던, 돕고 싶은 것, 일하고 싶어하는 것, 역사를 잡으려하는 것은 나쁜 것이 아니야"라고 루시엔테는 말했다. (중략) "그렇지만 그것을 혼자서 하려고 하는 것은 그리 좋지 않아. 당신이 역사를 구운 케이크처럼 누군가에게 전하는 것은."* (Piercy, 2016: 212-213)

7 결론 - 다원우주의 세계적 비결정성

인류세의 개념이 시작된 이후로, 기술 구원과 도피주의 환상에 대한 내러티브와 표현을 담고 있는 수많은 디스토피아적 기후 재난

(cli-fi)[6] 영화가 등장했다(예: 투모로우(*The Day After Tomorrow*)[2004], 설국열차(*Snowpiercer*)[2009], 지오스톰(*Geostorm*)[2017] 및 인터스텔라(Interstellar)[2014] 등). 이러한 하이퍼 개념화는 순전한 범주-좋은/나쁜, 원인/결과, 앞으로/뒤로, 원시의/진보한, 유토피아/디스토피아-로 분류되지 않는 삶의 경험과 세계의 복잡성을 지워버린다. Atwood(2011, n.p., para. 10)는 자신이 **유스토피아**(*Ustopia*)라고 부르는 것에 대해, 그것은 유토피아와 디스토피아의 결합인데 "상상의 완벽한 사회와 그 반대의 결합으로 (중략) 내 견해로는 각각은 다른 한쪽의 잠재 버전을 포함한다."라고 기술한다.

Atwood의 유스토피아 개념은 Barad(2007: 140)의 행위주체적 분리가능성(agential separability) 개념, 회절에 의해 설명된 현상-내에서의-외부성의 조건과 공명하는데, 즉 회절은 "경계의 불명확한 성격을 밝히는 것이다-'밝은' 곳에서의 그림자, '어두운' 곳에서의 밝은 지점을 나타내는 것이다." 이러한 회절 패턴은 Barad(2018: 218)가 설명하는 바와 같이, 모든 가능한 경로/실재의 중첩의 결과로, **"그들은 모두 공존하며 전체 패턴에 상호 기여한다**." 이는 가능한 많은 세계가 있다는 것이 아니라 오히려 세계는 본래적으로 다양체라는 뜻이다. 그것은 Cadena와 Blaser(2018: 4)가 "많은 세계들 중 하나의 세계의 실천"인 선주민 주권에 대한 Zapatista[7]의 선언에 영향을 받아 다원우주(pluriv-

6) 역자 주: cli-fi는 기후 변화와 지구 온난화를 다루는 기후소설(Climate fiction)을 일컫는 말이다. "cli-fi"라는 용어는 2007년 또는 2008년 프리랜서 뉴스 기자이자 기후 운동가인 댄 블룸(Dan Bloom)이 2075년 알래스카의 기후 난민에 대한 종말 이후의 이야기인 그의 소설 「폴라 시티 레드」를 묘사하기 위해 사용하기 시작했다.

7) 역자 주: 사파티스타 민족해방군(스페인어: Ejército Zapatista de Liberación Nacional; EZLN)은 멕시코 남부 치아파스 주를 근거지로 하고 있는 반세계화

erse)라고 부른 것이다. 그들의 해석은 **"앎을 실천하는 것은 세계를 (재)공동형상화하는 데 참여하는 특정한 물질적 참여"**라는 Barad(2007: 91)의 이해와 일치한다. **세계의 비결정성**(worldly indeterminancy)이 존재한다 – 즉, 세계는 물질적-담론적 실천과 그것을 구체화하는 관계에 앞서 존재하는 것이 아니라, 특정한 얽힘을 통해 나타난다.

곤경에 처한 위기의 시기에 윤리적 연구를 시도하는 '우리'의 질문은 다음과 같다. 다중적 실재, 지식, 과거 및 미래 – 다중적 세계 – 가 존재하고 설명될 수 있는 열린 공간을 어떻게 확보할 것인가? 어떻게 우리는 다른 사람들에게 여러 방식으로, 여러 규모로, 여러 시간성을 통해서 생각하는 것을 **동시에** 하도록 가르칠 수 있을까? 인류세에 대한 현재의 무비판적인 언쟁들은, 첫째, 인류세의 개념을 받아들이고, 둘째, 인류세의 용어와 한계를 협상함으로써(장단점을 가늠하고 그 폭력을 정량화함으로써) Deleuze(1994)가 '황금률'이라고 부른 것을 확립하려고 시도한다.

'우리'는 결정할 수 없는 미래, 미완의 과거, 그리고 여기-지금이라는 긴급한 시간의 벼랑에 서 있기 때문에, 인식론적 불확정성(그리고 그것이 조장하는 인식론적 불안정성)과 존재론적(세계의) 비결정성과 씨름할 수 있는 상상계를 필요로 한다. 우리(저자들)는 공상과학소설과 사변적 사고의 실천으로 돌아가서 공식적인 교육과정 내에서 파열을 만들고 학생들이 다르게, 다른 방식으로 생각할 수 있는 공간을 열고자 한다. 이러한 사고실험은 환상이 아니다. 그것들은 단순히 이론적인 탐구/질문([in]queries)이 아니라 물질적인 감응을 가지며, 차이생성으로 세상에 변화를 일으킨다. Atwood(2011)는 자신의 학술논문에

아나키즘 무장혁명단체로, 1994년 1월 1일 북아메리카 자유무역협정(NAFTA)가 발효되던 날에 출범하였다. 신자유주의 정책에 반대하며 선주민들의 권리와 자치에 중점을 두고 있다.

서 Le Guin의 SF(실제로 일어날 수 있는 일)와 판타지(실제로 일어날 수 없는 일) 사이의 차이를 기술하면서 “Le Guin의 소설에서 일어나는 모든 일은 가능하고 이미 일어났을 수도 있다”라고 주장한다.

SF 상상계를 육성하는 것은 우리가 **포스트인류세**를 만들어가는 작업을 계속하도록 도울 것이라고 믿는다. 왜냐하면 Barad(2008: 144)가 촉구하듯이, “행위의 특정 가능성은 매 순간 존재하며, 이러한 변화하는 가능성은 세계가 만들어지는 과정에 개입하고, 물질화 과정에서 중요하게 된 것과 배제된 것들에 대해 이의를 제기하고 다시 작업할 책임을 수반”하기 때문이다. 그것은 우리가 매타포이셋(그 곳에서는 아이들이 나이가 들면 자신의 이름을 선택할 수 있다)과 같은 세계를 상상할 수 있게 해준다. 그 곳은 선주민의 지식과 실천이 시간의 개념을 형성하고, 공동의 프로세스에 영향을 미치고, 교육 프로그램에 정보를 제공하고, 이름 붙이기의 실제를 탈정치화한다. 그러한 미래를 상상한다고 해서 그것이 다른 모든 가능한 미래를 주도하게 될 것이라는 보장은 없지만, 부분적으로 존재할 가능성을 열어준다. 왜냐하면 모든 현실은 불완전하고 다원적이기 때문이다. Atwood(2011)가 결론지었듯이 “우리는 우리와 함께 있을 수밖에 없고, 우리가 그러하듯 불완전하다. 그러나 나 자신이 현실에서 유스토피아로 가는 길을 따라갈 준비가 되어 있는 한, 우리는 우리를 최대한 활용해야 한다.”

> *"당신 시대의 당신은 함께 투쟁하지 못할 수도 있어." 그의 목소리는 따뜻했고 거의 놀리는 듯했지만, 그의 눈은 그가 진지하게 말하고 있다는 것을 그녀에게 말해주고 있었다. "우리는 존재하기 위해, 살아남기 위해, 일어날 미래를 위해 싸워야 해. 그것이 우리가 당신에게 온 이유이지."*
> (Piercy, 2016: 213)

주요 용어

인류세(Anthropocene)

11,650년 전에 시작된 홀로세(Holocene)에 이어, 지구에 대한 인간의 영향이 지배하는 지질학적 시간의 새로운 시대를 명명하기 위해 2016년 국제 지질학회의(International Geological Congress)에서 한 작업 그룹이 제안한 용어임.

SF

기의로서의 'SF'는 사변적 소설(speculative fiction), 과학 소설(science fiction), 과학 판타지(science fantasy), 사변적 미래(speculative futures) 및 사변적 우화(speculative fabulation)를 포함한 많은 과학 소설 및 환상 내러티브의 실제를 줄여서 표현한 용어임. Haraway는 이 용어를 실뜨기(string figures), 사변적 페미니즘(speculative feminism), 과학적 사실(science fact), 지금까지(so far) 등을 포함하도록 확장해옴. 그리고 우리는 '진지한 재미(serious fun)'를 추가함.

유스토피아(Ustopia)

Margaret Atwood가 '유토피아'(상상의 완벽한 사회)와 '디스토피아'(환경적, 사회적 파괴와 불공정으로 고통 받는 상상의 사회)의 합성어로 둘 사이의 얽힘을 탐구하기 위해 만든 용어임.

참고문헌

Adsit-Morris, C. A. (2017), *Restorying Environmental Education: Figurations, Fictions, and Feral Subjectivities*, New York, NY: Palgrave Macmillan.

Adsit-Morris, C. A. and Gough, N. (2016), 'It takes more than two to (Multispecies) tango: queering gender texts in environmental education', *The Journal of Environmental Education*, 48: 67–78.

Atwood, M. (2011), 'Margaret Atwood: The road to Ustopia', *The Guardian* [Online]. Available at: https://amp.theguardian.com/books/2011/oct/14/margaret-atwood-road-to-ustopia.

Barad, K. M. (2007), *Meeting the Universe Halfway: Quantum Physics and the Entanglement of Matter and Meaning*, Durham, NC: Duke University Press.

Barad, K. M. (2008), 'Posthuman performativity: Toward an understanding of how matter comes to matter', in S. Alaimo and S. Hekman (eds), *Material Feminisms*, Bloomington, IN: Indiana University Press.

Barad, K. M. (2010), 'Quantum entanglements and hauntological relations of inheritance: Dis/continuities, Spacetime enfoldings, and justice-to-come', *Derrida Today*, 3 (2): 240–68.

Barad, K. M. (2014), 'Diffracting diffraction: Cutting together-apart', *Parallax*, 20: 168–87.

Barad, K. M. (2017a), 'No small matter: Mushroom clouds, ecologies of nothingness, and strange topologies of spacetimemattering', in A. L. Tsing, H. A. Swanson, E. Gan and N. Bubandt (eds), *Arts of Living on a Damaged Planet: Ghosts and Monsters of the Anthropocene*, Minneapolis, MN: University of Minnesota Press.

Barad, K. M. (2017b), 'Troubling time/s and ecologies of nothingness: Re-turning, Re-membering, and facing the incalculable', *New Formations*, 92: 56–86.

Barad, K. M. (2018), 'Troubling time/s and ecologies of nothingness: Re-turning, Re-membering, and facing the incalculable', in F. Matthias, L. Philippe and D. Wood (eds), *Eco-Deconstruction: Derrida and Environmental Philosophy*, 206–48. New York, NY: Fordham University.

Boehnert, J. (2016), 'Naming the epoch: Anthropocene, Capitalocene, Ecocene', Climate Change: Spatial, Environmental and Cultural Politics [Online].

Braidotti, R. (2000), 'Teratologies', in I. Buchanan and C. Colebrook (eds), *Deleuze and Feminist Theory*, Edinburgh: Edinburgh University Press.

Bratton, B. H. (2013), 'Some trace effects of the post-anthropocene: On accelerationist geopolitical aesthetics', *e-flux Journal*, 46.

Burton, J. (2015), *The Philosophy of Science Fiction: Henri Bergson and the Fabulations of Philip K. Dick*, New York, NY and London: Bloomsbury Academic.

Cadena, M. D. L. and Blaser, M., eds (2018), *A World of Many Worlds*, Durham, NC: Duke University Press.

Clover, J. and Spahr, J. (2015), '#MISANTHROPOCENE: 24 Theses', in H. Davis and E. Turpin (eds), *Art in the Anthropocene: Encounters Among Aesthetics, Politics, Environments and Epistemologies*, London: Open Humanities Press.

Deleuze, G. (1994), *Difference and Repetition*, New York, NY: Columbia University Press.

Demos, T. J. (2015), 'T.J. Demos: Anthropocene, capitalocene, gynocene: The many names of resistance', Frontiers of Solitude [Online]. Available from: http://frontiers-of-solitude.org/blog/442.

Demos, T. J. (2017), *Against the Anthropocene: Visual Culture and Environment Today*, Sternberg Press: Berlin.

Di Chiro, G. (2017), 'Welcome to the white (m)Antropocene? A feministenvironmentalist critique', in S. MacGregor (ed.), *Routledge Handbook of Gender and Environment*, New York, NY: Routledge.

Gough, N. (2004), 'RhizomANTically becoming-cyborg: Performing posthuman pedagogies', *Educational Philosophy and Theory*, 36 (3): 253–65. https://doi.org/10.1111/j.1469-5812.2004.00066.x.

Gough, N. (2008), 'Narrative experiments and imaginative inquiry', *South African Journal of Education*, 28 (3): 335–49.

Gough, N. (2009), 'How do places become "pedagogical"?' in M. Somerville, K. Power and P. D. Carteret (eds), *Landscapes and Learning: Place Studies in a Global World*, Rotterdam: Sense Publishers.

Gough, N. (2010), 'Performing imaginative inquiry: Narrative experiments and rhizosemiotic play', in T. Nielsen, R. Fitzgerald and M. Fettes (eds), *Imagination in Educational Theory and Practice: A Many-sided Vision*, Newcastle upon Tyne: Cambridge Scholars Publishing.

Gough, N. (2016), 'Postparadigmatic materialisms: A "new movement of thought" for outdoor environmental education research?' *Journal of Outdoor and Environmental Education*, 19 (2): 51–65. https://doi.org/10.1007/BF03400994.

Haraway, D. J. (1979), The Struggle for a Feminist Science: Reflections Based on *Woman on the Edge of Time* and *For Her Own Good. Women: A Journal of Liberation*, 6, 20–23.

Haraway, D. J. (1988), 'Situated knowledges: The science question in feminism and the privilege of partial perspective', *Feminist Studies*, 14: 575–99.

Haraway, D. J. (1989), *Primate Visions: Gender, Race, and Nature in the World of Modern Science*, New York: Routledge.

Haraway, D. J. (1994), 'A game of cat's cradle: Science studies, feminist theory, cultural studies', *Configurations: A Journal of Literature, Science, and Technology*, 2 (1): 59–71. https://muse.jhu.edu/article/8029.

Haraway, D. J. (2007), *When Species Meet*, Minneapolis, MN: University of Minnesota Press.

Haraway, D. J. (2011), 'SF: Science fiction, speculative fabulation, string figures, so far', SFRA Meetings (acceptance speech), Lublin, Poland.

Haraway, D. J. (2016), *Staying with the Trouble: Making Kin in the Chthulucene*, Durham, NC: Duke University Press.

Haraway, D. J., Ishikawa, N., Gilbert, S. F., Olwig, K., Tsing, A. L. and Bubandt, N. (2016), 'Anthropologists are talking - About the Anthropocene', *Ethnos*, 81: 535–64.

Hecht, G. (2018), 'The African Anthropocene', Aeon [Online]. Available at: https://aeon.co/essays/if-we-talk-about-hurting-our-planet-who-exactly-is-the-we (Accessed 06 February 2018).

Helmreich, S. (2014), 'The water next time: Changing wavescapes in the Anthropocene', Paper presented at the Center for 21st Century Studies, University of Wisconsin-

Milwaukee, 4 April.

Law, J. (2015), 'What's wrong with a one-world world?' *Distinktion: Scandinavian Journal of Social Theory* 16 (1): 126–39.

Le Guin, U. K. (1985), 'She unnames them', *The New Yorker*, 21 January.

Le Guin, U. K. (2016), *Words Are My Matter: Writings About Life and Books, 2000–2016 with a Journal of a Writer's Week*, Northampton, MA: Small Beer Press.

Lorimer, J. (2015), *Wildlife in the Anthropocene: Conservation after Nature*, Minneapolis, MN: University of Minnesota Press.

Malm, A. (2015), 'The Anthropocene myth: Blaming all of humanity for climate change lets capitalism off the hook', *Jacobin* [Online]. Available at: https://www.jacobinmag.com/2015/03/anthropocene-capitalism-climate-change/.

Mann, C. C. (2011), *1493: Uncovering the New World Columbus Created*, New York, NY: Alfred A. Knopf.

Moore, J. W. (2015), *Capitalism in the Web of Life: Ecology and the Accumulation of Capital*, New York, NY: Verso.

Norgaard, R. B. (2013), 'The econocene and the delta', *San Francisco Estuary and Watershed Science*, 11: 1–5.

Parikka, J. (2015), *The Anthrobscene*, Minneapolis, MN: University of Minnesota Press.

Piercy, M. (1982), Parti-*Colored Blocks for a Quilt*, Michigan: University of Michigan Press.

Piercy, M. (2016 [1976]), *Woman on the Edge of Time*, New York, NY: Ballantine Books.

Raworth, K. (2014), 'Must the Anthropocene be a Manthropocene?'; *The Guardian*, 20 October 2014.

Stengers, I. (2010), *Cosmopolitics, Posthumanities*, Minneapolis, MN: University of Minnesota Press.

Todd, Z. (2015), 'Indigenizing the Anthropocene', in H. Davis and E. Turpin (eds), *Art in the Anthropocene: Encounters among Aesthetics, Politics, Environments and Epistemologies*, London: Open Humanities Press.

CHAPTER 12

리토르넬로의 충만한 감각:

행위주체적 포스트휴먼 배치에서의 소리, 행위, 물질성

Jennifer Charteris 및 Marguerite Jones

1 들어가는 말

Deleuze 이론의 힘은 그 포착하기 힘든 모호함에 있다. 누군가가 손으로 잡는 순간 바로 바뀌고 유동적으로 흘러 손가락 사이로 빠져나가 다른 것이 된다. 물질의 이미지는 Deleuze 이론(1988)의 페미니스트적 사유에서 물질론이 갖는 중요성을 반영하며, 연구 배치에 접속될 때 새로운 읽기를 가능하게 해준다(Jackson & Mazzei, 2013). 배치는 “내용 형식(행위, 신체, 사물)과 표현 형식(감응, 언어, 아이디어)” (Buchana, 2015: 390)의 생성적 얽힘이다. 우리는 내부작용적 배치에서 연구자들이 얽혀 풀어갈 혁신적 방법론을 탐색하고자 한다.

Deleuze로부터 영감을 얻은 방법론은 무엇이 생산될 수 있는가를 적극적으로 탐색함으로써 결핍에 초점을 두던 것을 초월한다. 되기(becomings)의 방법론은 불안정하고 편향적이고 불완전하면서 가능성으로 충만하다. 이론은 “이질적인 개념, 물질, 출처, 예시와 그림” (Taylor, C., 2013: 43)을 통하여 구성된다. Deleuze와 Guattari의 도구상자로부터 꺼낸 리토르넬로[1]라는 다원적 개념을 연구 배치에 접속시켜 혁신적 방법론을 가능하게 해볼 수 있을 것이다.

개념으로서의 리토르넬로는 "간섭(interference)"(Deleuze & Guattari, 1987: 280)으로 작동하여, 인간과 인간-아닌 것의 관계성을 다르게 사유하는 포스트휴먼 도전을 지지하는 혁신에 기여할 수 있다. 리토르넬로는 공간을 생성하며, 리듬, 환경, 영토 사이의 관계성에 차이를 만드는 패턴화(patterning)를 통해 발현한다(Springgay & Zaliwska, 2017). 리토르넬로는 흔히 청각적 상황에서 인식된다. 익숙한 소리를 생성하는 패턴으로서 음악, 노래, 찬트, 동물 목소리 등은 광범위한 문화적, 역사적 전통에서 중요성을 가진다. 그렇지만 리토르넬로는 청각적이고 물질적이며 문화적일뿐만 아니라(Sorensen, 2009), 실존적으로나 디지털적으로도(Mayes, 2018) 존재할 수 있는 영토를 생성하는 의례적 경로이다. 교육연구라는 맥락에서의 리토르넬로는 매우 최근에 발현하였으며(Jackson, 2016; Springgay & Zaliwska, 2017), 교육에서 상황적 정치(situated politics)의 지도를 만들 수 있는 방법론적 지형을 제공하고 있다.

배치에서 인간의 노래(예컨대 휴머니즘적 연구의 면담, 해석주의적 문화기술지와 내러티브)를 탈중심화 시킴으로써, 객체들이 리토르넬로의 패턴화에 영향을 주는 포스트휴먼 목소리와의 접속 형태로 차이를 생성한다. 이 장에서는 포스트휴먼 윤리로서 혁신적 방법론을 취하는 연구와의 마주침을 환영하고 실험하도록 격려하는 질문들을 던

1) 역자 주: 저자들은 천의 고원에서 영토적 배치로서 끊임없는 생성을 창조하는 차이와 반복의 존재론을 미학적으로 발전시켜 Deleuze와 Guattari가 사용한 'ritornello'의 영어 번역어인 'refrain'을 사용하고 있으나, '리토르넬로'로 번역하여 원래의 뉘앙스를 지키고자 하였음을 밝혀둔다.

지고자 한다. Deleuze(1989)는 철학이론이 객체이자 실천이라고 강조하면서, 이러한 유형의 실험을 독려한다. '개념의 실천'이 어떻게 연구장치로서 작동할 수 있는지를 고려할 것이며 특히 리토르넬로가 어떻게 이론과 방법을 하나로 엮을 수 있는 발견적 도구로 사용될 수 있을지 살펴보고자 한다. 교육 환경에서 리토르넬로는 종간 절합(interspecies articulation), 즉 자연 세계를 가르치는 방식에서 인간과 인간-아닌 것 간의 이분법에 도전하며 문제 제기하는 학교와 유아교육기관의 반(anti)인간중심주의적 움직임을 구체적으로 그려낼 수 있다. 리토르넬로는 또한 교육기관과 지역사회를 가로지르는 소셜미디어의 흐름, 예컨대 인간과 인간-아닌 것이 스냅챗(Snapchat)[2]이라는 앱을 통하여 어떻게 접속될 수 있는지를 예시한다. 리토르넬로는 연구방법의 새로운 미개척지에 관심을 가진 연구자들이 함께 얽혀 서로 간섭하면서 새로운 되기로 흘러가는 중첩과 리좀적 운동을 파악할 수 있게 해줄 수 있을 것이다.

2 Deleuze 이론, 물질론적 연구 배치와 포스트휴먼 리토르넬로

방법론적으로 Deleuze 이론을 신선하고 대담하게 사용하는 것이 신진 연구자에게는 벅찰 수 있다. 그러나 낯선 곳에 도달하기 위해서는 '안전한 항구의 시야를 떠나' 항해해야 한다. 포스트휴머니즘의 사

2) 역자 주: 스냅챗(Snapchat)은 2011년 미국 스탠포드대학교 학생들이 개발한 메신저 서비스의 하나로, 사생활 보호를 위하여 수신인이 내용을 확인하고 나면 사라지는 특징을 가진다. 미국의 스마트폰 사용자 중 특히 13-34세의 사용자들이 선호하여 주로 사용한다. (참조: 위키백과).

유는 해석주의 연구의 실제를 해체하고 혁신을 자극한다. Deleuze와 Guattari의 리토르넬로 개념은 지리철학(geophilosophy)[3], 방법론과 연구방법의 얽힘을 제공하고, 그리고 그것들이 합류하여 연구의 맥락에서 포스트휴머니스트 존재론을 생성하게 한다. 리토르넬로를 유동적인 관계성(relationality)으로 그려냄으로써, 신진 연구자나 연구방법의 새로운 미개척지에 관심을 가진 연구자들이 교육에서의 견고한 이분법을 불안정하게 만드는 도구로서 영토성을 다룰 수 있게 하여, 인간 주체가 더 이상 지배적인 분석의 대상이 아니게 된다.

배치로의 물질론 연구는 비재현주의 혹은 탈재현주의적인 사유와 방법을 불러일으키고 새로운 물질적 이론을 작동시킨다(MacLure, 2013). 연구자가 "배치, 관계, 감응, 영토화를 찾기 위하여"(Fox & Alldred, 2013: 779) 휴머니즘적 해석을 초월하는 것은 어려운 도전일 수 있다. 배치에는 "개인, 집단, 사회가 구성되고 재구성되며 이질적인 인간과 인간-아닌 요소들이 예측하지 못한 생산적 접속을 통하여 서로 관계 맺는"(Mayes, 2016: 107) 과정이 존재한다. 신체와 사물을 횡단하면서 우리의 정서와 의식적 사유를 넘어서는 "원형 정치적(proto political)"(Massumi, 2015: ix) 강도, 즉 감응이 나타난다.

관계는 사물들의 사이, 인간-아닌 것들과 인간들 사이를 횡단하는 연결이다. 관계는 일시적 영토를 표시하는 배치이다. 교육연구에서 이는 예컨대 교실 공간이라는 물질성 속에서 이루어지는 학생들의 움직임과 일상적인 일과일 수 있다. 관계는 지속적인 움직임 속에 있으며

3) 역자 주: 'geophilosophy'는 Deleuze와 Guattari(1987)가 제안한 용어로, 지구(earth)에서의, 지구에 대한 철학을 의미한다. 모든 철학하기, 문화와 정치, 종교, 예술, 언어 만들기가 지구에서, 지구와 함께, 지구 위에 있는 모든 것들과 함께 살아가기 위한 노력을 지리철학으로 개념화한다.

그 진동을 통하여 차이를 만든다. 예를 들어 교실에서 이루어지는 아침 일과의 패턴이 동일할지라도, 가구 배치, 사람들, 공간 속에서의 관계적 감응이 다른 평가를 낳을 수 있다. Deleuze와 Guattari 이론에서는 차이가 핵심이다. 리토르넬로는 차이를 생성하는데, 항상 흘러가며 변화를 만드는 새로운 지형 배치, 새로운 이해와 새로운 담론이 존재하기 때문이다. 우리는 결코 잃어버린 낙원 혹은 과거의 감금상태로 돌아갈 수 없다. 아무리 모든 것이 '평소처럼(as usual)' 보일지라도, 새로운 영토를 한번 횡단하게 되면 배치는 항상 새롭게 다시 바뀐다. 리토르넬로의 선율은 저항을 달래는 한편 널리 메아리치게도 한다. 어둠 속에서 두려움을 달래려고 노래하는 아이처럼(Deleuze & Guattari, 1987), 리토르넬로는 어둠에서 빛을 밝히는 안전한 경계이다. 어둠에 대한 저항이 있지만, 바로 그 어둠 자체가 새로운 배치로서 형태를 가진다. 노래 부르기는 어둠과의 내부작용으로서, 새로운 공간 관계의 형태를 공동으로 생산한다. 휴머니스트 주체를 탈중심화 시키면서 어둠이 화답하여 노래한다.

이러한 방법론적 접근은 연구자들로 하여금 인간의 목소리 너머의 속성들, 연구라는 배치속으로 들어서는 사물들의 '목소리들'에 맞추게 해준다. 체화된 공간에서 '사물들(things)'은 인간들과 인간들 사이, 인간들과 인간-아닌 것들 사이로 들어가 행위주체성을 발휘한다(Bennett, 2010). 이 장의 뒷부분에서는 리토르넬로의 물질적 생기론(material vitalism)이 어떻게 연구에 도움을 주는 발견적 도구가 될 수 있는지를 설명할 것이다. Deleuze와 Guattari는 능동적인 생명과 죽어 있는 물질의 대립과 이항분리에 반대한다(Pyyhtinen, 2016). Deleuze와 Guattari(1987)에 근거하여, Bennett(2010)는 "물질적 생기론은 생명의 물질적 재형상화, '물질 에너지', '물질 흐름'과 '배치 속으로 들어서고 떠나는 물질의 변이' 측면에서 생명을 사유할 수 있는 방안을 제안한다."(Pyyhtinen, 2016: 53)고 말한다. 리토르넬로의 선율은 횡단적이며 다양한 물질을 가로질러 작동하면서 인간의 운동을 초월한다.

물질적 생기론을 통하여 사물들이 부르는 노래를 읽어냄으로써, 연구의 배치는 영토화되고 탈영토화된다. 리토르넬로는 어떻게 사물과 인간이 배치 안에서 서로 얽혀있는지를 탐색하는 과정을 통하여 다르게 사유하고 다르게 볼 수 있게 해준다. 포스트휴먼 교육연구 배치의 충만함 속에서는 연구가 야기하는 긴장을 초월하여 정체성 정치와 관련된 이분법들을 가시화할 수 있다. 이 장에서는 소셜미디어와 종간 관계성의 예를 소개함으로써 자율적인, 자기의지를 가진(self-willed) 개인으로서의 연구자가 가진 우월적 지위를 불안정하게 만드는 포스트휴먼 리토르넬로를 통하여 인간과 객체의 공동-발현(co-emergence)과 얽힘을 살펴본다.

리토르넬로는 교육연구자들로 하여금 배치된 영토에서 관계성의 지도를 제작할 수 있게 해줄 수 있다. 예를 들어, 어떻게 온도계, 비커, 화학물질, 동물(살아있는 것과 죽은 것, 인간과 인간-아닌 것) 같은 물질이 과학실에서 서로 관계를 맺어 특정한 형태의 지식과 권력을 생산하는지를 들여다볼 수 있을 것이다. 리토르넬로 분석은 있는 그대로의 공간적 실제와 사물의 행위주체성을 배치 속에서 인간의 신체들과 인간-아닌 신체들을 통하여, 그 사이로 다양한 요소들이 흐르며 서로 교차하는 작용으로 쌓아간다. 배치는 탈주선들에 횡단적으로 접속하면서 사물의 질서에 대한 지배적 코드화를 벗어나게 해준다(Penfield, 2014).

3 연구 활동에서의 리토르넬로

리토르넬로는 학교의 행위주체적, 관계적 배치에서 작동하는 권력에 질문을 던지는 데 유용한 도구로 사용될 수 있다. 리토르넬로를 이루는 유동적인 힘의 움직임은 되기(becomings)이다(Deleuze & Guattari, 1987). 되기는 그 어떤 출발점이나 도착점을 가지지 않아 한계 지어지지 않고 끝도 없다(Young, 2013). Ingold(2011)는 Deleuze에게 삶은 '경계 안이 아니라 선을 따라' 살아가는 것이라고 본다. 탈주선 혹은 되기의 선은 "구멍을 비집어 열어" "동물을 세계와 묶는다."(Ingold, 2011: 83)라는 것이다. 모든 생명은 그 자체의 횡단하는 선들과 물질과의 내부-접속들을 가진다.

> 되기의 선은 이 선이 연결하는 점들에 의해서도, 이 선을 합성하는 점들에 의해서도 정의될 수도 없다. 이와 반대로 점들 **사이를** 지나가며, 가운데를 통해서 돌출하며, 흘러 (중략) 멀리 떨어져 있거나 인접한 점들의 공간적 관계를 횡단한다. (Deleuze & Guattari, 1987: 323, 원전에서의 강조)

리토르넬로는 되기의 운동으로서 지도로 만들어질 수 있다. 이러한 지도 그리기(mapping)는 "경제, 정치, 정책, 조직 구성, 지식, 주체성, 페다고지, 일상적 실제, 감정이 함께 모여 교육이라는 배치를 형성하는 방식들"(Youdell, 2010: 316)에 대한 통찰을 제공한다. 후기질적 연구 접근법(Lather, 2013)은 '단조롭고' '숨 막히는' 존재론적 가정들로 비판받아 온 휴머니스트 질적 방법론의 폐허(St. Pierrc & Pillow, 2000)로부터 돌아서서, 연구의 관계들과 (신진)연구자의 창의성을 북돋울 가능성을 새롭게 상상한다. Deleuze와 Guattari(1987)의 철학개념이라는 도구상자를 방법론적으로 적용한 분열분석(Ringrose, 2011), 리좀분석(Masny, 2016), Deleuze와 Guattari에게서 영감을 얻은 공동전기(Davies & Gannon, 2006) 등에 대한 관심이 증가하고 있다. 그렇지만 리토르넬로를 방법론적으로 적용한 연구는 거의 이루어지고 있지 않다(Jackson, 2016).

리토르넬로는 고유한 의미를 가진 세 가지 요소, 즉 연구 배치에서 장소를 가질 수 있는 카오스, 대지, 세계를 포함한다(Deleuze & Guattari, 1987). 첫째, 환경 혹은 집을 구축하기 위하여 혼란 혹은 카오스로부터 벗어나는 출발이 있다. 둘째, "대지로 내부화하는 힘들"(Herzogenrath, 2009: 18)의 안정화가 있다. 셋째, 세계와의 참여를 열어 탈영토화 하는 균열이 있다. 세 국면(카오스, 대지, 세계)은 동시적으로 이루어지는 영토화와 탈영토화로서 리토르넬로에서 서로 만나고 합쳐진다(Herzogenrath, 2009). 다원적 경험과 권력관계 속으로의 이행을 통해, 연구되는 공간을 지속적으로 형성하고 재형성한다(Lacey, 2013).

리토르넬로는 배치에서의 지속적인 움직임(motion)을 가능하게 한다. 영토를 설정하고 새로운 영토를 표식하기 위하여 노래하는 새들처럼, 연구자는 자신을 공동-구성하고 있는 물질적 조건으로 스며든다. 따라서 리토르넬로는 리좀적이고, 새로운 '사이-내부의-공간(space-in-between)'을 찾아 "환경들을 도약할 새로운 기회"를 생성해내며"(Philippopoulos-Mihalopoulos, 2016: 88), 동시에 배치들 속에 근거한다. 예를 들어, 교육 공간의 다원적 리토르넬로에는 시계 종소리, 시간과 공간의 전환을 알리는 벨 울림, 깡충깡충 뛰어다니며 노래하는 아이들 소리, 교사의 웃음소리, 의자가 삐걱거리는 소리, 창문과

블라인드의 열림, 짤까닥거리고 윙하며 돌아가는 복사기 등이 포함된다.

리토르넬로는 포스트휴먼 배치에서 관계성과 움직임을 포착한다. 분열 생식하는 실체처럼 리토르넬로는 갈라지고 새로운 접속을 만들어간다. 재영토화하는 움직임 속에서 노래는 되돌아오지만, 결코 동일한 지점으로 돌아가지 않는다. 연구 맥락에서 리토르넬로는 인간주체에의 집중을 탈중심화 시키는 존재론적 틀이 되어, 당연시하던 관계적 실제를 불안정하게 하고 곤경에 처하게 하여 재개념화에 기여한다. 리토르넬로는 반복을 통하여 차이를 생성하기에, 그 지리철학적 움직임의 분석을 통하여 이러한 관계의 흐름을 그려내는 방법론적 접근이 가능하다.

4 리토르넬로를 통한 이론과 방법 엮기

Deleuze의 개념이라는 도구상자로부터 혁신적 방법론을 펼쳐가는 데 있어 손쉬운 비법은 없지만, 이론을 통한 방법의 혁신에 도움이 될 방향을 제시하고자 한다. 배치 이론을 통하여 연구자들이 인간과 행위주체성 개념을 흔들 수 있는 일련의 원칙을 제안했던 McLeod(2014)처럼, 우리는 일련의 연구실제로서 리토르넬로를 활용하는 방안을 기술하고자 한다. 이러한 방향성은 따라야 할 절차적 비법이 아니라, Deleuze와 Guattari 이론의 영혼을 끌어안는 방법일 것이다.

감응(affect)에 대한 개념화 작업은 폭넓게 이루어져 왔다(Gregg & Seigworth, 2010). 여기에서는 Spinoza의 철학을 빌려와서 감응시키고 감응될 수 있는 신체의 행위 역능인, 이론적으로나 방법론적으로 유용한(Ringrose & Coleman, 2013) Deleuze의 감응 개념을 활용하고자 한다. 감응은 쉽게 조화를 이룰 수 없는 내부와 외부의 벡터들이다. 감응은 "방향성에서 특정한 내부에서-외부로-외부에서-내부로의 차이"(Gregg & Seigworth, 2010: 6)를 끌어낸다. 우리는 감응에 대한 포스트휴먼 접근법을 제안하면서 다양한 내용들을 함께 작동시키고자 한다. 감응은 주체들 사이에서 순환된다는 점에서 개체를 초월하여 체화되고 상황을 따라 흘러간다.

우리는 리토르넬로로 이론과 방법을 함께 엮기 위하여, 사례연구(Yin, 2009)에서 잘 드러나듯이, 경계를 짓는 틀이 아닌 고원을 택함으로써 '중간에서 출발하기(starting in the middle)'를 제안한다. 이 고원은 수많은 입구와 출구를 가진 영토적 리토르넬로를 형성하여, 증식하고 있는 다른 무리들과 리좀처럼 접속하고 연결된다. 연구자는 특정한 현장일지, 대화에 주목하는 것으로 출발할 수도 있고, 인간-아닌 사물이나 동물의 리토르넬로 공간성을 추적하는 것으로 시작할 수도 있다. 연구 배치에 접속할 때, 지금까지 주로 담론적, 언어적으로 읽어왔던 특권을 기꺼이 내려놓고 탈중심화하여 물질적 생기론으로 읽어내려면 면밀한 주의가 필요하다.

연구에서 체화된 행위자(embodied actor)로서의 연구자는 객체, 동물, 사물의 리토르넬로를 횡단하는 배치의 일부로서, 자신의 리토르넬로를 관찰하고 보고한다. 연구 배치의 감응적 흐름에서 무엇이 두드러지며 어떠한 '지식'이 생산되고 있는지에 질문하라(Fox & Alldred, 2015). 신물질론자들은 다르게 사유하면서 인간과 인간-아닌 물질의 상호 얽힘이나 내부작용보다 인간을 우선시하며 당연시해오던 특권에 도전한다(Davies, 2018). 지식생성은 감응의 흐름에 참여할 것을 요구한다. 연구 배치에서 "인간과 인간-아닌 주체들 모두의 사이를 흐르는 힘의 선들"(Davies, 2018: 121)을 지도로 그려낼 수 있다. 내부에 내재된 감응의 흐름이 어떻게 '침전'되고 "신체와 일상적 실제 속으로 새겨지는지"(Gannon, 2008: 44)를 고려하기 위하여 이러한 접근으로 유심히 들여다볼 수 있다.

연구 배치의 요소들은 횡단성을 공동으로 생산한다. 횡단운동의 리토르넬로가 가진 세 요소의 지도를 만들 때 연구자는 카오스로부터의 출발, 힘의 안정화, 탈영토화하는 균열을 살펴볼 수 있을 것이다. 사물들, 신체들, 인간-아닌 것들, 담론들과 텍스트들 사이의 접속과 연결에 대하여 다르게 사유하고자 노력하라.

읽고, 읽고, 또 읽어라. 구성요소의 부분들을 읽어냄에 있어, 복잡성을 감환 시키기 위해서가 아니라 배치를 다르게 보고 물질성에 뛰어들기 위하여 존재인식론적인 읽기를 함께 엮어내라.

리토르넬로가 어떻게 새로운 상상적 가능성을 불러일으키며 혁신적 연구방법론으로 작동할 수 있을지를 예시하기 위하여 우리는 리토르넬로 움직임의 지도를 그릴 수 있는 두 가지 배치를 검토하고자 한다. 이는 종간 관계성과 소셜미디어의 흐름으로 이루어진다. 연구자들은 아래의 질문들을 활용하여 방법론적 상상계를 위한 지지대를 세울 수 있을 것이다.

- 혼란(카오스)은 어디에 있는가?
- 영토화(대지)의 순간은 어디에 있는가?
- 탈영토화(세계)는 어디에 있는가?

이러한 질문들은 아래의 '종간 되기(interspecies becomings)에서의 리토르넬로' 예시에서 살펴볼 수 있듯이 리토르넬로의 지도를 만드는 데 활용될 수 있다.

5 종간 되기에서의 리토르넬로

최근 인간을 "유일한 능동적으로 살아있는 주체"(Malone, 2018: 994)로 간주하는 자연-인간 이분법의 지배가 재고되고 있다. 종간 관계성의 움직임과 흐름은 리토르넬로 안에서, 리토르넬로를 가로질러 지도로 만들어질 수 있다. '종간 절합(interspecies articulation)'은 인간들과 인간-아닌 동물들이 "서로의 존재를 위한 조건을 창조하는"(Rautio, 2013: 445) 내부작용 행위를 통하여 인간과 인간-아닌 것의 이분법 생산을 파괴하는 개념이다. Rautio는 "종간 절합은 우리들과 우리 아닌 것들 사이의 의미 있는 접속에 (중략) 초점을 맞추어 우리 주변의 인간-아닌 세계와의 접속을 찾아내고 구성하는 것이다."(Rautio, 2014: 445)라고 기술한다. 더 나아가 Rautio는 상호작용과 Barad가 제안한 내부작용의 차이를 다음과 같이 설명한다.

> 상호작용에서는 독립적인 실체들이 순서를 번갈아가며 서로에게 영향을 주는 것으로 간주되는데, 이는 암묵적으로 이러한 실체들 각각이 원래 독립된 존재라고 전제한다. 이와 대조적으로, 내부작용에서는 상호의존적인 실체들이 그들의 마주침으로 인하여 특정한 유형으로 되어가는 동시적 활동을 통해 공동으로 발현되는 것으로 본다. (Rautio, 2014: 2)

종간 되기가 이분법적인 '자연 속의 아이' 논쟁을 파열시키는 데 활용되는 두 가지 예시는 Karen Malone(2016)의 라파스(La Paz) 슬럼가에서 아이-개의 마주침과 Rautio(2016)의 인간-비둘기 공생이다. Malone은 "개, 대지, 주택, 동네, 나무는 인간과 똑같이 행위주체성을 가진다."는 사실을 관찰하고 "서로 주고받는 살아있는 교류"의 예로 "라파스에서 아이-개-장소의 맞물림"(p. 405)을 보여주기 위하여 아이들이 촬영한 사진 이미지를 활용한다. 더 나아가, 아이들의 '내부-종(intra-species) 동반관계와 생존'에 대한 이야기는 "이상적인 아이-자연 마주침에 대한 서구 중산층의 감각"(p. 405)에 도전한다. 마찬가지로 유아교육 연구자인 Rautio(2016)는 인간과 일반적으로 야생적이라고 간주되며 경멸받는 새인 비둘기의 상호 활동을 묘사한다. Rautio는 인간에 더하여 누구를, 무엇을 교육에 참여시켜야 하며, 어떤 방식으로, 왜 그래야 하는지 묻는다. 종간 되기는 Taylor(2016)가 지적한 것처럼 인류가 멸종위기를 직면하고 있는 인류세라는 지질학적 시대에 중요한 함의를 가진다. Rautio는 아이-동물 관계를 불러내는 연구들이 어떻게 더 넓은 윤리적 차원을 고려하여 틀지어질 수 있는지 기술한다. 이는 인간들이 마구잡이로 훼손시켜온 지구환경을 물려받는 것에 대한 정치적 함의를 시사한다. 특히 대량 멸종의 시대에 다양한 종들의 공동거주를 촉진할 필요성을 넌지시 던진다.

앞에서 언급한 바와 같이 "인간과 인간-이상의 관계"(Taylor, A., 2013: 118)를 리토르넬로 개념으로 탐색해볼 수 있다. 리토르넬로가 배치 다양체에서 횡단적인 화합의 화음을 낼 때, 인간들과 인간-아닌 동물들의 내부작용은 공동으로 만들어가는 영토성의 지도로 제작될 수 있다. 이러한 영토성은 이미 알고 있던 것을 초월하는 동시에 끊임없이 흐르면서 새로운 위치로 들어가는 움직임으로 연구될 수 있다.

배치 안에서 이루어지는 인간-아닌 종들의 흐름을 지도로 그려냄에 있어서, 인간중심적인 관점을 피해감으로써 인간과 물질의 관계성을 다르게 보는 것이 가능해질 수 있다. 언어를 위주로 하는 읽기를 탈중심화하는 데 사진을 활용하는 것이 리토르넬로의 부분적 읽기를 도울 수 있다(Malone, 2016). McLeod(2014)는 "사진은 연구 참여자들이 언어적 면담에서는 여전히 말해지지 않은 경험의 차원들을 소통하게 해줄 수 있다."(p. 383)고 말한다. 사진은 종간 관계성을 포함하여 광범위한 요소들을 강조할 수 있는 연구 배치 안의 행위주체적 사물들로 읽어낼 수 있는 물질의 일례이다. 종간 되기의 리토르넬로 지도를 제작할 때 고려할 수 있는 질문에는 다음이 포함될 수 있을 것이다.

- 종간 관계성이 표현되는 혼란(카오스)의 장면은 어디에 있는가? (예컨대 Malone[2016]의 라파스 슬럼가)
- 이러한 관계에서 휴머니즘의 주도권을 탈중심화하는 영토화(대지)의 순간은 어디에 있는가? (예컨대 라파스의 아이들이 사진으로 포착한 개, 사물, 인간의 이미지에서 리미널[liminal] 관계성이 드러나는 순간 찾기)
- 연구 흐름을 통하여 가능해진 새로운 탈영토화(세계)의 가능성은 어디에 있는가? (예컨대 유아와 자연을 이분법으로 나누는 지배담론의 보편주의를 파열하기 위한 포스트휴먼 접근법 그려내기)

리토르넬로로 재배치된 연구 읽기를 통하여, 내부작용하는 인간들과 인간-아닌 동물들이 새롭게 다시 형상화될 수 있다. 아래에서는 연구를 돕는 발견적 도구로서 리토르넬로의 맥락을 소개하는데, 감응의 흐름에 영향을 주는 행위주체적 사물로서 소셜미디어 테크놀로지를 다룬다.

6 소셜미디어 흐름의 리토르넬로

소셜미디어 흐름은 불안정하고, 변화무쌍하고, 오르내리며, "진동하고", "펴 늘일 수 있으며", "'움직이는 기표(시니피앙[signifiers])'가 있는 '유동적 기호'의 물질"(Golding, 2006: 250)이라는 특성을 가진다. Barad(2012)는 어떻게 "물질성 그 자체가 반복적으로 거듭되는 재형상화, 활력 있고 활력을 주는, 살아있고 살아있게 하는, 항상 이미 욕망하는 다이너미즘(dynamism)"(p. 59)인지를 말한다. 예를 들어 소셜미디어, 구체적으로 스냅챗 애플리케이션의 내부작용이 가지는 다이너미즘을 역동적인 리토르넬로에서의 지도로 그릴 수 있다.

'스냅챗'은 모바일 테크놀로지를 활용한 애플리케이션의 하나로, 여기에서는 사진 등의 이미지가 기록되었다가 일정 시간이 지나면 사라진다. 35세 이하의 연령을 대상으로 전략적 마케팅이 이루어진다. 모핑 기능을 통하여 사물, 동물, 다른 신체들과 신체를 바꾸어 이상하면서도 유쾌하게 혼합할 수 있게 해주는 다양한 필터가 있다. '스냅챗'이라는 애플리케이션과 모바일 테크놀로지라는 물질성이 합쳐져 청소년 배치에 내재된 인간-이상의 것을 창조하는 물질화를 구성한다. 포스트휴먼 존재론을 취하는 연구자들은 배치에서 테크놀로지와의 융합이 어떻게 재구성된 인간을 생산하는지를 살펴볼 수 있다. Hayles(1999)는 이러한 내부작용을 "신체적 존재, 컴퓨터 시뮬레이션, 사이버네틱스 메커니즘, 생물학적 유기체, 로봇 기술, 그리고 인간의 목적 사이에 그 어떤 본질적 차이나 절대적 경계가 없는 곳"(p. 42)으로 표현한다.

스냅챗은 모바일 테크놀로지의 물질성이 관계 네트워크로 얽힌 대중의 배치에서 물질화를 이루는, 체화된 잠재계를 만들어낸다(boyd, 2010, 2014). 이러한 내부작용 과정을 통하여 인간-이상의 것들이 청소년 배치에서 창조된다. 사이버네틱스를 통하여 휴머니티를 뒤트는 목적을 가진 왜곡은 신체들과 모바일 테크놀로지들 사이의 감응적 흐름 속에서 널리 유포된다. 리토르넬로의 지도로 그려낼 수 있는 것이 바로 이러한 흐름이다. Barad(2012)의 이론은 소셜미디어 흐름에서 내부작용을 고려하라는 도전을 던진다. Barad는 세계 속의 유일한 두 유형의 실체인 입자와 파동에 대하여 다음과 같이 설명한다.

> 입자는 파동과 매우 다르다. 입자는 공간과 시간 속에서 특정한 위치를 차지하는 장소화된 실체이며, 따라서 같은 장소, 같은 시간에 두 입자가 있을 수 없다. 반면에 파동이 있는데, 파동은 그러한 실체가 아니다. 파동은 장(fields)이 교란되어 진동하는 것이다. 바다의 파도를 생각해보면 파동들이 종종 서로 중첩된다는 것을 알 수 있다. (Barad, 2012: 60)

소셜미디어의 이미지와 텍스트의 운동은 파동 패턴으로 이해할 수 있다. 디바이스의 하드웨어는 입자이다. 인간과 인간-아닌 기계-신체 되기의 내부작용을 통해 체화되는 감응을 횡단하며 생성하는 소통의 흐름은 파동이다. 이러한 운동은 성과 인종에 따른 흐름을 생산하며(Renold & Ringrose, 2011), 이는 공동-생산된 횡단성의 배치로 지도를 만들 수 있다.

배치에는 서로 다른 입구들이 존재하며 리토르넬로의 요소(카오스, 안정화, 탈영토화)는 다르게 읽힐 수 있을 것이다. 발송된 메시지(예컨대 포스팅 된 글, 이미지나 비디오)는 카오스로부터의 출발을 만들고 새로운 배치 속으로 흘러가는 담론과 신체 감응의 흐름을 가져온다. 이러한 지속적인 흐름 속에서 영토화와 탈영토화가 동시에 발생할 수 있다. 하나의 텍스트에 대한 (다양체일 수 있는) 읽기(들)로 안정화된 힘이 생산될 수 있다. 탈영토화 시키는 균열은 성과 인종에 따른 의미 만들기로 표현된다. 십대의 구애 행위로 기록된 명백한 이미지는 이를 받은 사람에 의해 여러 또래들에게 보내져 탈영토화의 흐름이 될 수 있다. 이에 대한 반응이 있을 때 메시지는 재영토화된다. 어떤 경우에는 "여성/소수자 혐오"(Ringrose & Renold, 2014: 774) 그리고/혹은 사이버 괴롭힘이 포함될지도 모른다.

테크놀로지 사물이 내부작용하는 관계성을 생산하는 감응의 흐름 속에 얽힌다. 따라서 리토르넬로를 활용하여 "성적으로, 인종적으로 해석되고 받아들여지는 상호작용"을 규범적으로 이해해온 것을 점검하여, 순수한 "정체성의 전위(dislocations)"(Braidotti, 2013: 99)를 통하여 의문시되지 않았던 것에 도전할 수 있게 된다. 앞의 스냅챗 예시에서, 리토르넬로 개념은 인간중심적인 질적 연구의 특권에 대한 '간섭(interference)'(Deleuze, 1989)으로 작동한다. 소셜미디어 흐름에 대한 간섭으로 리토르넬로의 지도를 그리기 위하여 고려할 질문에는 다음이 포함될 수 있을 것이다.

- 소셜미디어(카오스)의 배치를 통하여 표면으로 떠오르고 체화되고 실행된 혼돈은 어디에 있는가? (예컨대 디지털 커뮤니케이션은 사회적-물질적 관계에 감응을 투입하는 흐름을 가진 리좀이다.)
- 소셜미디어 인터셉션(대지)을 통해 관계성을 만드는 영토화의 순간은 언제인가? (예컨대 스냅챗과 같이 수명이 짧은 테크놀로지는 젊은이들로 하여금 '알아볼 수 있는 주체성을 발달시킬'[Charteris, Gregory, & Masters, 2018] 수 있다.)
- 탈영토화된 관계(세계)는 어디에 있는가? (예컨대 감응의 흐름이나 사이버 괴롭힘, 사이버 폭력이나 미디어 섹스팅과 같은 강도 높은 감응의 발현으로서 횡단성을 찾아내어 추적할 수 있다.)

소셜미디어 맥락에 적용할 때 리토르넬로는 서로 얽힌 실체로 함께 읽어낼 때 새로운 무엇인가를 만들어내는 인간과 인간-아닌 요소들의 지도 그리기를 가능하게 해줄 수 있다.

7 연구 배치에서의 리토르넬로

앞에서 예시한 바와 같이 리토르넬로는 카오스, 대지, 세계의 요소들을 반영한다. 먼저, 환경 혹은 집을 만들기 위하여 혼돈 혹은 카오스로부터 벗어나는 출발이 있다(Deleuze & Guattari, 1987). 둘째, "대지로서 내부화하는 힘들"(Herzogenrath, 2009: 18)의 안정화가 있다. 셋째, 세계와의 참여를 열어 탈영토화하는 균열이 있다. 이러한 세 국면은 리토르넬로에서 서로 마주쳐 한데 모이는 세 가지 요소(카오스, 대지, 세계)를 품고 있다. 이 요소들은 어떻게 이러한 요소들이 작동하는지를 알아내기 위하여 연구 배치를 파헤칠 때 활용될 수 있다.

「천 개의 고원」(Deleuze & Guattari, 1987)을 소개하는 글에서 Brian Massumi는 "하나의 개념은 하나의 벽돌이다. 이는 이성의 법정을 건축하는 데 사용될 수도 있다. 혹은 그 창문에 던져 깨뜨리는 데 사용될 수도 있다."(p. xiii)라고 적는다. 우리는 이 장이 '벽돌 던지기'에 박차를 가하여 산산이 부서진 파편들로부터 새로운 풍경을 창조할 수 있기를 희망한다. 리토르넬로의 물질성을 '사물성(thingness)'(Bennett, 2010: 55) 및 관계성(Ceder, 2016)과 더불어 사유할 때 발현되는 배치는 무르익어 분석에 적합한 얽힘이 될 수 있다. 위에서 제시한 구체적인 분석적 질문에 더해, 아래의 보다 폭넓은 질문들이 포스트휴먼 사유를 체화하는 연구의 개념화에 도움이 될 수 있을 것이다.

- 당신은 연구 맥락에서 어떻게 포스트휴먼 존재론을 위치시키는가?
- 어떠한 인간과 인간-아닌 요소들이 내부작용적으로 함께 작동하는가?
- 휴머니스트적인 해석을 문제 삼을 때 어떤 것이 배치 속으로 함께 소환되는가?

• 포스트휴먼 연구 배치에서 무엇이 공동-생산되는가?

포스트휴머니스트 연구 실제를 통하여 혁신적 방법론을 시도할 때, 디폴트 상태처럼 너무도 익숙한 휴머니스트의 위치로 미끄러지기 쉽다. 그렇지만 포스트휴머니스트 연구접근법은 우리가 결코 우리의 세계를 구성하는 다른 살아있는 존재들과 물질들로부터 분리될 수 없기 때문에 "연구는 결코 단순히 인간과 그들의 주체성에 대한 것일 수 없다."(Daveis, 2018: 117)라는 사실을 확실하게 보여준다. 우리는 선행연구(Malone, 2016; Rautio, 2013)를 살펴봄으로써 연구를 돕는 발견적 도구로서 리토르넬로 개념을 전개시켰다. Malone(2016)의 논문은 회절적 방법(Barad, 2007)을 활용하여 사유와 이론화의 새로운 방식을 표면화시킨 반면, 여기에서 제시한 영토적 리토르넬로의 유동성은 배치의 관계성을 지도로 그려낼 수 있게 해주는 영토성의 풍경을 제공해 줄 수 있다. '개념으로서의 리토르넬로'는 환경의 내부작용하는 정치성을 드러내어줄 수 있는 이론적 렌즈이다. 실재를 면밀히 조사함으로써 의미와 진리를 강제하는 해석주의 연구의 덫에 포획되지 않도록 저항하는 추동력이 그 핵심이다.

8 결론

리토르넬로는 영토와 횡단성을 동시에 창조하며 다른 영토로 건너간다. 이 장에서 제시한 연구접근법은 신체들과 사물들의 물질성 사이의 감응의 흐름을 강조한다. 이러한 요소들이 리토르넬로에서 어떻게 공동-생산되는지를 찬찬히 살펴보는 것이 중요하다. 일상적 삶에서의 '자연발생적' 배치와 달리, 연구 배치는 고유한 과업을 위해 기획된 기계로, 관계와 감응이 상대적으로 매우 부족하다(Jackson & Mazzei, 2013). 이러한 시도로 지나친 단순화가 초래될 수 있는데, 이는 포스트휴머니스트 연구에서 역점을 두어 다루는 것이다. '개념의 실천'(Deleuze, 1989)을 통하여 연구를 수행할 때, 방법의 공동-발현(co-emergence)으로 얽힘이 만들어진다. 이 장에서는 어떻게 신진 연구자들이나 실험적 작업으로 새로운 영토를 열고자 하는 연구자들이 발견적 도구로 활용할 수 있는 질문들로 리토르넬로의 지도를 그릴 수 있을지를 예시하였다. 우리의 질문들이 Deleuze와 Guattari 이론의 풍부함과 얽혀 연구방법론을 혁신하며 간섭으로 작용할 수 있는 새로운 출발점이 되기를 바란다.

주요 용어

감응(Affect)
신체가 서로의 행위 역능을 증가시키거나 감소시키는 강도 높은 힘을 말함.

탈영토화와 재영토화(Deterritorialization and Reterritorialization)
'탈영토화'와 '재영토화'는 Deleuze와 Guattari(1987)가 영토 구성을 이론화하기 위하여 만들어낸 용어임. 탈영토화는 영토, 대상, 혹은 현상으로부터 탈주하여 새로운 구성으로 나아가는 운동이고, 재영토화는 영토를 새롭게 만드는 것임.

포스트휴먼(Posthuman)
포스트휴먼 이론은 이원성, 예컨대 자연과 문화, 주체와 객체, 세계의 물질적, 담론적 존재양식 등과 같은 인위적 양극화를 지탱해온 이분법적 사유를 거부함.

리토르넬로(Refrain)
리토르넬로는 혼돈에서 발현됨. 일시적으로 배치된 지형에 안정성을 주는 동시에 지속적으로 요소들 간의 관계를 새롭게 배치함으로써 안정성을 탈영토화하는 리듬감 있는 행위임.

참고문헌

Barad, K. (2007), *Meeting the Universe Halfway: Quantum Physics and the Entanglement of Matter and Meaning*, London: Duke University Press.

Barad, K. (2012), 'Interview with Karen Barad', in R. Dolphijn and I. van der Tuin (eds), *New Materialism: Interviews & Cartographies*, 48–70, Ann Arbor, MI: Open Humanities Press.

Bennett, J. (2010), *Vibrant Matter: A Political Economy of Things*, London: Duke University Press.

Braidotti, R. (2013), *The Posthuman*, Cambridge: Polity Press.

boyd, d. (2010), 'Social network sites as networked publics: Affordances, dynamics, and implications', in Z. Papacharissi (ed.), *A Networked Self: Identity, Community, and Culture on Social Network Sites*, 39–58, New York: Routledge.

boyd, d. (2014), *It's Complicated: The Social Lives of Networked Teens*.New Haven, CT: Yale University Press.

Buchanan, I. (2015), 'Assemblage theory and its discontents', *Deleuze Studies*, 9 (3): 382–92. doi: 10.3366/dls.2015.0193.

Ceder, S. (2016), 'Through water: Towards a posthuman theory of educational relationality', Lund University, viewed 8 October 2017, https://lup.lub.lu.se/search/publication/d5e67517-146c-45b1-b622-b2dbeb0a0f75

Charteris, J. Gregory, S. and Masters, Y. (2018), 'Snapchat, youth subjectivities and sexuality: Disappearing media and the discourse of youth innocence', *Gender and Education*, 30 (2): 205–21. http://dx.doi.org/10.1080/09540253.2016.1188198.

Davies, B. (2018), 'Ethics and the new materialism: A brief genealogy of the "post" philosophies in the social sciences', *Discourse: Studies in the Cultural Politics of Education*, 39 (1): 113–27. doi:10.1080/01596306.2016.1234682.

Davies, B. (2018), 'Ethics and the new materialism: A brief genealogy of the "post" philosophies in the social sciences', *Discourse: Studies in the Cultural Politics of Education*, 39 (1): 113–27. doi:10.1080/01596306.2016.1234682.

Davies, B. and Gannon, S. (2006), 'The practices of collective biography', in B. Davies and S. Gannon (eds), Doi*ng Collective* Biography, 1–15, London: Open University

Press.

Deleuze, G. (1988), *Spinoza: Practical Philosophy*, trans. Robert Hurley, San Francisco: City Lights Books.

Deleuze, G. (1989), *Cinema 2: The Time-Image* , trans. Hugh Tomlinson and Robert Galeta, Minneapolis, MN: University of Minnesota Press

Deleuze, G. and Guattari, F. (1987), *A Thousand Plateaus: Capitalism and Schizophrenia*, trans. Brian Massumi, Minneapolis, MN: University of Minnesota Press.

Denzin, N. K. (1997), *Interpretative Ethnography: Ethnographic Practices for the 21st Century*, Thousand Oaks, CA: Sage.

Fox, N. and Alldred, P. (2013), 'The sexuality-assemblage: Desire, affect, anti-humanism', *The Sociological Review*, 61 (4): 769–89.

Fox, N. and Alldred, P. (2015), 'New materialist social inquiry: Designs, methods and the research-assemblage', *International Journal of Social Research Methodology*, 18 (4): 399–414. doi: 10.1080/13645579.2014.921458.

Gannon, S. (2008), 'Messing with memories: Feminist poststructuralism and memory work', in A. E. Hyle (ed.), *Dissecting the Mundane: International Perspectives on Memory-Work*, 44–57, Lanham, MD: University Press of America.

Golding, A. (2006), 'Language writing, digital poetics, and transitional materialities', in A. Morris and T. Swiss (eds), *New Media Poetics Contexts, Technotexts, and Theories*, 249–84, Cambridge, MA: Massachusetts Institute of Technology.

Gregg, M. and Seigworth, G. (2010), *The Affect Theory Reader*, Durham: Duke University Press.

Hayles, N. (1999), *How We Became Posthuman: Virtual Bodies in Cybernetics, Literature, and Informatics*. London: The University of Chicago Press.

Herzogenrath, B. (2009), *Nature Geophilosophy Machinics Ecosophy*, Basingstoke: Palgrave McMillan.

Ingold, T. (2011), *Being Alive: Essays on Movement, Knowledge and Description*, Abingdon: Routledge.

Jackson, A. Y. (2016), 'An ontology of a backflip', *Cultural Studies ↔ Critical Methodologies*, 16 (2): 183–92. doi: 10.1177/1532708616634735.

Jackson, A. Y. and Mazzei, L. A. (2013), 'Plugging one text into another: Thinking with theory in qualitative research', *Qualitative Inquiry*, 19 (4): 261–71. doi:10.1177/1077800412471510.

Lacey, J. (2013), 'Conceptual overlays for urban soundscape', *Sound Effects*, 3 (3): 74–5.

Lather, P. (2013), 'Methodology-21: What do we do in the afterward?' *International Journal of Qualitative Studies in Education*, 26 (6): 634–45. doi:10.1080/09518398.2013.788753.

MacLure, M. (2013), 'Researching without representation? Language and materiality in post-qualitative methodology', *International Journal of Qualitative Studies in Education*, 26: 658–67. doi:10.1080/09518398.2013.788755.

Malone, K. (2016), 'Theorizing a child–dog encounter in the slums of La Paz using post-humanistic approaches in order to disrupt universalisms in current "child in nature" debates', *Children's Geographies*, 14 (4): 390–407. doi:10.1080/14733285.2015.1077369.

Masny, D. (2016), 'Problematizing qualitative research: Reading a data assemblage with rhizoanalysis', *Qualitative Inquiry*, 1–10. doi:10.1177/1532708616636744.

Massumi, B. (2015), *Politics of Affect*, Cambridge: Polity Press.

Mayes, E. (2016), 'Shifting research methods with a becoming-child ontology: Co-theorising puppet production with high school students', *Childhood*, 23 (1): 105–22. doi: 10.1177/0907568215576526.

Mayes, E. (2018), 'The ontological plurality of digital voice: A schizoanalysis of rate my professors and rate my teachers', in D. Cole and J. Bradley (eds), *Principles of Transversality in Globalization and Education*, 195–210, Singapore: Springer.

McLeod, K. (2014), 'Orientating to assembling: Qualitative inquiry for more-than-human worlds', *International Journal of Qualitative Methods*, 13 (1): 377–94.

Penfield, C. (2014), 'Toward a theory of transversal politics: Deleuze and Foucault's block of becoming', *Foucault Studies*, 17: 134–72. doi:10.22439/fs.v0i17.4257.

Philippopoulos-Mihalopoulos, A. (2016), 'Milieu territory atmosphere: New spaces of knowledge', in A. Cusinato and A. Philippopoulos-Mihalopoulos (eds), *Knowledge-Creating Milieus in Europe: Firms, Cities, Territories*, 79–95, London: Springer.

Pyyhtinen, O. (2016), *The Gift and Its Paradoxes: Beyond Mauss*, New York, NY: Routledge.

Rautio, P. (2013), 'Being nature: Interspecies articulation as a species specific practice of relating to environment', *Environmental Education Research*, 19 (4): 445–57. doi: 10.1080/13504622.2012.700698.

Rautio, P. (2014), 'Mingling and imitating in producing spaces for knowing and being: Insights from a Finnish study of child-matter intra-action', *Childhood*, 21 (4): 461–74. doi:10.1177/0907568213496653.

Rautio, P. (2016), 'Serendipitous human-pigeon cohabituation', Presentation at the Summer Institute of the Antipodes. Western Sydney University, Richmond. 21 November–25 November.

Renold, E. and Ringrose, J. (2011), 'Schizoid subjectivities? Re-theorizing teen girls' sexual cultures in an era of 'sexualization', *Journal of Sociology*, 47 (4): 389–409. doi:10.1177/1440783311420792.

Ringrose, J. (2011), 'Beyond discourse? Using Deleuze and Guattari's schizoanalysis to explore affective assemblages, heterosexually striated space, and lines of flight online and at school', *Educational Philosophy and Theory*, 43 (6): 598–618. doi: 10.1111/j.1469-5812.2009.00601.x.

Ringrose, J. and Coleman, B. (2013), 'Looking and desiring machines: A feminist Deleuzian mapping of affect and bodies', in B. Coleman and J. Ringrose (eds),

Deleuze and Research Methodologies, 125–44, Edinburgh: Edinburgh University Press.

Ringrose, J. and Renold, E. (2014), '"F**k rape!": Exploring affective intensities in a feminist research assemblage', *Qualitative Inquiry*, 20 (6): 772–80. doi:10.1177/1077800414530261.

Sorensen, B. (2009), 'How to surf: Technologies at work in the societies of control', in M. Poster and D. Savat (eds), *Deleuze and New Technology*, 63–81, Edinburgh: Edinburgh University Press.

Springgay, S. and Zaliwska, Z. (2017), 'Learning to be affected: Matters of pedagogy in the artists' soup kitchen', *Educational Philosophy and Theory*, 49 (3): 273–83. doi:10.1080/00131857.2016.1216385.

St Pierre, E. (2014), 'A brief and personal history of post qualitative research toward post inquiry', *Journal of Curriculum Theorizing*, 30 (2): 2–19.

St Pierre, E. and Pillow, W. (2000), *Working the Ruins: Feminist Poststructural Theory and Methods in Education*, New York, NY: Psychology Press.

Taylor, A. (2013), *Reconfiguring the Natures of Childhood*, London: Routledge.

Taylor, A. (2016), 'Child-animal relations', in M. A. Peters (ed.), *Encyclopedia of Educational Philosophy and Theory*. Amsterdam: Springer. doi:10.1007/978-981-287-532-7_265-1.

Taylor, C. (2013), 'Mobile sections and flowing matter in participant-generated video: Exploring a Deleuzian approach to visual sociology', in R. Coleman and J. Ringrose (eds), *Deleuze and Research Methodologies*, 42–60, Edinburgh: Edinburgh University Press.

Yin, R. K. (2009), *Case Study Research: Design and Methods*, 4th edn, Applied social research methods series; vol. 5, Thousand Oaks, CA: Sage Publications.

Youdell, D. (2010), 'Pedagogies of becoming in an end-of-the-line "special' school", *Critical Studies in Education*, 51 (3): 313–24. doi:10.1080/17508487.2010.508810.

Young, E. B. (2013), 'Becoming', in E. B. Young, G. Genosko and J. Watson (eds), *The Deleuze & Guattari Dictionary*, 40–2. New York, NY: Bloomsbury.

역자 소개

이진희

이진희는 미국 일리노이대학교(University of Illinois at Urbana-Champaign)에서 프로그램 평가와 유아교육의 질 담론에 대한 연구로 박사학위를 취득하였다. 현재 계명대학교 사범대학 유아교육과 교수로 재직 중이며, 국제전문학술지 「Early Education and Development」의 부편집장, 「European Early Childhood Education Research Journal」의 편집위원 등으로 활동하였다. 주요 저서 및 역서로 「유아교육·보육과 함께 걷는 평가: 3P 평가의 이해와 적용」, 「아동관찰 및 행동연구: 영유아교사의 윤리적 실천」, 「인간 교육학의 새로운 도전」, 「어린이의 교육과정 되기」, 「들뢰즈와 내부작용 유아교육」 등이 있다.

최양미

최양미는 이화여자대학교에서 개화기 근대교육에 대한 인식에서 나타나는 갈등에 대한 연구로 박사학위를 취득하였다. 현재 안양대학교 유아교육과 교수로 재직 중이며, 한국유아교육학회에서 발행하는 전문학술지 「유아교육연구」의 편집장으로 활동하였다. 주요 저서 및 역서로 「서양교육의 이해: 역사와 사상」, 「한국교육의 이해: 역사와 사상」, 「부모역할과 자녀교육」, 「현대철학을 중심으로 읽는 유아교육사상」, 「유치원과 문화: 프뢰벨 원리의 세계로의 확산」, 「유아교육이론」 등이 있다.

유아교육의 재개념화 시리즈 ❽

후기질적 연구와 혁신적 방법론

초 판 1쇄 인쇄 2023년 1월 25일
초 판 1쇄 발행 2023년 1월 31일

지 은 이 | 이진희·최양미
펴 낸 이 | 김기섭
편 집 인 | 이윤희
펴 낸 곳 | 창지사 www.changjisa.com
08589 서울시 금천구 가산디지털 1로 83 파트너스타워 1차 9층
전화 (02)719-2211~3
팩스 (02)701-9386
등 록 | 1977년 4월 28일 · 제1-421호

ISBN 978-89-426-1818-7 (93370)

값 18,000원